《北京工商大学学报（社会科学版）》"贸易经

流通与营销理论发展研究
LIUTONG YU YINGXIAO LILUN FAZHAN YANJIU

邓 艳/编

中国财经出版传媒集团
经济科学出版社
Economic Science Press

图书在版编目（CIP）数据

流通与营销理论发展研究 / 邓艳编 . —北京：经济科学出版社，2017.3

（《北京工商大学学报（社会科学版）》"贸易经济"栏目精粹）

ISBN 978 – 7 – 5141 – 7781 – 7

Ⅰ.①流⋯　Ⅱ.①邓⋯　Ⅲ.①流通经济学 – 研究　Ⅳ.①F014.3

中国版本图书馆 CIP 数据核字（2017）第 033576 号

责任编辑：高进水　刘　颖
责任校对：辰轩文化
责任印制：王世伟

流通与营销理论发展研究
邓　艳　编
经济科学出版社出版、发行　新华书店经销
社址：北京市海淀区阜成路甲 28 号　邮编：100142
总编部电话：010 – 88191217　发行部电话：010 – 88191522
网址：www.esp.com.cn
电子邮件：esp@esp.com.cn
天猫网店：经济科学出版社旗舰店
网址：http://jjkxcbs.tmall.com
北京季蜂印刷有限公司印装
787×1092　16 开　15 印张　210000 字
2017 年 3 月第 1 版　2017 年 3 月第 1 次印刷
ISBN 978 – 7 – 5141 – 7781 – 7　定价：38.00 元
（图书出现印装问题，本社负责调换。电话：010 – 88191510）
（版权所有　侵权必究　举报电话：010 – 88191586
电子邮箱：dbts@esp.com.cn）

本书编委员

主　编　李朝鲜
副主编　宋冬英
委　员（按姓氏排序）
　　　　邓　艳　宋冬英　王沈南　王　轶

序言一

《北京工商大学学报（社会科学版）》前身为《北京商学院学报》。作为原商业部直属高等院校所办刊物，自1981年创刊时即将刊物定位为以贸易经济为主的经济类学术期刊，"贸易经济"（亦称"商贸流通"）栏目为本刊特色栏目。

30多年来，"贸易经济"栏目伴随着我国社会主义经济不断深入改革和扩大开放，不仅走过了从计划经济到市场经济理论与实践的研究与探索过程，见证了我国商贸流通发生翻天覆地变化的历史，也突破了原来狭隘地单纯谈论国内贸易，就商业论商业的局限性。

"贸易经济"栏目始终坚持集中和突出优势办专业特色栏目的思想；期刊一直是《中文核心期刊要目总览》中的"贸易经济类核心期刊"，是第一批以"贸易经济"栏目为专业特色入选CSSCI收录的来源期刊。"贸易经济"栏目2010年被全国文科学报研究会评为"特色栏目"。2004年以来多次被北京高教学会社会科学学报研究会评为"北京高校人文社科学报优秀栏目"，2010年以来多次被评为"北京市高校人文社科学报名栏"。

为了展示"贸易经济"栏目30多年的优秀成果，学报编辑部决定出版一套"贸易经济"精粹丛书，第一册为《流通与营销理论发展研究》，第二册为《品牌研究大视野》。通过此套丛书，可以看出"贸易经济"栏目为我国贸易经济理论研究与实践的发展所做出的努力和贡献。

"贸易经济"栏目设立30多年来，共计发表了1000多篇论文，由于文章时效性等原因，此两册书籍分门别类地收录了学报2001—2016年"贸易经济"栏目所发表的有代表性的文章40余篇，对贸易经济领域的热点、难点问题和前瞻性理论进行了深度分析。文章遴选主要基于三项原则：一是按照每年"贸易经济"栏目所发表文章的CNKI复合被引次数的高低排序；二是按照每年"贸易经济"栏目所发表文章在四大转载期刊（《新华文摘》《中国社会科学文摘》《高等学校文科社会科学文摘》和中国人民大学复印报刊资料）上的被转情况；三是聚焦两册书籍的话题。

第一册《流通与营销理论发展研究》辑录了2001—2016年期间反映中国流通业巨变的一些代表性文章。文章分为四部分：第一部分为流通理论，内容涉及商业原则、商业文化、商业聚集、顾客价值、零售轮理论、流通经济学的复兴等；第二部分为流通业面临的现实问题及对策，内容涉及流通业发展方式、流通业核心竞争力、冷链物流、零售业发展矛盾等；第三部分为农产品的流通问题，内容涉及农产品流通效率、农产品流通网络组织、农产品流通渠道、农产品供应链整合、农产品流通模式、农产品流通线上线下融合等；第四部分为全渠道问题，内容涉及网络营销、线下线上融合、多渠道零售、移动零售、全渠道零售等。

第二册《品牌研究大视野》辑录了2001－2016年期间"商贸流通"栏目发表过的关于"品牌"研究的一些代表性文章。文章分为三部分：第一部分主要讨论品牌维度与定位，内容涉及品牌定位、品牌本性与个性、品牌特性、品牌形象和品牌延伸等；第二部分为品牌经营与国际化，内容涉及品牌内涵、品牌营销策略和品牌战略变迁等；第三部分为品牌体验与购买，内容涉及零售商店品牌形象、品牌竞争力、老字号品牌的发展以及商业街品牌分析等。

在本套书籍的结集出版过程中，我们也惊喜地发现，虽然文章发表时是各自独立的研究成果，但按照一定的逻辑规律编辑成册时，其研究的内在逻辑以及该领域的历史发展脉络便清晰可见。而这种逻辑和脉络恰恰反映了我国贸易经济领域理论研究的阶段性、系统性和前瞻性以及未来有待研究的问题。

最后，殷切希望《北京工商大学学报（社会科学版）》借此机会，认真总结"贸易经济"栏目的发展经验，明确栏目今后的发展思路，秉承学报的发展宗旨，努力把刊物打造成为我国贸易经济理论探讨的风向标、商贸流通领域研究的思想交流高原。

期刊文章发表与书籍出版的格式是有差异的，虽然后期再次经过编辑的校对，但错误还是难以避免，希望广大读者朋友批评指正。

李朝鲜

2016年11月

[李朝鲜，教授，博士生导师，《北京工商大学学报（社会科学版）》主编，北京工商大学副校长]

序言二

《北京工商大学学报（社会科学版）》是我喜欢的一本学术期刊，也是至今为止我发表文章最多的学术期刊。之所以喜欢它，粗想起来有三点理由。一是"杂志关系"。它是我母校1981年创办的一本期刊，当时名为《北京商学院学报》。那时我读大三，几乎通读过当时每期刊登的文章，梦想着有一天自己也在上面发表文章。大四时（1983年）同班同学、好友杨谦发表了一篇名为《我国古代的坊市制》的文章，令我十分羡慕，觉得他特别牛。我一直努力到1987年才在学报发表了我的文章，那时我在母校读研究生，文章是我们和中国人民大学研究生联合举办沙龙的综述文章。该刊留下了我们诸多的青春记忆。二是"文章关系"。我本科、硕士、博士学习的专业都是商业经济，从事零售学、分销学、营销学的教学和研究。由于各种原因，我国长期没有一本专门的零售学，或是分销学，或是营销学被CSSCI检索的学术期刊，而《北京工商大学学报（社会科学版）》是发表这三个方向较多文章的CSSCI来源期刊，我在相关教学和研究中，时常参阅该刊发表的文章，受益颇多。我曾经做过中国零售学和营销学发展历史的统计研究，研究表明《北京工商大学学报（社会科学版）》为我国零售学和营销学的发展做出了重要的贡献。三是"编辑关系"。由于投稿、审稿和担任该刊的学术委员，与各位编辑打交道较多，觉得他们非常智慧、认真和友善。说他们智慧，仅举一例，诸多学术期刊一股脑地刊登数学模型化文章之后，他们仍然坚持发表部分概念性文章，实际上，这是思想和理论创新的重要论文方式，《哈佛商业评论》和《斯隆管理评论》坚持发表概念性文章，也一直被国际学术界认定为A类学术期刊。说他们认真，也举一例。我曾经投给国内某家期刊一篇文章，被拒稿后莫名其妙地全文出现在百度文库中，我转投给《北京工商大学学报（社会科学版）》，编辑说文章很好，可惜被公开了，不适合刊发。我非常理解他们的拒稿，因为我了解他们，编辑部就四五个人，每一个人都视杂志为自己的孩子，进行精心培育和抚养，容不得半点闪失。说他们友善，他们公平地对待每一位投稿者，不收审稿费，不收版面费，还支付稿酬。今天，这样的学术期刊太少了。

自己喜欢的期刊要出一本文集，编辑部邀请我写一篇序言，尽管感到有些力不从心，但还是非常高兴。我浏览了文集的全部24篇文章，这些文章跨越了2001年至

2016年十余年的时间，反映着十多年中国流通业巨变的时代特征。这些文章可以分为四类：第一类讨论的是流通理论本质规律问题，共有 6 篇文章，涉及商业原则、商业文化、商业聚集、顾客价值、零售轮理论、流通经济学的复兴等；第二类讨论的是流通业面临的现实问题及对策，共有 4 篇文章，涉及流通业发展方式、流通业核心竞争力、冷链物流、零售业发展矛盾等；第三类讨论的是农产品流通问题，共有 6 篇文章，涉及农产品流通效率、农产品流通网络组织、农产品流通渠道、农产品供应链整合、农产品流通模式、农产品流通线上线下融合等；第四类讨论的是全渠道问题，共有 8 篇文章，涉及网络营销、线下线上融合、多渠道零售、移动零售、全渠道零售等问题。这些文章都值得一读，特别是关于农产品流通的一组文章，从时间方面看，涉及过去、现在和未来；从内容方面看，具有系统性和深入性的特点。还有关于全渠道的一组文章，对于全渠道概念、本质、内涵、外延、应用的问题有着比较系统的讨论，提出的全渠道营销理论具有一定的启发意义。这些文章具有前瞻性，相信在未来会体现出越来越大的价值。

一本学术期刊的生命力，在于引领着思想和理论的创新，而不在于方法的复杂化，因为后者都是为前者服务的。希望《北京工商大学学报（社会科学版）》坚持自己的特色，不断创新，成为商业思想和商业理论创新的发源地和聚集地。

李 飞

2016 年 11 月

[李飞，清华大学经济管理学院营销学和零售学教授、营销系系主任，博士生导师中国零售研究中心常务副主任，《清华管理评论》副主编]

目 录

第一部分　流通理论本质和规律

试论商业原则　黄国雄 // 3
商贸企业持续发展的原动力
　　——商业文化新解　黄国雄 // 7
论商业集聚　蒋三庚 // 13
西方顾客价值研究理论综述　叶志桂 // 18
"零售之轮"理论发展的逻辑与不足　晏维龙 // 27
非主流经济学的兴起与流通经济学的复兴　夏春玉　丁　涛 // 35

第二部分　流通业发展方式

论流通发展方式的转变　黄国雄 // 49
现代流通产业核心竞争力研究进展　孙敬水　姚　志 // 57
冷链物流发展问题研究　胡天石 // 69
中国零售业发展的八大矛盾及解决思路　李　飞 // 77

第三部分　农产品流通

提升农产品流通效率　促进经济增长方式转变　徐振宇 // 89

农产品流通：基于网络组织理论的一个

  分析框架 夏春玉 薛建强 徐 健 // 97

论农产品营销渠道的历史变迁及发展趋势 孙 剑 李崇光 // 106

农产品供应链整合的困境与突破 纪良纲 刘东英 郭 娜 // 111

基于流通实力的农产品流通模式选择及优化 郭崇义 庞 毅 // 121

基于线上线下融合的农产品流通模式研究

  ——农产品O2O框架及趋势 汪旭晖 张其林 // 129

第四部分 全渠道

论网络营销的基本模式 韩 耀 张春法 刘 宁 // 143

传统零售商"优势触网"的条件与权变策略 李桂华 刘 铁 // 148

传统零售商实体零售和网络零售业务协同发展

  模式研究 刘文纲 郭立海 // 158

实体零售与网络零售的协同形态及演进 王国顺 何芳菲 // 167

迎接中国多渠道零售革命的风暴 李 飞 // 178

移动零售下的全渠道商业模式选择 刘向东 // 191

全渠道零售的含义、成因及对策

  ——再论迎接中国多渠道零售革命风暴 李 飞 // 199

全渠道营销理论

  ——三论迎接中国多渠道零售革命风暴 李 飞 // 214

第一部分
流通理论本质和规律

试论商业原则*

▲黄国雄（中国人民大学商学院，北京 100872）

> **摘　要**：商业原则是一切经商的法人和自然人都必须具有的基本理念、职业操守和处世哲学。商业原则是公平的、竞争的、买卖双赢的原则，是国际公认的原则，也是在流通变革中不断发展的原则。商业原则符合市场经济的内在要求，是企业商业行为的本质表现，更是商业存在并得到发展的根本原因。企业落实和坚持商业原则要树立一个基本观念，即商业是利他经济，只有坚持商业原则，才能得到消费者的信赖，企业的发展才有基础，才能持续稳定。
>
> **关键词**：商业原则；商业行为；信誉红利；流通变革；市场经济

当前，中国商贸流通业进入转变方式的历史性阶段，行业面临着多重压力、多方挑战。对企业而言，生存靠自己，发展靠创新，竞争靠自身的素质和实力，而坚持商业原则正是这种素质和实力的具体表现。

做事有原则，做人有原则，经商也有原则，没有原则就不能规范，没有原则买卖双方就没有共同语言，也就失去了合作基础。靠欺诈过日子、靠作假谋利益等尔虞我诈、唯利是图的行为，不是商业本质的要求。在商业社会里，一切经济行为都要遵守商业原则，这是商业存在并得到发展的根本原因。在激烈的市场竞争中，客观上存在一种红利，即企业以情感人、以诚取胜。它是在同等条件下，以坚持商业原则为核心的企业良好形象所能带来的额外收益。我把它叫做信誉红利，也就是企业的自身形象。信誉是无形的资产，是长期起作用的无价之宝。它是企业遵循市场规律、坚持商业原则、塑造自身品牌的战略性措施。

一、商业原则是市场经济的内在要求和商业行为的本质表现

什么是商业原则？它是一切经商的法人和自然人都必须具有的基本理念、职业操守和处世哲学。从商品生产到商品经济，从农业社会到工业社会，几千年的社会发展，在不同的历史时期、不同的条件下，都经历了对商业发展由不认识到认识，由不了解到了解的过程。特别是在我国特定的条件下，由于存在着某种观念性和制度性的原因，都曾经推行和采取种种重本轻末，轻商、抑商、灭商等政策，限制商业的发展，剥夺

---

* 本文原刊载于《北京工商大学学报（社会科学版）》2013年第6期。

商人的种种权利。尤其是在极"左"盛行时期，商业更是作为资本主义复辟的势力，被加以打击和排斥。企业在抑制中生存、冷眼中挣扎，无一幸免。但是作为时代的要求，历史的发展，所有遵循商业原则的商人、商业资本和商业产业，仍然顽强地生存，挣扎着存在，并得到了稳步的发展，终于迎来了今天的商业社会。在大浪淘沙中，一切非商行为、一切不遵守商业原则和商业道德的行为在短暂风光过后都将被历史所淘汰。只有坚持商业原则、合法经商的企业才能得到生存、发展，成为今天的社会精英和经济发展的支柱。

商业原则有多种表述，但其本质就是"自由让渡、等价交换、真诚合作、互利互赢"。自主是基础，互信是条件，双赢是目的，这是市场经济内在的要求，商业行为本质的表现。只有自主，才会互信，才能建立真诚的合作；只有自主，才有选择，才能择优寻找合作的伙伴，才能维护自由的合法权利，达到互利互赢的目的。只有互信，才能保持稳定、持久、良好的交易关系、产销关系和店群关系；只有互信，才能树立商业形象，促进商业健康发展。强卖强买，双方处于不平等的地位，甚至造成一方对另一方利益的侵犯，急功近利、一锤子买卖、能骗就骗、能哄就哄的行为是不能持久的。"毒生姜、地沟油、毒奶粉、豆腐渣工程"，一切弄虚作假、以次充优、以劣装好、卖假贩假售假的行为，不仅违背商业原则，而且也丧失作为商人的起码道德和职业操守。市场始终存在着潜规则，"强者发展、适者生存、弱者挣扎、逆者淘汰"。强者强在哪里？强在能遵循商业原则，能有一批稳定的合作者和忠实的消费者；强在其他员工都能坚持商业原则，诚信兴业，合作共赢；强在企业在市场上有良好的形象，有无形资产；强在它不仅降低成本，赢得正常利润，还能获得信誉红利。

二、坚持商业原则是企业生存发展的基础

企业落实和坚持商业原则，要树立一个基本观念，即商业是利他经济，它是以服务而存在、为服务而发展的，企业要赢利、要发展，但必须以利他为前提、以利他为手段，通过为社会、为他人提供有效的商品、有益的服务，得到消费者的认可，才能最终达到利己的目的。在实现商品价值、满足社会需要的前提下，实现企业的社会价值，获得合理的有偿商业利润。服务是它的本性，服务是它的职责，服务是它的价值。任何一种商业活动、任何一种商品交易，只利己不利他，甚至以损人利己为目的，采取投机取巧的手段而获取的利润都是非法收入，都是违背商业原则的违法行为，结果都将以失败而告终。

在商言商，言的是商业原则，言的是生财有道，言的是利他行为，言的是服务精神，而不是弄虚作假、巧取豪夺、欺行霸市、唯利是图。而作为社会主义条件下的商业行为，更应具有以人为本、服务第一的精神，肩负着企业责任和社会责任的双重任务，在完成分工、实现企业价值的基础上，实现社会价值。

社会上存在大量的商业现象，存在形形色色的商人，存在变化莫测的商业行为，

鱼目混珠、真假难辨。是良商还是奸商，是文明商人还是庸俗商人，是商的行为还是非商的活动，是合法经营还是非法经营，不能看广告，不要看招牌，而要看行动，看实际效果，看是否以坚持商业原则，以真诚维权、热忱尊客、货真价实为标准。

只有坚持商业原则，企业才能得到消费者的信赖，才能培育相对固定而有忠诚度的消费群体，企业的发展才有基础，才能稳定。企业应坚持货真价实、不满意无条件退换，做到购物无风险。只有真情服务，才能建立亲友、亲人般亲密的关系。维护消费者应有的权利，不仅仅是对售货人员的要求，更应从领导做起，注意每一环节、每一过程，都要以人为本，减少环节、降低成本、保证质量，千方百计地维护消费者的利益。

三、商业原则的几种思考

商业原则是公平的原则，其核心是等价交换、物有所值。你所换回的，可能是商品，也可能是服务；可能满足生活的实际需要，也能得到心理的安慰、精神的享受。服务本身就是商品，就有价值，不仅有利于推动和加快商品的销售，而且也是充实和丰富生活的重要内容，能够促进生活质量的提高，是有形商品所无法取代的。

商业原则是竞争的原则，其关键在于平等条件下开展竞争。它既是商业竞争所必遵循的原则，也是商业竞争的基本内容。竞争的胜败取决于谁更能坚持商业原则，做到真诚服务、货真价实、童叟无欺、热情待客。不坚持商业原则的竞争，都是非法的竞争，不正当的竞争，是垄断竞争或者不平等、不自愿竞争。

商业原则是双赢的原则，它是维护双方利益，维系长期、稳定的伙伴贸易关系的保证。任何一种侵犯对方利益的交易，最多是一次性买卖、一锤子生意。对他人利益的侵犯，使交易对象利益受损的同时，也会使自己吃到恶果，或名誉受损，或买卖中断，或是第三方不敢与你做生意，"用脚投票"，另找卖家。

商业原则是国际公认的原则，是区域合作、国际交往的基本原则，也是建立国际长期合作关系的基础。这是因为，国家之间、地区之间自然禀赋不同，消费观念、消费水平存在差别，并且发展程度大不相同，需要通过交换合作进行互补，才能共荣。任何一种建立在政治交往上的国际合作，都是有条件的，都受一定历史的限制，都受政权交替所制约。而只有坚持商业原则，通过共赢、合作、发挥各自优势的贸易，才能实现资源、资金、市场互补、合作、双赢，维系双方的利益，才能稳定、协调、持续发展。一切实施区域封锁、地方保护，设置关税壁垒的行为，都是违背商业原则，都是损害双方长远利益的狭隘民族主义。

商业原则也是做人的原则，企业应坚持先为人后为己，先利他后利己的理念，真诚对待、平等互利、"先做朋友、后做生意"，以真诚换真情，互信得互惠。企业或商人首要为人，没有服务精神、没有文化修养，就很难实现为人的目的。没有商业原则的商人，充其量只能担负二道贩子的角色，没有文化的商业是愚蠢的商业，甚至会陷入与奸商为伍，从事贩毒贩假活动的泥坑。

商业原则是发展的原则。任何一次流通变革和业态创新，都是商业原则的深化和升华，都是建立在降低成本、方便购买、企业得益、群众受惠的基础上，唯有如此才能得到社会承认，才算创新，才是发展，才能持久。它完全不同于短期的促销，或降价处理，这些行为只是购买力暂时的空间转移、时间调整，你多了，我就少了，今天买了明天就不买了，只能发生"分蛋糕"的效应，甚至会陷入恶性竞争，它奉行的是一种"零和战略"。而任何一次零售革命，都是"做大蛋糕"的多赢战略，它比的是成本、是效益，是谁服务得更好，更有利于社会进步和经济的发展，是一次又一次商业原则的实施和升华。

总之，商业原则是经商之本、生财之道，谁坚持得好，谁就能笑到最后。楼不在高、店不在大、路不在宽、货不在多，有情则灵、有特则行、有客则旺、有信则兴。

参考文献

[1] 黄国雄. 现代商学概论 [M]. 北京：高等教育出版社，2008.

[2] 黄国雄. 商贸企业持续发展的原动力——商业文化新解 [J]. 北京工商大学学报（社会科学版），2012（1）：1-4.

[3] 黄国雄，杜昕然. 重视商业文化建设 推动流通产业整体素质提高 [J]. 中国商报，2012-07-27（015）.

[4] 宋则. 培育和谐商业新气质新生态 [N]. 北京商报，2011-12-21（A02）.

Business Principle: Essence to Business and Road to Prosperity

▲Huang Guo-xiong (*Business School, Renmin University of China, Beijing 100872, China*)

Abstract: Business principle is a basic concept, professional integrity and philosophy for all business corporations and business persons. Business principle is fair, competitive and win-win principle, which is universally adopted internationally and is also evolving with the circulation reform. Business principle in line with the internal demand of market economy embodies the essence of corporate business behavior and it is the fundamental reason for the existence and development of commercial presence. To perform and adhere to business principle, enterprises should set up a basic concept that business is altruistic economy. By adhering to business principle an enterprise can obtain the consumers' reliance and have its development based on a solid foundation in a sustainable and steady way.

Key Words: business principle; business behavior; credit bonus; circulation reform; market economy

商贸企业持续发展的原动力*
——商业文化新解

▲黄国雄（中国人民大学商学院，北京 100872）

> **摘 要**：商业文化是商业和文化的有机结合，是现代商业发展的重要标志。党的十七届六中全会作出加强文化建设的重要战略部署，商业文化建设直接关乎商业产业的发展和人民的生活水平，应受到极大地重视。企业应弘扬商业文化建设，树立以人为本的核心理念，坚持服务为先的企业精神，诚信兴商。培养爱岗敬业的员工团队和知识型管理团队，也是企业持续经营、创新的原动力。
>
> **关键词**：商业文化；企业价值；品牌建设

一、商业文化是现代商业的标志

党的十七届六中全会作出关于加强文化建设的重要战略部署，它不仅仅是文化部门的事，而且是直接关系到全民素质、社会公德、文化修养、和谐生活的事，更是一项高瞻远瞩的战略性措施，并直接关系到各行各业的素质和修养，生存和发展。文化建设事业的意义是深远的，影响是全面的，尤其对于商贸服务业，这个以交换为手段，以满足社会需要为目的，与广大消费者建立最广泛、最直接、最密切经济联系的重要行业。商贸服务业既是一项民生工程，也是一项全民性的社会活动，其文化含量、文化修养、文化建设直接关系到商贸服务业的社会职责和服务职能的实现。

商业文化是商业与文化的有机结合，是现代商业的重要标志。胡平同志是现代商业文化的倡导者，在他任商务部部长期间，积极倡导商业文化的建设，并将其作为商业发展的核心和切入点，进而推动商业整体素质的全面提高。然而，该畅想并没有得到应有的重视，甚至有人讥讽他不务正业，应该去当"文化部长"，这也导致现代商业文化建设流于空话，难以得到很好的贯彻和落实。实际上，商业与文化并不矛盾，商业不能没有文化，文化也离不开商业。毛泽东同志曾说过，"没有文化的军队是愚蠢的

---

* 本文原刊载于《北京工商大学学报（社会科学版）》2012年第1期。

军队"。同样的道理,没有文化的商业是愚昧的商业。文化既是现代商业的灵魂,又是现代商业的标志,更是现代商业的精华。而作为文化产业也不能离开商业,它凝结着知识、艺术、技巧和文明,是劳动的精华和智慧的结晶,必须通过必要的商业运作,才能够得到社会认可,它的代价可能是政府开支,也可能是享受者的付出,但都包含着交换和商业行为。我们反对的是将文化过度商业化、庸俗化和产业化,提倡的是借助商业促进文化的繁荣和发展。

商业文化建设也是企业的重要任务,直接关系到企业的生存和发展,关系到企业可持续发展的原动力和竞争力,它是全体职工的职责,关系到职工的素质和企业职能的发挥。商业文化建设应作为企业的头等大事,切实地抓好、抓实,贯彻到商业活动的全过程中。以企业商业文化建设为契机,将商业文化建设深入贯彻落实到商品流通市场的各个环节中去。

二、以人为本,是商业文化的核心价值

商业文化的核心价值是以人为本,企业应树立以人为本的价值观,这是由企业的商业职能所决定的。这其中,零售业直接与人打交道,是一项实实在在的民生工程,其不仅关系到人民的生活内容和环境,更关系到人民的生活质量和水平,也体现了商业企业与广大消费者的鱼水关系。在社会主义条件下,它还体现出党和政府对广大人民群众的关怀。以人为本,主要表现在"尊重"和"维权"两个方面。对广大消费者的尊重,是全体零售业从业人员的基本职责,具体而言便是尊重每一个客人的尊严和权利。俗话说,"来的都是客",从业人员应努力使顾客感觉舒畅、亲切,感受时代、感受生活、感受享受,感受社会主义温暖,真正令顾客觉得"买与不买"商品,都是一次享受,都毫无遗憾,让每一位顾客都接受一次社会的熏陶、文明的感染,留下深刻的印象。其次,维权是以人为本的核心和具体表现,其基本的要求是做到公平交易,童叟无欺,明码实价。真正做到不售假、不贩假、不欺弱、不欺诈,不满意可退货,千方百计维护消费者根本利益,是商业文化核心价值的最终表现。商业文化的建立和完善,都必须树立以人为本这一最终目的。

三、商业文化是系统概念

商业文化是文化商业、文明商业、科技商业、服务商业和历史沉淀等优秀商业传统的统称,它是一个系统概念。

商业文化是商业价值观的体现,具有广泛的内涵和丰富的外延,它是商业企业社会职责与企业素质的结合,是传统的优秀经营理念与现代文明的结合,是以人为本与职业道德的结合,是环境营造与内在动力的结合,是企业的文化力与竞争力的结合。商业文化是以利他为前提,以服务社会为目的,在实现社会价值的同时,实现自身的

价值，达到利己的目的。商业文化完全区别于奸商文化，"无商不奸""无奸不商"都是对商业产业和商业行为的误解。所谓奸商文化，是一切以营利为目的，通过投机取巧、偷工减料、掺杂使假的手段，不顾消费者的生命与安全，使用各种有害人体的添加剂，欺骗欺诈，达到赢利的目的，甚至利用现代技术制毒贩毒，该文化给社会造成极大的伤害。社会大众要分清合法经商、商业文化与奸商文化的区别。

提倡现代商业文化，反对奸商文化，有利于促进商贸服务业整体素质的提高和市场秩序的稳定，保持商贸服务业协调、健康、有序、持续的发展。

四、商业文化要坚持服务为先的精神

企业只有服务为先，才能全面提高其综合竞争力。商业文化建设要求企业必须坚持服务为先这一基本理念。购物是消费行为，服务是文化行为，服务水平体现的是商业从人员的素质和水平。服务是商业企业职能的体现，商业是为服务而产生，以服务而发展，没有服务，或服务不好，商业企业就失去它的存在价值。因此，商业文化首先要体现在服务上，具体而言要体现在服务的范围、服务的质量和服务的态度上。楼不在高，店不在大，货不在多，路不在宽，有情则灵，有特则行，有客则旺，有信则兴。外在规模和外在形象，这些只能给消费者视觉的感受，而商业文化所体现出的服务精神，即把顾客当亲人亲友对待，尽情尽责，它对消费者产生的是内心的感受，人格的尊重和欢悦的体验，进而给消费者留下深刻而美好的回忆，这是任何营销措施所无法取代的，也是构建和谐社会所具备的基本条件。

要树立一个理念，服务比商品重要，质量比数量重要，诚信比金钱重要，效益比规模重要，软件比硬件重要。这就是商业文化，这就是对企业、对每一个从事商业的人员的要求，缺乏这些就缺乏企业的核心竞争力。

五、诚信兴商，是商业文化的具体体现

诚信兴商，实施多赢战略，这是商业文化的具体要求和集中表现。诚信是一种文化，是一种软实力，是一项无形资产，正所谓"诚招天下客，信得万人心"。信的核心是真，即真诚、真实、真货、真情。企业有了信用，才能得到顾客信任，形成信誉，生意才能兴旺发达，才能实现持续发展。信是商业文化的精髓，诚信是传统的优秀商业文化的沉淀与现代文明的结合，"生财有道，货真价实，童叟无欺"是经商者必须具备的基本职业道德，该理念也应成为职业操守的标准。

尽管赢利是所有企业的共同追求，是企业生存的基础、发展的条件，但生财必须有道，道就是规律，道就是规则，道就是规定。任何一种商业行为把利益建立在对对方利益的侵害、侵占的基础上，都是损人利己的行为，都是非法和违法的，都是没有文化的表现。商业活动反映的是复杂的经济关系，包括产销关系、零供关系和店群关

系，零售业与流通各个环节的关系。不实施多赢、不全面照顾，协调发展，就不能维持和稳定彼此之间的关系，失去长期合作的纽带，是没有商业文化的具体表现。

六、重视商业文化，就是重视职工队伍的培养

企业应重视文化教育，培养一批爱岗敬业的职工队伍。但文化不等于文凭，商业文化是商业职工的职业操作，服务能力和专业水平，是职工敬业的具体表现。没有文化的职工，充其量是出卖劳力的劳动者，既不可能成为人才，也不可能成为企业的主人。特别是商业职工，无论所属哪一种业态，从事什么流通环节的工作，它的基本职责都是服务，为消费者负责。职工如果不认真服务、不掌握自己经营的商品知识、不遵守等价交换的原则，就不能算是一个好职工，充其量只能担任小商贩的职能，一手钱一手货，是一手进一手出的"二道贩子"行为是不值得提倡的。没有文化的商业职工，只能发挥交换工具的作用，更谈不上敬业、爱业和创业。

民营企业相比起国有企业具有更大的灵活性、应变性和机动性，但据有关部门统计，前者的企业生命周期只有后者的一半。为什么会产生如此反差，究其原因除了国有企业有行政性、政策性支持以外，还有非常重要的一点，那便是国有企业非常重视文化建设，重视职工敬业精神的培养，使职工产生凝聚力、向心力和自豪感，成为延长企业生命的原动力，这一点民营企业要向国有企业学习。而民营企业的职工就缺乏对企业的认同感、归属感、向心力、缺乏事业心，这就没有了职工基础，仅凭创业者的能干和拼命精神，是难以维持企业长期、稳定发展。

七、商业文化要重视现代管理团队的建设

企业建设现代商业文化，不仅要培养一批敬业型的职工队伍，还要造就一批知识型的管理团队，他们是"经历+文凭+能力"而构成的企业管理层，是有实践、懂理论、会经营、善管理，具有很强的统筹力、执行力、调和力和应变力的职业经理人。他们纵观全局、运筹帷幄、雷厉风行、亲力亲为，善于察言观色、随机应变，能才善用、人尽其用，把握走势、随机应变。他们是企业的第一生产力和企业利润的制造者。

具体而言，商业企业的利润来自三个层次：第一层次是劳动者，他创造了社会的平均利润；第二层次是商业职工，他创造了商业行业的平均利润，有别于农业、工业或其他产业，创造的是行业利润；第三层次是企业的管理者，他创造的是企业利润，体现了作为管理团队的能力，显示出管理团队的特殊的优势和竞争力。商业竞争是同一商圈内同一业态的抗衡和较量，不取决于其规模的大小，而是取决于以企业的管理团队为核心而焕发出的综合竞争力，是企业之间商业文化的对抗和管理团队的较量。

八、老字号是传统商业文化的结晶

对于拥有一定历史的企业而言，发扬传统，重整老字号的雄风是最为明智的选择。百年老店不是时间概念，越久越好，而是商业文化的概念，是传统、优秀商业文化的凝结、沉淀和传播，是服务理念的传承，是独特技术的传授，是商业文化的发扬。要神似不要形似，要继承、要发扬，要创新、要发展。一个老店几十年上百年甚至几百年的历史，能够继承，能够发扬，起核心作用的还是商业文化。通过优秀的积累、代代的传承，企业才能不断地创新，不断地发展。

没有传统的商业文化，就没有老字号。老字号在于传统、在于理念、在于优秀文化的结晶，它支撑着企业和商品沿着历史的脉络而发展，经久不衰，永葆老字号的青春。传统是老字号的精髓，创新是老字号存在和发展的动力。历史的变革，经济的发展，生活水平的提高，消费观念的更新，新技术的进步，淘汰了无数个企业和商品，而最终能够生存下来的企业，完全是在坚持传统上，根据形势的发展，进行不断地创新，改革滞后的模式，吸收先进的理念，使其在变革中存在，在创新中发展，使传统与现代有机结合，以维持生存和发展。要是没有创新的企业，最好的情况是勉强存在，但更多的是被时代潮流所淹没。

参考文献

[1] 陈云. 陈云文选 [M]. 第二卷. 北京：人民出版社，1995.

[2] 吴敬琏. 中国当代经济改革 [M]. 上海：上海远东出版社，2003.

[3] 万典武. 当代中国商业简史 [M]. 北京：中国商业出版社，1998.

[4] 黄国雄. 现代商学概论 [M]. 北京：高等教育出版社，2008.

[5] 黄国雄. 论流通主体——再谈流通体制改革几点意见 [J]. 中国流通经济，2011（9）：7－10.

[6] 黄国雄. 关于推进我国现代流通体系建设的几点建议 [J]. 财贸经济，2011（3）：5－10.

[7] 中国商业年鉴社. 中国商业年鉴1998－2010年各卷 [M]. 北京：中国商业年鉴出版社，1998－2010.

[8] 黄国雄. 论流通发展方式的转变 [J]. 北京工商大学学报（社会科学版），2010（3）：1－6.

[9] 黄国雄. 加强流通理论创新 推动流通产业快速发展 [J]. 中国流通经济，2010（4）：8－10.

[10] 贺青. 商业文化的核心价值与功效 [J]. 商业文化，2009（5）：18－25.

Motive Power for Sustainable Development of Business Enterprises
—A New Understanding on Business Culture

▲Huang Guo-xiong (*Business School, Renmin University of China, Beijing 100872, China*)

Abstract: Business culture is a dynamic integration of business and culture, which is a significant symbol of the development of modern business. In the 6th Plenary Session of the 17th National Congress of the Communist Party of China, an important strategic plan has been decided to strengthen the cultural construction. Great importance should be attached to the construction of business culture, which is directly concerned with the development of business industry and the living standard of the people. Business enterprises should promote the construction of business culture, establish the people-oriented core concept, adhere to the enterprise spirit of service first, and prosper the business based on commercial integrity. Specifically speaking, business enterprises should cultivate a staff team with love and passion in work and a managerial team with knowledge management, which are the motive power for the sustainability and innovation of an enterprise.

Key Words: business culture; enterprise value; brand construction

论商业集聚*

▲蒋三庚（首都经济贸易大学商务管理系，北京　100026）

> **摘　要**：目前，研究生产性产业集聚较多，而研究商业集聚比较少。商业集聚对现代都市、商品集散地、产业园区的成长与繁荣有非常重要的促进作用，这一点已引起人们的关注。文章根据产业集聚、产业集群原理，从理论上对商业集聚的内涵、效应、形成机制及从企业生态学角度进行了探讨。
>
> **关键词**：商业集聚；问题研究

商业集聚是区域经济发展过程中的产业集聚现象。研究商业集聚对现代城市、产业园区、商务中心区（CBD）的建设和发展都有重要的现实意义，因为没有商业集聚，就形成不了良好的消费环境和商业经营环境，从而影响到该地区的成长与繁荣。本文旨在对该现象的内涵、效应、形成机制及从企业生态群角度进行理论上的分析。

一、商业集聚的内涵

所谓的商业集聚是指大量相互关联密切的商业企业在空间上的集聚，从而形成一定区域内商业网点密度和专业化程度很高的商业经营场所。从理论上讲，商业集聚只是产业集聚现象的特例。最早注意产业集聚现象的是经济学家马歇尔，他在《经济学原理》一书中，把专业化产业集聚的特定地区称作"产业区"（industry district）。到20世纪70年代末产业集聚受到人们的关注，学者们从不同的角度（经济学、社会学、经济地理学等）对产业集聚现象进行了研究。产业集聚可分为四种类型：第一种是轮轴式。集聚区以一大企业为核心，它是区域的中心轴，其他企业围绕该企业提供服务。第二种是大企业集聚。它与轮轴式相比，主导企业超过一个，核心产业有若干个大企业构成。第三种是企业集群。区内存在大量相关企业，这种形态类似意大利产业区（弹性专精）型。它们围绕核心产业，按照供应链形成专业化分工，但彼此之间是相互独立的。第四种是马歇尔集聚。区内成员众多，但规模较小，主要满足区域内的市场需求，区域内自成一个生产消费的完整体系。应该说，商业集聚更符合于后两种类型。从模式来讲，商业集聚属于水平型的产业集聚，即由经营同类商品、互补产品或相关

---

* 本文原刊载于《北京工商大学学报（社会科学版）》2005年第3期。

产品的企业聚集形成。

二、商业集聚的形态

不论是哪一个时代，也不论是哪一国家，商业企业的集聚是普遍存在的现象，只是由于近几十年科技、生产力的发展，人们消费水平、消费方式、消费模式的变化，使得这种商业集聚更趋于明显和加快。商业集聚可分为三种形态：第一种（a）是团组块状形态。比如，义乌小商品城，还有浙江诸暨大唐镇的袜业集群，年交易量达到60亿双。第二种（b）是沿街条状，一般称为商业街或专营商业街。比如著名的日本东京秋叶原家电一条街、北京王府井、上海南京路商业街等。第三种（c）是分散多点形态。它是分布于人们居住区、交通干道沿线的便利店、服务店等。按地理理论，把商业集聚区分为A中心位置、B中间位置和C外围位置等。我国学者将集聚形态与地理位置相结合，大致归类于几种集聚组合状况：Aa型组合，即位于都市中心商业区的团块布局。它由多条大街交汇形成，如北京市东部的商务中心区。Ab型组合，为位于都市商业中心的主要商业大街，如上海淮海中路、北京西单商业街等。Ba型组合，城市内地区级或社区级团块型的商业形态，如埃及开罗老区阿拉伯市场、我国香港尖沙咀、北京的潘家园旧货市场。Bb型组合，为专营商业街，如东京秋叶原家电一条街、北京三里屯酒吧一条街。Bc型组合，为散布在城市中街头巷尾的商店。Ca型组合，大城市外微型城市的商业中心或郊区购物中心。Cb型组合，城市边缘地带的农贸市场。Cc型组合为郊区的零星小店。应该说明的是，以上分类是以城市商业集聚为主，它没有包括新兴的大规模商品集散地。实际上，后者对区域的经济影响力更大，人们更关注。

三、商业集聚的效应

1. 消费带动效应。一个商业集聚区，往往是百货、专卖店、精品店、餐饮、休闲、酒吧、文化、旅游、娱乐、健身等多种元素的集聚地。各种类型商业企业在空间上的联合，会产生 1+1>2 的综合经济效应。对于消费者而言，他们的各种消费会在这个区域实现，而且在该地区的消费要超过在一般地区的消费，因而产生消费带动效应。此外，商业集聚通过集中化大规模的商业活动和提供相关服务，将会带动所在地区的金融、房地产、建筑、广告、装饰装修及交通运输的发展，促进该区域的商业规模化和专业化。而当商业集聚规模、专业程度达到一定水平，还会引起周围人们的思想和消费观念的变化，甚至消费结构的改变，从而促进消费环境和商业经营的进一步提升。

2. 节约社会成本效应。商业集聚所形成的规模经济性，使这些服务业或配套设施具备了经济上的合理性。从消费者角度讲，由于商业集聚区各类企业之间提供的产品和服务具有明显的互补性和配套性，使得集聚内的商品的广度和深度较大，可以满足不同层次客户的需求，使其愿意来购买商品；同时由于商家的集中，消费者在价格搜寻过程中节约了时间和搜寻成本，集聚区内商品价格上的优势，又节省了消费者剩余，从而使消费者成为商业集聚效应的最大受益者。从生产者角度讲，可以使其迅速、准确地掌握市场信息，减少市场盲目性。同时，集聚区把分散的企业聚集到某一空间内，无形中扩大了商品销售的规模，从而使生产者实现大批量的销售，节省了交易成本。从政府及有关公共机构角度讲，它们提供的专业基础设施或教育项目及企业集群的信息、技术、声誉等准公共物品能为商业集聚区内的企业共享；另一方面政府部门也积累了许多专业性管理知识和技能，从而更加有利于促进商业集聚区内的企业发展。

3. 集聚区区位品牌效应。商业集聚区往往形成一定的区位品牌效应。商业区位品牌是商业集群内企业一种重要的无形资产。商业企业通过集聚，集中广告宣传的力度，这既减少了单体企业的广告宣传费用，又借助广告效应形成整体品牌优势和区位商业优势，使单体企业获得稳定乃至不断增长的顾客流以及整体的商誉。纽约的第五大道、汉城南大门市场、巴黎的香舍丽榭、北京的秀水街就是很好的例证。

4. 知识外溢效应。信息的流动是按距离衰减的，所以知识在当地的传播要比远距离流动更容易。商业集聚使地理上邻近的企业易于建立协调与信息沟通机制，这种联系有利于通过模仿和学习改进管理、业务及市场观念。由于集聚区内的专业人才市场降低了雇员和企业之间相互搜寻的成本，使区内人员流动更趋于方便。而人员的流动导致专业的"技术转移"普遍存在，使得该区域的技术、管理知识和经验得到共享，更重要的是这种知识外溢能够营造一个协同创新的区域环境。一个企业或一个人有一个好的思想，会被别人采纳，这个思想又与他们自己的建议结合起来，因此，它又成为新思想的源泉。这种知识信息的扩散是创新的源泉。不断创新使该区域的经济持续增长，更加激励相关企业的加盟。

四、商业集聚的形成机制

1. 中心企业发展理论。通过借鉴美国麦克尔·波特的观点及考察现实状况，笔者认为商业集聚的形成更多地首先发端于一两家中心企业。随着一个地区内的中心店或旗舰店建立和不断发展，商圈不断扩大，各种中小型业种店也会随之集聚于此。新颖的业种店会让顾客感觉商品种类丰富，样式齐全，因而吸引了大批顾客流。顾客流的增长，又进一步吸引其他相关商业的入住。北京王府井商业区的王府井、新东安百货，东京新宿的三越百货都属于这种情况。

2. 区位形成理论。根据阿尔弗雷德·韦伯的区位理论，产业集聚分为二个阶段。第一阶段是企业自身的简单规模扩张，从而引起产业集中化，这是产业集聚的低级阶段。第二阶段主要是靠大企业以完善的组织方式集中于某一地方，并引发更多的同类企业出现，这时，大规模生产的显著经济优势就是有效的地方性集聚效应。韦伯认为，引起上述产业集聚有四个方面的因素。但从商业集聚角度分析，应是两个因素在起作用：一是市场因素。商业集聚可以最大限度地提高批量购买和出售的规模，得到成本更为低廉的信用,甚至取消中间商和批发商。二是降低社会成本。如前所述,商业集聚会引起电、水、煤气、绿化、照明等社会基础设施的建设,这不仅减少了企业的经常性成本开支,还使政府投资效益最大化。

3. 城市中心地理论。城市中心地理论最有代表性人物是克里斯塔勒,该理论对理解商业集聚是非常重要的。中心地理论认为,城市的基本功能是作为其腹地的服务中心,为其腹地提供中心性商品和服务,如零售、批发、金融、企业、管理、行政、专业服务、文教、娱乐等。由于这些中心性商品和服务以其特性可分为若干档次,因而可按其提供商品和服务的档次划分成若干等级,各中心地之间构成一个有规则的层次关系。该理论还认为,区域有中心,中心有等级。区域聚集的结果是结节中心,即中心地出现。服务是中心地的基本职能,服务业处在不同的中心地。中心地的重要性不同,高级中心地提供大量的和高级的商品和服务,而低级的中心地则只能提供少量的、低级的商品和服务。我们根据中心地理论作进一步分析,不同区域会形成不同的商业集聚。比如,存在城市商业集聚区、区域商业集聚区及社区商业集聚区等。

五、企业生态群的研究

在企业集聚的基础上,可形成企业生态群。所谓企业生态群,即企业群体生态不是众多企业的简单集中,而是以专业化分工与社会化协作为基础,大、中、小不同等级企业并存,不同类型企业共生互补的生态化企业群体,因而类似于生物生态系统。在这样的生态集群中,正如生物种群一样,有竞争,也有协作,竞争使得企业个体保持足够的发展动力,但这种竞争通常不是你死我活的关系,更多的是协作关系。生态群内的企业既能独立生存,又要围绕某个产业紧密结合,功能互补,从而使大部分企业都有更广阔的发展空间。龙头企业与专业化配套企业的协作是企业生态化的主要表现形式。

对于商业企业生态群,它与生产型企业生态群特点不同,表现形态主要以社会化协作为主。当商业集聚到一定程度,会出现商业企业生态群。商业企业生态群落涉及众多经济要素,包括顾客、供应商、产品或服务、政府以及技能、技术或共同投入品联系起来的业内公司。这些经济要素在空间结构形成网络组合,即以消费者为中心,把各种业态、业种、不同层次的商家,以及为消费者、商家服务的机构、不同的企业相互连接。商业企业生态群往往还存在畅通的信息交流链,这种信息交流可分为两种:一种是群落与外部的信息交流,另一种是群落内部的信息交流。在商业集聚区每天都存在大量的供求、客流、消费倾向、时尚变化、供货渠道、政府政策、外部经济影响等信息的流动。信息交流的手段不仅表现为电话、互联网、各种媒体等,更体现在各种正式和非正式的面对面的交流活动中,使"空气中弥漫着产业的气味"(马歇尔语)。

商业企业生态群系统的发展还表现为时间连续性的特点。每一个区域商业生态经济系统的发展都是历史上商业集聚发展的结果。因此,如同每一个自然生态系统要通过生态演替过程使生态系统的结构和功能逐步趋于完善，以达到生态系统的动态平衡一样，企业生态经济系统也要通过较长时间的生态经济综合发展和进化过程，才能使企业生态经济系统的结构和功能逐步趋于完善。英国伦敦牛津街、北京的琉璃厂、天津的劝业场已有百年的发展历史，而义乌、温州市场则有二十多年的历史。商业企业生态群的形成需要时间来完成。

研究商业企业生态群很有现实意义。以北京商务中心区（CBD）为例，北京CBD的产业功能定位为，以吸引跨国公司总部和地区总部为重点，以发展现代服务业为主导，以培育国际金融产业为龙头，把北京商务中心区建设成为北京重要的国际金融功能区和现代服务业的聚集地。具体而言，拟应吸引跨国公司地区总部、采购中心、营销中心和结算中心，发展国际金融服务业，促进专业中介服务业和配套服务业。然而按照企业生态群机制，北京CBD在注重发展银行、保险等金融业的同时，还应注重与金融业相关的各类中介服务业和配套服务业，如会计师事务所、律师事务所、投资顾问公司、职业培训机构以及为区域企业、员工服务的零售、餐饮、娱乐、健身、酒吧、旅游、休闲等企业。没有这些企业群体，北京CBD不可能成为国际金融区，也产生不了产业集聚效应。

参考文献

[1] 孙元欣. 国外商业规划理论评述 [J]. 商业经济, 2003 (23): 13–15.
[2] 丁心基, 武云亮. 商业集群的效应及其发展趋势分析 [J]. 技术经济, 2004 (5): 30–32.

Research on Commercial Enterprise Concentration

▲Jiang San-geng (*Business Management Department, Capital University of Economics & Business, Beijing 100026, China*)

Abstract: Presently, more study has been made on industrial concentration of productive enterprises, but less on commercial enterprise concentration. However, the commercial enterprise concentration gives a significant impetus for the growth and prosperity of modern metropolis, commodity distributing center and industrial garden, which has caused great concern from people. Based on the principles of industrial concentration and industrial cluster, this essay makes a theoretical exploration on the connotation, effect and shaping mechanism of commercial enterprise concentration from the perspective of enterprise ecology.

Key Words: commercial enterprise concentration; issue study

西方顾客价值研究理论综述*

▲叶志桂（上海财经大学国际工商管理学院，上海　200083）

> **摘　要**：顾客价值研究的兴起是企业不断寻求竞争优势的合理和必然结果，国外学者对顾客价值的研究主要集中在以下几个方面：一是什么是顾客价值，也就是顾客价值的定义与内涵问题，西方学者们从自己的研究角度出发提出了各自不同的定义；二是在向顾客提供价值之前，如何识别顾客价值，这涉及顾客价值的识别工具研究；三是在正确认识顾客价值的基础上，企业如何为顾客提供优异的顾客价值，这部分的研究大都融入在前面两个部分的研究之中。
>
> **关键词**：顾客价值；定义；内涵；识别工具

一、引言

顾客①价值研究的兴起是企业不断寻求竞争优势的合理和必然结果，其内在原因在于顾客价值作为顾客的价值取向导致了与顾客消费行为之间的关系。简言之，价值驱动着大部分的消费者行为［迈克尔·R·所罗门（Michael R. Solomom），2000］，是决定顾客购买行为和选择产品的关键因素［毕晓普（Bishop），1984；多伊尔（Doyle），1984；雅各比和奥尔森（Jacoby and Olson），1985；索耶和迪克森（Sawyer and Dickson），1984；谢克特（Schechter），1984］，在一定的约束条件下，顾客是最大化价值的追求者（菲利普·科特勒，2000）。因此公司为顾客创造了价值，就自然地吸引了顾客，也就是创造了顾客；创造了顾客，也就完成了公司的首要任务（彼得·德鲁克，1965）。在知识经济时代，企业的真正任务是价值，而非价格（罗伯特·林格）。②

自20世纪90年代以来，顾客价值（Customer Value，CV）已成为西方营销学者和企业家共同关注的焦点领域，被视为竞争优势的新来源［伍德鲁夫（Woodroff），1997］，企业给顾客提供优异③顾客价值的能力被认为是90年代最成功的战略之一［克

---

* 本文原刊载于《北京工商大学学报（社会科学版）》2004年第4期。
① 本文顾客指广泛意义上的顾客，包括终端使用顾客、行业顾客和分销渠道中的中间顾客。但以终端使用顾客的分析为主。
② 转引自《价值工程》2002年第1期，第22页。
③ 文中的"优异"代表顾客感知利得与感知利失的差异程度，另外有时也包含与竞争者提供的价值比较而言的意思。

里斯琴·格朗鲁斯（Christian Gronroos），1998]。顾客价值不仅是个战术性的营销问题，而且顾客价值也是个战略问题，正如奥梅伊（Kenichi Ohmae，1988）在其《战略回归》一文中所强调的，战略的本质在于为顾客创造价值，而非在产品市场上战胜对手。强调顾客价值可大大回避竞争战略所带来的你死我活的零和博弈，基于顾客价值上的战略将是一种非零和博弈。

国外学者对顾客价值的研究主要集中在以下几个方面：一是什么是顾客价值，也就是顾客价值的定义与内涵问题。西方学者们从自己的研究角度出发提出了各自不同的定义，其中比较有代表性的如菲利普·科特勒、伍德鲁夫、泽瑟摩尔（Zeithaml）、古特曼（Gutman）和波特等。二是在正确认识顾客价值的基础上，企业如何为顾客提供优异的顾客价值。在这方面，菲利普·科特勒、波特、伍德鲁夫、车尼佛（Exander Chernev）、卡彭特（Gregory S. Carpenter）等人都相应提出了自己的看法。由顾客价值到如何提供顾客价值之间的一个重要的研究问题是顾客价值的识别工具问题，它是企业向顾客提供价值的一个基础。此外，还有一些学者试图对顾客价值做定量化研究工作的努力，如德萨博、杰迪迪和辛哈（Wayne S. Desarbo，Kamel Jedidi and Indrajit Sinha，2001）的研究。另外一些学者对当前企业在实施顾客价值工程时存在的障碍问题也进行了研究等。

二、关于顾客价值定义的研究

对价值的研究是许多学科都关注的领域，如经济学关注"交换价值"和"使用价值"，会计学与财务学侧重于"账面价值""评估价值""市场价值"和"重置价值"。在营销学上，价值的研究始终与顾客相联系，顾客价值实际是顾客感知到的价值。其实，不同学科对"价值"的不同解释，归根到底是因为不同的利益相关群体对"价值"的认同和要求不一样。如股东关注的价值内容是公司的价值增值，包括分红与股票的价格收益；雇员关注的价值内容则是工作和生活质量，包括生活保障、工资和个人成长等；供应商对价值的解释则是独立性和安全；[1] 而顾客关注的是顾客价值。

那么究竟什么是顾客价值呢？一些学者根据研究，给出他们自己对顾客价值的定义。这些定义较多，研究的角度也不同，经笔者的分析，可把这些定义概括为以下几类。

1. 顾客价值权衡观。这是非常有代表性的一类观点。波特把顾客价值定义为买方感知性能与购买成本的一种权衡。菲利普·科特勒把顾客价值定义为总顾客价值与总顾客成本之差。其中总顾客价值指顾客期望从某一特定产品或服务中获得的一组利益；总顾客成本则指在评估、获得和使用该产品或服务时而引起的顾客的预计费用。

2. 顾客价值满意观。德路斯认为价值是"在最低的获取、拥有和使用成本之下所要求的顾客满意"。[2]

---

[1] 贾西尼（1992），转引自（瑞士）彼得·戈麦兹《整体价值管理》。
[2] 转引自菲利普·科特勒的《营销管理》。

3. 顾客价值情感观。这些学者认为，顾客价值是顾客与产品之间的一种情感连接或纽带。巴茨和古德斯坦（Butz and Goodstein，1996）认为，在顾客使用了公司提供的产品后，我们建立了顾客与产品之间的情感联系，并发现产品为顾客提供了附加价值。

4. 顾客价值层次观。伍德鲁夫（1997）认为，顾客价值是顾客感知到的对产品属性、属性偏好以及由使用而产生的可能对顾客的目标或目的的实现起阻碍或促进作用的结果的偏好和评价。该定义从如何看待价值的经验研究的角度研究了顾客价值，而且融合了渴望价值和实收价值，并且强调了价值来源于顾客的感知和评价，同时也把顾客价值与使用情景以及和目标导向的顾客对产品的使用体验相联系。

在该定义里，顾客价值被定义为产品属性、属性偏好和结果评价的层次组合。虽然该定义模型最早提出的意图在于描述顾客如何在其记忆中归类产品的信息，不过伍德鲁夫和卡迪尔（Gardia）认为该定义抓住了顾客价值的本质。

5. 顾客价值构成观。有些学者从顾客价值的构成对顾客价值进行了定义。希斯、纽曼和格罗斯（Sheth，Newman and Gross，1991）认为产品为顾客提供了五种价值，即功能价值、社会价值、情感价值、认识价值（epistemic value）和情境价值。伯恩（Burn，1993）认为顾客价值包含以下四种价值形式：价值—产品价值（value-product value）、使用价值、拥有价值以及顾客在评价过程形成的总的评价价值。奥利弗（Oliver，1997）提出了"渴望价值"（desired value）和"实收价值"（received value）。菲利普·科特勒在分析顾客价值时，也把总顾客价值分为人员价值、形象价值、产品价值和服务价值。

6. 顾客价值综合观。泽瑟摩尔（1988）在一项探索性研究中根据对顾客的调查总结出感知价值的四种含义。

（1）价值就是低价。一些顾客将价值等同于低价，亦即其价值感受中货币的付出至为重要。

（2）价值是我想从产品或服务中获取的东西。一些顾客把能从顾客中获得的收益看成是价值的最重要的组成部分，认为价值就是对顾客有益的东西。在该定义中，价格的重要性远远低于满足顾客需要的质量和特色。

（3）价值是付钱买回的质量。在该定义中，顾客将价值作为付出的金钱与获得的质量之间的一种权衡。持该观点的顾客认为价值就是价格第一，质量第二，价值是可以承担得起的质量。换句话说，价值是优质品牌的最低价格。

（4）价值是由于付出所能获得的全部。该定义认为，顾客在确定价值时，考虑了有关"获得"的所有组成部分，也考虑了"付出"的所有组成部分，如金钱、时间、精力等。

除以上几种定义外，安德森和琴特甘特（Anderson and Chintagunta，1993）对中间顾客的顾客价值作了专门讨论，认为公司顾客的价值是顾客公司付费换取的产品，从而获得的经济的、技术的服务及社会利益的货币价值或货币折算价值。

比较而言，大众媒体则经常地把感知价值定义为"合适价格下的质量"或是"可支付价格的质量"。

虽然顾客价值的定义繁多，但仔细研究，这些顾客价值的定义有以下几个突出的共同特点：首先，顾客价值是紧密联系于产品或服务的使用，但非内在于产品和服务。① 该特点将顾客价值与股东价值等进行了区分。其次，顾客价值是顾客感知的价值，它由顾客决定，而非企业决定。再次，这些感知价值是顾客权衡的结果，即顾客所得与所失的一种比较。最后，顾客价值由企业所提供。

三、关于顾客价值内涵的研究

在构成要素上，顾客价值被认为是顾客感知质量与感知价格之间的一种权衡（德萨博、杰迪迪和辛哈，2001），或者说是顾客感知利得（perceived benefits）与感知利失（perceived sacrifices）之间的权衡［拉瓦德和格朗鲁斯（Ravald and Gronroos），1996；克里斯托菲尔（Christopher），1997；帕拉修尔曼（Parasuraman），1997、2000，格利沃（Grewal），1998］。相似地，波特把顾客价值②定义为买方感知性能与购买成本的一种权衡。菲利普·科特勒把顾客价值定义为总顾客价值与总顾客成本之差。③ 辛哈和德萨博（1998）的研究报告也发现了顾客价值存在着质量和价格两个维度。

从经验的观点看，顾客价值作为顾客感知质量与感知价格的函数的观点也已得到广泛的认可（德萨博、杰迪迪和辛哈，2001）。其中，感知质量是顾客对"产品总的优越性的判断"（泽瑟摩尔，1988），而感知价格被定义为产品客观价格的主观感觉（雅各比和奥尔森，1977）。在泽瑟摩尔的定义里，感知质量是顾客对一种产品总体优势或长处的判断。

其中，感知质量是顾客对"产品总的优越性的判断"（泽瑟摩尔，1988），而感知价格被定义为产品客观价格的主观感觉（雅各比和奥尔森，1977）。在泽瑟摩尔的定义里，感知质量是顾客对一种产品总体优势或长处的判断。

对于感知质量可从以下几个方面进行认识：（1）感知质量不同于客观或实际质量。客观质量是一种可提前确定的理想标准的可衡量或可检验的优势，而感知质量和消费者的个人体验有关。（2）感知质量是一种较高层次的抽象概念而不是产品的一种具体特性。研究消费者认知结构的"方式—目的"链的方法认为，产品信息是以几个层次的抽象概念的方式保存于记忆之中的［科恩（Cohen），1979；迈尔斯和肖克（Myers and Schocker），1981；奥尔森和雷诺兹（Olson and Reynolds），1983；杨和费根（Young and Feign），1975］。最简单的一级是产品特性；最复杂的一级是产品对于消费者的价值和回报。（3）感知质量是一种在某种情形下类似于态度的总的评价。（4）感知质量一

---

① 因为顾客不需要的产品或是不认同的产品对顾客是没有价值的，另外产品只是作为顾客价值的载体。
② 波特称之为买方价值。
③ 菲力普·科特勒将顾客价值定义为总顾客价值和总顾客成本之差。其中，总顾客价值与感知质量相近，总顾客成本与感知价格相近。

般是消费者内心作出的一种判断。这种判断一般是在比较的情形下作出的。顾客感知质量的高低取决于产品或服务与顾客心目中的替代品相比较的相对优势或长处。替代品一般为一组特定的产品组合，它取决于消费者，而不是公司对于其竞争性产品的评定。(5) 可将感知质量进行分解。如菲利普·科特勒就将其分解为人员、形象、产品和服务等组成部分。

对于感知价格，也必须与产品的客观价格，即产品的实际价格或货币价格相区别。感知价格是消费者心目中给出的价格，或者从消费者预期的角度看，价格是人们为获得产品而付出或放弃之物。因此，货币价格并不是顾客感知价格的唯一付出，它还包括顾客花费的时间、精力或精神上的付出。

进一步的研究发现感知价值与质量成正相关关系，而与价格呈负相关关系 [常和威尔德特 (Chang and Wildt)，1994]。更重要的是顾客价值被发现是与这两个因素呈线性关系的，其中与质量呈正线性相关，与价格呈负线性相关。而价格和质量之间的相关关系被发现是很微弱的（德萨博、杰迪迪和辛哈，2001）。

关于顾客价值的内涵的第二个方面是顾客价值的驱动因素。就目前来说，对于顾客价值的驱动因素普遍的认识是主要由产品质量、服务质量和价格因素构成（帕拉修尔曼，2000）。另外，品牌权益（Brand Equity）、系统的组织学习或说知识集成也是增进顾客价值的重要因素。此外，维持关系的努力也是一种驱动因素，通过发展良好而持续的顾客关系来创造顾客价值（格朗鲁斯，1997）。而科特勒（2000）从总顾客价值和总顾客成本两个维度对顾客价值的驱动因素作了分析，认为总顾客价值的驱动因素包括产品价值、服务价值、人员价值和形象价值；而感知价格的驱动因素有货币价格、时间成本、精力成本和体力成本等。

顾客价值内涵的第三个方面是关于顾客价值的两个重要特性，即顾客价值的层次性与动态性。伍德鲁夫（1997）基于信息处理的认知逻辑提出了一个分析顾客价值层次的模型。该模型认为，顾客通过"手段—目的"方式形成期望价值。从下至上依次为属性层次的价值、结果层次的价值和终极目标价值。顾客价值的层次性说明了顾客是如何感知企业提供的价值的。

顾客价值的另一个重要特性是顾客价值的动态性。顾客价值的动态性首先表现在不同的时间场合顾客对价值的认知是不一致的。瓦拉阁平（Vmtrappem，1992）认为，顾客对某一产品的期望价值不仅在不同顾客之间会有差异，而且同一顾客在不同的时间其期望价值也会不同。卡迪尔、克雷姆斯（Clemns）、伍德鲁夫、修曼（Schumann）和伯恩斯（Bums，1994）的研究支持了以上分析。其次，顾客价值可能因不同的使用情境而发生变化。如对计算机产品，同样的产品属性和使用结果，对于在工作场景使用和家庭环境使用，顾客对价值的感知可能有很大的差异。另外，与企业的互动时间长短也对顾客价值认知产生不同影响。帕拉修尔曼（1997）的研究表明，随着顾客从第一次购买到短期顾客再到长期顾客的转变，其价值评判标准可能会越来越全面、抽象。

关于顾客价值动态性特征，奥利弗（1997）提出了"渴望价值"（desired value）和"实收价值"（received value），从另一个角度对此作了说明。奥利弗认为，顾客在购买前或购买阶段，顾客会想象他们从产品或服务中获取的价值，这些价值以顾客偏好的产品属性、属性表现和特定使用情形下的结果等形式表现出来，这就是渴望价值。而在产品使用过程中顾客还就其实际体验形成评价性意见或感觉，即实收价值。

顾客价值的层次性和动态性有着内在的联系。从根本上讲，顾客价值的层次性决定了顾客价值的动态性，而顾客价值的动态性经常地表现为顾客价值的层次性。顾客价值的层次性和动态性要求我们在看待顾客价值时，要有整体的和动态的眼光。要关注其价值维度，[①] 而不仅仅是产品的属性层次，如顾客—产品关系研究中的"关键购买因素"。

四、关于顾客价值识别工具的研究

在正确认识顾客价值的基础上，企业还必须解决如何进行顾客价值识别的问题，即顾客价值的识别工具，它是顾客价值提供方案的另外一个基础。这方面的研究主要体现在波特的研究上。菲利普·科特勒（2000）认为波特教授提出的价值链工具可以作为顾客价值的识别工具，用以识别创造更多顾客价值的各种途径。价值链包括相互关联的九项活动：五项基础性活动和四项支持性活动。

价值链的思想认为，只要企业在价值链的一项活动或几项活动中取得有利地位，[②] 企业便会取得竞争优势，因为该活动为顾客创造和提供了独特的优异价值。因此，企业可通过分析价值链的各项活动相对于竞争者的地位，进而判断是否为顾客创造和提供了价值。

价值链作为顾客价值的识别工具的内在逻辑有二。首先，价值链作为企业战略性相关连续活动的整体，包含了五项基础性活动和四项支持性活动。其中每一项活动都对企业的相对成本地位有所贡献，并且这些活动还奠定了产品标新立异的基础。其次，企业可以通过自己的价值链活动影响顾客的价值链。换句话说，企业只要集中资源于内部的各项价值活动，并取得有利地位，便可为顾客创造价值。因为企业的价值链总是对顾客的价值链施加直接或间接的影响。企业价值链对顾客价值链的影响见图1。

需要注意的是价值链的识别工具是基于企业视角的价值识别工具模型，在该识别工具里，企业是价值创造的主体，顾客只是价值的被动接受者。提供顾客价值的只是为企业的利润服务的，而不是把利润作为企业提供顾客价值的副产品。

[①] 顾客价值维度不仅包括产品属性层次的特点及其组成部分，如质量、耐用性、及时服务等，而且还包括超越属性层次的顾客情感体验的其他维度，如顾客对企业的信任、顾客认为其在困难时企业的可依赖性等。

[②] 指低成本与歧异性。

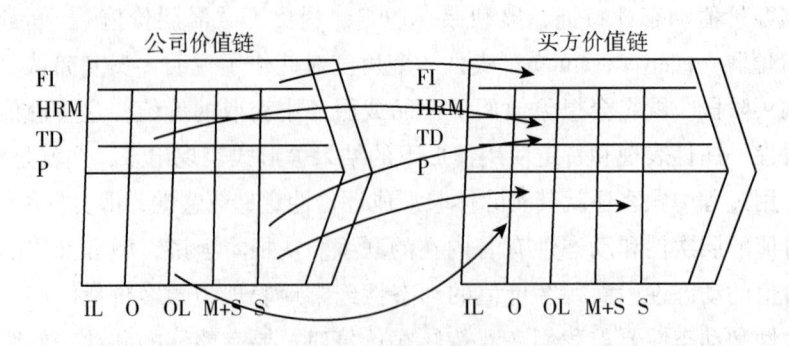

图 1　企业价值链与买方价值链之间的关系

注：FI——公司的基础设施；HRM——人力资源管理；TD——技术发展；
　　P——采购；IL——运入后勤；O——生产操作；OL——运出后勤；
　　M+S——营销与销售；S——服务。

五、简要评论

由于对竞争优势的不懈追求，目前顾客价值已成为西方学界和企业界共同关注的焦点领域。学术界，特别是西方学者对顾客价值定义、内涵、识别以及顾客价值提供上进行了开创性的研究。西方国家对顾客价值研究基本上开始于 20 世纪 80 年，[①] 90 年代以来逐渐成为营销学者和企业经理人共同关注的焦点问题。应该说迄今为止，既有的对顾客价值的定义及其内涵的研究很好地把握了顾客价值的本质。另外，在顾客价值的驱动因素的基础上，结合顾客价值定义，西方学者提出了如何建立顾客价值的各种方案。

但是为什么这些不同的价值提供方法有助于提供优异价值，这些研究没有对此作出解释；相互之间究竟存在什么内在关系，这些研究也没有作出回答。由于没有解决好这个问题，给企业实施基于顾客价值的战略造成了困难。这也是西方顾客价值研究的一个缺陷，究其原因，主要是研究视角的问题。由于顾客价值的接受主体是顾客，因此在研究过程中必须始终从顾客角度进行，西方学者在对顾客价值的定义、内涵的认识方面较好地把握了顾客价值的本质，但其提出的企业视角的顾客价值识别工具又偏离了顾客价值本质。这可能导致企业据此识别的价值并非顾客认同的价值。这种视角研究上的偏差还反映在西方顾客价值驱动因素的研究上，可以认为其驱动因素基本上是企业内部的要素，其实顾客价值作为顾客感知价值，所有影响顾客感知的因素都可能成为其驱动因素，这其中主要包括产品市场结构特性对顾客价值感知的影响。另外，当今社会的顾客已不再是被动价值的接受者，顾客本身已经是顾客价值的一个重要因素。

---

① 彼得·德鲁克在其 1954 年出版的《管理的实践》中提出了顾客价值对公司业绩起决定作用的观点，但未进行深入的研究。

除此之外，顾客价值量化研究上的困难也给企业实施顾客价值带来了困难。随着研究的深入，相信这些问题将会得以解决，从而给企业建立基于顾客价值的战略扫清障碍。

参考文献

[1] Woodruff R B. Customer value: the next source for competitive advantage [J]. Journal of the Academy of Marketing Science, 1997, 25 (2): 139 – 153.

[2] Woodruff R B, Gardial S F. Know your customer: new approaches to understanding customer value and satisfaction [M]. Malden: Blackwell Publishers Inc, 1996.

[3] Anderson J C, Jain D C, Chintagunta P K. Customer value assessment in business markets: A state-of-practice study [J]. Journal of Business-to-Business Marketing, 1992, 1 (1): 3 – 29.

[4] Jr H E B, Goodstein L D, Jr H E B, et al. Measuring customer value: Gaining the strategic advantage [J]. Organizational Dynamics, 1996, 24 (3): 63 – 77.

[5] Zeithaml V A. Consumer perceptions of price, quality, and value: a means-end model and synthesis of evidence [J]. Journal of Marketing, 1988, 52 (3): 2 – 22.

[6] Thomas J S. A methodology for linking customer acquisition to customer retention [J]. Journal of Marketing Research, 2001, 38 (2): 262 – 268.

[7] Chernev A, Carpenter G S. The role of market efficiency intuitions in consumer choice: A case of compensatory inferences [J]. Journal of Marketing Research, 2001, 38 (3): 349 – 361.

[8] Desarbo W S, Jedidi K, Sinha I. Customer value analysis in a heterogeneous market [J]. Strategic Management Journal, 2001, 22 (9): 845 – 857.

[9] Ohmae K. Getting back to strategy [J]. Harvard Business Review, 1988, 66 (6): 149 – 156.

[10] Doyle M. New ways of measuring value [M] // Progressive grocer-value, executive report, 1984: 15 – 19.

[11] Vandermerwe S. How increasing value to customers improves business results [J]. MIT Sloan Management Review, 2000, 42 (1): 27 – 37.

[12] Wilson D T, Jantrania S. Understanding the value of a relationship [J]. Asia-Australia marketing journal, 1994, 2 (1): 55 – 66.

Theoretical Summary of the Research on Customer Value

▲Ye Zhi-gui (*School of International Business Management Shanghai University of Finance and Economic, Shanghai 200083, China*)

Abstract: The emergence of research on Customer Value (CV) is a reasonable and inevitable result of continuous pursuit for competitive advantages of enterprises. Western scholars mainly focus their research of CV on the following aspects: (ⅰ) what is CV, i.e. the definition and connotation of CV, which have been explained in various ways by western scholars from their own different angles of research; (ⅱ) how to identify the CV before delivering value to customers, which involves the study of identification tool for CV; (ⅲ) how to deliver excellent CV of enterprises to their customers based on the appropriate recognition of CV, most research of which is jointly mixed into the study of the two previous aspects.

Key Words: customer value (CV); definition; connotation; identification tool

"零售之轮"理论发展的逻辑与不足*

▲晏维龙(南京经济学院经济与统计学院,江苏南京 210003)

> **摘 要**:文章在分析零售之轮理论、真空地带理论、核心与周边市场理论、新零售之轮理论发展逻辑的基础上,提出消费者偏好理论。认为不同的零售业态满足的是不同的消费者偏好,从而得出各类零售业态应相互促进、发展的结论。
>
> **关键词**:零售业态;零售之轮

一、"零售之轮"理论

早期的零售业态演变理论是将零售业态的演变视为新旧业态不断交替、反复循环的过程。其中最具影响的是"零售之轮"理论,该理论被认为是对零售机构变革的最权威的解释。

"零售之轮"理论由麦克奈尔(M. P. Mcnair)在1958年提出。他认为,零售业态的变革存在一个周期性的像一个旋转车轮的发展过程。

首先,带有一些创新性质的新零售业态,以低价销售的经营方式进入零售业。新、旧零售业态之间进行激烈的竞争,最终新零售业态从旧零售业态的既有市场中吸走大部分顾客,确立了它在市场上的优势地位。

其次,新零售业态的门庭若市促成其他零售企业竞相模仿,新零售业态各企业间的竞争转趋激烈,先前赖以竞争的低价销售方式逐渐丧失优势。

再次,为了拥有更具差异性的竞争优势,新业态便朝扩增商品组合、店铺更新设计、扩大服务性商品项目等方向努力,提升商店格调,如此一来,必然招致价格上升的压力。

最后,价格竞争力衰退后,市场又为那些以低价作为策略的更新零售业态提供可乘之机。结果在零售市场上,最新零售业态和先前的新零售业态之间又展开另一场抢夺市场的竞争。

零售之轮的理论可归结为:各种零售业态都是由价格诉求转为商品组合诉求,

---

* 本文原刊载于《北京工商大学学报(社会科学版)》2002年第6期。

再转为服务内容的诉求的反复运作（见图1）。零售之轮理论解释了历史上百货店、连锁店、超级市场、折扣商店等零售业态当初都以低毛利、低价格作为竞争手段而出现在市场上，之后随着成长需要，逐步扩充各种商品组合或服务项目内容，并提高价格水准的现象。但它却无法解释那些一开始就以高价格为特征的零售业态出现的现象，如在发展中国家里，超级市场一开始就是以高价格的营销策略参与市场竞争的。

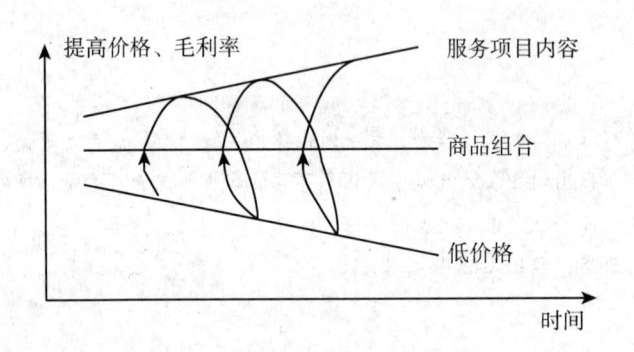

图1 零售业态的循环过程

二、"真空地带"理论、"核心与周边市场"理论

零售之轮理论事实上没有解释零售业态产生的市场条件，这一不足被真空地带理论、核心与周边市场理论所补充。尼尔森（O. Nielsen, 1966）认为：由于消费者对某一价格和服务会保持一定的偏好水准，所以观察一国的总体市场，将可描绘出一种偏好分布曲线图（见图2）。各种零售业态基于各自的营销策略，来操作价格和服务水准，以满足特定目标消费层的需要。如图2所示，三种不同零售业态A、B、C各自拥有其目标消费层，即追求高价格和服务水准的消费层A，追求中价格和服务水准的消费层B，追求低价格和服务水准的消费层C。

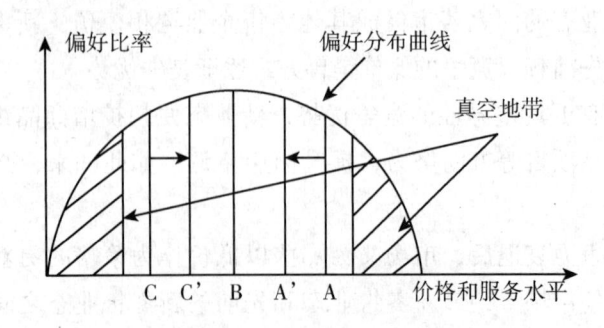

图2 真空地带理论

但由于B位于偏好曲线的最高点，亦即其提供的服务被最多消费者认同，所以，A零售业态可能降低价格和服务水准，而C零售业态则可能提高价格和服务水准，以获

得更多消费者的认同。

A、B、C 三种零售业态间的竞争，会使 A、C 往 B 处移动，以达到扩大市场占有率的目的。但是，A、C 零售业态要完全调整其行销策略，和 B 完全一致是不可能的。A 零售业态只能降低商店格调至 A'，C 零售业态只能提高商店格调至 C'，该范围都落在 B 某些消费层所能容忍的程度区域内。这意味着高价格设定型零售业朝低价格化发展，及低价格设定型零售业朝高价格化发展的可能性。

当 A、C 两种零售业态往 B 发展时，就忽略了追求高、低价格和服务水准的消费层，这时，就给了革新零售业态进入真空地带的市场机会。如图 3 中，左侧斜线部分属低价格和服务水准的真空地带，使那些走低价格和服务水准行销策略的革新零售业态能进入发展空间；右侧斜线部分属高价格和服务水准的真空地带，则让那些走高价格和服务水准行销策略的革新零售业态能进入发展新空间。

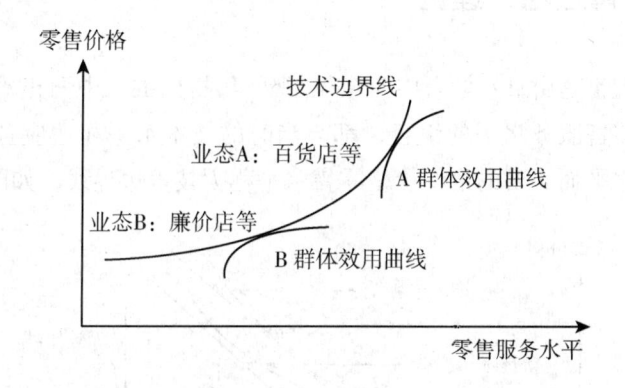

图 3　消费者偏好与零售业态技术边界线

这种理论着重于对新零售业态产生的市场条件进行分析和说明。按照这种理论，人们对零售业的需求具有差异性，而现存的零售业态只能满足其中的部分需求。因而在零售市场上存在着一些空缺或真空地带，一些企业为避开竞争的压力而进入这些地带，由此导致新业态的产生。由此可见，市场真空是新零售业态产生的主要原因，这一理论又被称为"真空地带"理论。

显然，该理论可以克服"零售之轮"的缺点，也就是能合理解释高价格设定型零售业产生的原因。另外，这种理论还能合理说明，不同国家间同一零售业态出现与发展过程，为何有不同的形态。在经济发达国家中，寻求高价格和服务水准的消费层相对比较多，因而左侧容易形成真空地带，造成走低价格、低服务营销策略路线的零售业，有进入市场的机会。反之，在发展中国家，由于寻求低价格和服务水准的消费层相对比较多，因此右侧容易形成真空地带，造成走高价格、高服务水准行销策略路线的零售业有进入市场的竞争机会。

与"真空地带"理论相类似的理论有"核心与周边市场"理论。由奥尔德森（W. Alderson）在 1957 年提出，讨论革新零售业态之所以出现的原因。核心市场指的是零售企业主要利益来源的市场，成功的零售企业能灵巧地操作其专业技能、知识，彻底浸透、深入市场。周边市场指的是市场渗透程度较低，与竞争企业在市场上相对的竞争地位处于较弱势的市场（见图4）。

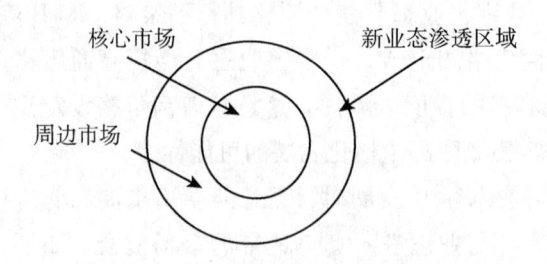

图4　核心市场与周边市场

三、"新零售之轮"理论

新零售之轮理论是由日本学者中西正雄1996年提出的。中西正雄认为，在任何时期，零售价格与零售服务水平的组合，都与当时的技术水平相适应且有一个限度，为了达到某一服务水平而必要的最低价格零售水平称为技术边界线，如图5所示。

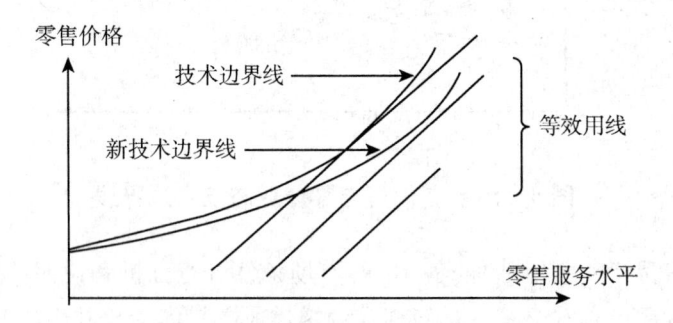

图5　技术边界线与消费者效用函数

越是能够接近技术边界线进行价格服务组合的企业，越具有竞争上的优势，而位于技术边界线左侧的企业则处于竞争的不利地位。因此，对零售竞争来说，有意义的价格服务水平组合只限于技术边界线上。新业态由于业态内竞争的压力，如果要提高服务水平或降低价格，也仍然在这一曲线上移动。

新业态的发展在于对物流、信息流、管理等技术的革新，以突破原有的技术边界线，使之向右下方移动。只有新业态的引进产生巨大革新时，才会引起主要业态的变化。由此可见，新业态并不是以低价格把旧业态赶出去的，而是因技术边界线的移动而获得竞争上的优势。

但是，新业态的优势只是短期的。当新业态企业因技术革新获得超额利润时，其他效仿的企业也会努力改善其营销组合，使自己的技术边界线也往右移，从而使超额利润消失。由此形成类似于零售之轮的循环（见图6）。

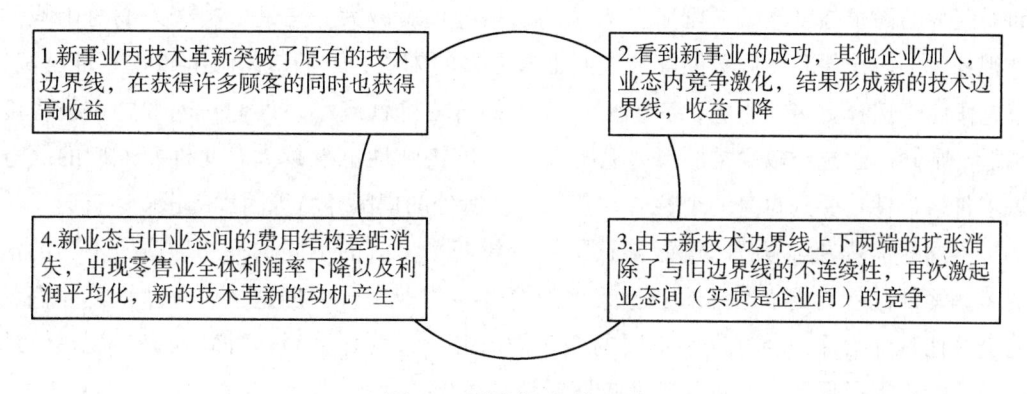

1.新事业因技术革新突破了原有的技术边界线，在获得许多顾客的同时也获得高收益

2.看到新事业的成功，其他企业加入，业态内竞争激化，结果形成新的技术边界线，收益下降

4.新业态与旧业态间的费用结构差距消失，出现零售业全体利润率下降以及利润平均化，新的技术革新的动机产生

3.由于新技术边界线上下两端的扩张消除了与旧边界线的不连续性，再次激起业态间（实质是企业间）的竞争

图 6　新零售之轮理论

四、消费者偏好

中西正雄的理论隐含着这样一个前提，即每个人的等效用曲线相同，因此，它与技术边界线的交点也是唯一的。然而，将所有人的等效用曲线视为同一条曲线，这只是为了便于分析而进行的一种理论上的假设，而在现实中这种假设是不成立的。事实上，对于不同的人群来说，同样的服务增量所带来的边际效用是不一样的。这也就意味着不同的人群可能有不同的等效用曲线，因而在同一条技术边界线上，也就存在着不同的切点。由于每一个切点都代表着一种营销策略组合，也即一种零售业态，因此，在有多种等效用线的情况下，满足优势条件的业态就不只是一种，而是有若干种（见图3）。

导致人们效用曲线差异的原因在于各人的服务需求价格弹性（E_{DS}）不同。服务需求价格弹性是价格变化量与服务需求量之比，用公式表示即为：

$$E_{DS} = \Delta Q_{DS} / \Delta P_{DS}$$ （ΔQ_{DS}为服务需求变化量；ΔP_{DS}为价格变化量）

服务需求价格弹性反映了消费者对零售服务水平的敏感程度。服务需求价格弹性越大，等效用曲线越趋向于水平；服务需求价格弹性越小，等效用曲线越趋向于垂直。

导致人们服务需求价格弹性不同原因是多方面的。一是取决于人们的收入水平。由收入的需求弹性原理可知，在人们收入水平较低的情况下，人们更注重商品本身的价值，而当人们的收入提高并达到一定水平后，人们就越来越注重附加在商品之上的服务价值。因此，人们的收入水平越高，对因服务水平提高而商品价格提高的敏感程度越低，对服务需求的价格弹性就越小；反之，收入水平越低，对价格变动的敏感程度越高，服务需求的价格弹性也就越大。二是取决于人们对服务的需求强度。在生活中，人们对服务的需求强度是不一样的，有的人宁愿多出些钱以得到更多的服务，这些人对服务的需求强度就比较高；另一些人则为省一些钱而宁愿接受较少的服务，这些人的服务需求强度则比较低。对服务的需求强度越高，服务需求的价格弹性就越小，而对服务的需求强度越低,则服务需求的价格弹性就越大。三是取决于人们对闲暇的重视程度。由于便利的服务能够给人们带来更多的闲暇,人们对闲暇的重视程度越高,就越倾向于选择更多的服务,因而服务需求的价格弹性越小;人们对闲暇的重视程度越低,则倾向于选择较少的服务,服务需求的价格弹性也就越大。此外,人们的服务需求价格弹性还受到自身的个性心理特征以及所处的周围环境等因素的影响。

不同的消费者对服务的偏好导致了对零售经营形式的不同选择。为适应不同的消费者偏好,也就形成了不同的营销策略组合和零售业态。根据这样一种认识,我们就能更好地解释为什么会有许多不同的业态同时并存,为什么当一种新业态出现后,那些旧业态仍得以保存,并且和新业态同时取得发展。

五、结论

1. 零售业态是零售企业的经营方式,实际上和零售企业的市场营销策略组合有关。决定零售业态的因素有很多,包括商店选址、商店风格、规模、销售政策、设施、产品线与服务、价格水平等。

对于零售业态的特征,迈克尔·利维、巴顿·A·韦茨从商品种类、品种、服务水平、价格、规模、存货单位数、地点等7个方面予以把握(Michael Levy, Barton A. Weitz, 1996)。而梅森·迈耶·威尔金森则提出了零售业态要素的6Ps理论(Mason Mayer Wilkinson, 1997),即产品(product)、价格(price)、地点(place)、促销(promotion)、展示(presentation)、人员(people)。营销策略组合是指企业针对选定的目标市场综合运用各种可能的市场营销策略和手段,组合成一个系统化的整体策略。营销策略组合包括产品、价格、地点、促销四个主要因素。零售业态和零售企业的营销战略密切相关。按照零售业的市场营销战略模式为划分业态的依据,是掌握有关零售业态的关键(宫泽永光,1999)。对于零售业来说,其营销策略组合中起决定性作用的是产品策略、价格策略、地点策略。由于广义的产品概念包括服务,零售中服务的多少对零售业态的影响很大,因此,我们应该把服务作为单独的要素予以考虑。按照这样的分析,对目前在国内外流行的业态基本可以按照产品、服务、价格、地点等要素进行分类,丰富多样的零售业态,其基本构成要素就是产品、服务、价格、地点。人们经常提到的营业面积,实际上和零售企业经营的商品多少相关,而商店装修布置则和商品的档次以及价格水平相关。零售业态尽管有很多的具体表现形式,但基本是营销策略组合的表现。零售企业的业态调整和选择,也主要是从这几个方面进行展开。

2. 零售之轮理论、真空地带理论、核心与周边市场理论、新零售之轮理论的基本错误在于:其假定在一个国家某个时期只有一种主流业态,其他业态都是补充。但事实并非如此。

我们在看到超级市场在零售业中风行的时候就断定百货业的衰落,在网络零售刚刚诞生的时候就认为它必然要取代目前的店面零售,这些想法都比较片面。消费者偏好理论向我们显示了对于不同的消费者群,其所选择的零售业态是可以不同的。也就是说零售业态的多样化并存可能是零售业的常态。这对于我们在零售业态的政策选择上具有重要的指导意义。没有一家商店能设计出商品和服务的不同组合方式来满足顾客各种不同的需求。因而,在零售业演化的过程中,随时都可能出现不同组合方式的零售业(W. J. Regan,1964)。

由于中国的地域广阔、消费习惯差异大、经济发展水平不平衡,因此,我国的零售业态也应是各种新、旧业态同时并存、相互竞争的格局。

3. 零售技术(包括经营技术和管理技术)的进步和创新固然是零售业态演化的重要原因,但技术的改变只是零售业态演化的条件,它只提供了新型零售业态产生的可能性。而一种新的零售经营形式能否成为一种具有生命力的零售业态,从根本上还是取决于这种经营形式能否更好地满足消费者的某种需求偏好,取决于消费者根据自己的偏好对不同零售形式的选择。

不同的消费者对零售服务的价格弹性不同,因而对不同的零售经营形式存在着不同的偏好。从某种意义上讲,每一种零售业态的出现,也就是对消费者偏好的一种回应。由于消费者偏好的差异性,也就决定了零售业态的多样性,而消费者偏好的不断变化,也就导致了各种新业态的不断产生。即使在技术边界不变的情况下,依然可能有新业态的产生。这是因为当消费者偏好改变时,就会在以前的等效用曲线之外,形成新的等效用曲线,在技术边界上形成新的切点,从而吸引一部分零售商改变自己原来的经营形式和营销策略组合,以适应这部分消费者的偏好,最终导致新的零售业态的产生。当技术条件改变时,一些传统的业态处于技术边界的内侧而在市场上处于劣势。但这并不意味着这些业态寿命的终结。实际上,只要与这一业态相对应的消费者偏好没有改变,这些业态就有可能选择只吸收新业态的技术,但不改变自己经营形式和策略组合的方式来获得新生。由于采用了新的技术,使一些传统业态也回到技术边界上,与原来的等效用曲线在更高的水平上与之相切,从而在与新业态的竞争中达到均衡,形成新旧业态共同发展的格局。

4. 零售业态作为零售企业的营销策略组合,其今后的发展思路主要有以下几种:

一是仍然以综合为特征的零售业态,走"全"的道路。如百货公司、大型综合超市、购物中心、销品模(shopping mall)。

二是以专业为特色的零售业态,走"专"的道路。如各种电器店、服装店、药品店、玩具店、居家用品店等。

三是以需求量的日用品为主导的零售业态,走"廉"的道路。如各种超市、仓储店、会员店、价格俱乐部等。

四是以方便购买为优势的零售业态,走"便"的道路。如居民区的方便店,交通要道上的汽车商店、旅行商店、街道、宾馆、机场等处的自动售货机以及网络销售等。

参考文献

[1] 宫泽永光. 流通用语词典 [M]. 东京：白桃书房株式会社，1999.

[2] 中西正雄. 零售之轮真的在转吗 [J]. 吴小丁. 译. 商学论究，1996，43 (1)：2-4.

[3] Mason J B, Mayer M L. Modern retailing：theory and practice [M]. Boston：Richard D Irwin Inc, 1997.

[4] Mcnair M P. Significant trends, and development in the post-war period [M] // Smith A B. Competitive distribution in a free, high-level economy and its implications for the university. Pittsburgh：University of Pittsburgh Press, 1958.

[5] Levy M, Weitz B A. Essentials of retailing [M]. Boston：McGraw-Hill, 1996.

[6] Niehen O. Development in retailing [M] //Kjaer-Hansen. Danish theory of marketing. Amsterdam：North-Holland Publishing Co, 1996.

[7] Alderson W. Marketing behavior and executive action [M]. [S. l.]：Arno Press, 1957.

[8] Regan W J. The stages of retail development [M] //Cox R, Alderson W, Shapiro S J. Theory in Marketing. Chicago：Richard D Irwin, 1964.

The Logic and Limitation in the Development of the Wheel of Retailing Theory

▲Yan Wei-long (*School of Economics and Statistics, Nanjing College of Economics, Nanjing, Jiangsu 210003, China*)

Abstract：This paper presented the customer preference theory on the basis of analyzing the developing logic of wheel of retailing theory, vacuum theory, center and circum theory, new wheel of retailing theory. The paper views that different retail formats suit different customer preferences, and concludes that different retail formats should facilitate the development of each other.

Key Words：retail format；wheel of retailing

非主流经济学的兴起与流通经济学的复兴*

▲夏春玉　丁　涛（东北财经大学工商管理学院，辽宁大连　116025）

> **摘　要**：西方流通理论的相关研究多受美国制度经济学的影响，并随着它的兴衰而浮沉。新古典经济学成为学术主流后，制度经济学被边缘化，流通理论的发展也日渐式微。我国流通理论之所以陷入贫困也与西方新古典经济学的冲击有关。2008年金融危机爆发后，新古典经济学受到日益严峻的挑战，而非主流经济学更加活跃。非主流经济学重视对商品流通过程的研究，因而为流通经济学的复兴创造了历史机遇。由于西方的流通理论已经演变为宏观营销学，文章还分析了制度经济学等非主流经济学的兴起对西方宏观营销研究的影响。
>
> **关键词**：流通理论；流通经济学；新古典经济学；制度经济学；宏观营销

改革开放后，随着市场经济思想的广泛传播，人们逐渐纠正了"轻流通"甚至"无流通"的错误认识，并意识到"流通"对于建设社会主义市场经济的重要作用。为加强对商品流通过程中各种经济关系及其发展规律的研究，很多学者提出了建立社会主义"流通经济学"的设想（张永东，1985；郭道夫，1987）。"流通经济学"也一度成为被国内学界普遍接受的概念，很多学者对创立这门学科进行了大量探讨，并产生了很多重要的研究成果（林甫生，1994）。然而，我国的流通理论至今也没有发展成一门真正的流通经济学，① 学科建设实际上陷入了困境，很多学者对此进行了反思（夏春玉、郑文全，2000；吴小丁，2008）。学界一般认为，西方尤其是美国主流学术思想的影响是我国流通理论陷入贫困的主要原因之一。在学术国际化的浪潮下，作为西方主流经济学的新古典经济学在国内广泛传播、影响深远，而在新古典经济学中几乎没有流通理论，因而流通经济学在国内失去了其应有的学术地位。但本文认为，西方的学术研究不但没有忽视流通问题，而且在西方经济学不断发展演进的背景下，流通理论研究也迎来了新的发展机遇。

---

* 本文原刊载于《北京工商大学学报（社会科学版）》2013年第1期。基金项目：教育部哲学社会科学研究重大课题攻关项目（12JZD025）。

① 流通理论包括宏观视角的流通经济理论和微观视角的营销（流通）管理理论，本文主要指前者。学界没有严格区分流通经济学与流通经济理论，本文将流通经济学视为流通经济理论的更高级形式，即在整合流通经济理论的基础上形成的一个独立的经济学分支，具备一个完整的理论框架和体系。目前，我国的流通经济理论还未能形成一个统一的分析框架。

一、流通理论研究兴盛于西方

19 世纪末至 20 世纪二三十年代（下文的"早期"都是指这段时期），流通理论研究在西方学界（主要是美国）兴起，但这段经济思想史很少被学者提及，对我国经济学界而言更为陌生。这段历史之所以被遗忘，与第二次世界大战后新古典经济学逐渐占据经济学的主流地位密切相关，因为西方流通理论的相关研究多受美国制度经济学的影响。

（一）西方流通理论渊源于美国制度经济学

美国制度经济学[①]主要是受到了由施穆勒（Gustav Schmoller）领导的德国历史学派的影响而产生的（Parada，2001），其研究方法也继承了德国历史学派的传统，尤其强调历史研究的重要性，它的基本信条是"科学的经济学……在于历史专题研究的成果以及根据历史专题研究所作的概括"（熊彼特，2009）。这种方法强调纵向的时间维度，即历史地看问题，同时强调横向上不同机构之间的比较（Svaitt，1982），因而重视对相关数据的归纳和对经济现象的描述。显然，与过于抽象的新古典经济学相比，制度经济学的方法更能注意到市场机制内部或商品流通过程中的具体问题，从而对美国早期的营销或流通理论研究产生了重要影响。

美国 20 世纪初出现了很多经典流通理论著作，从这些著作的起源看，最早的研究主要来自美国制度经济学而不是主流的新古典经济学（Jones & Monieson，1990）。美国制度经济学的元老（如 J. B. Clark、E. J. James、R. J. Ely、H. C. Adam 等）都是德国归来的留学生，他们师从施穆勒领导的历史学派（Dorfman，1955）。其中，就职于威斯康星大学的理查德·伊里（R. T. Ely）是这些元老中最活跃的一位，他强烈抨击自由主义经济学及其过于简化的经济人假设，强调理论与现实的接轨，引领年轻的美国学者学习德国的历史学派。正是伊里的这些学生成为美国早期营销或流通理论最重要的贡献者，他们的研究方向多涉及商品流通领域，很多研究成果也成了营销思想史上的经典（Jones & Monieson，1990）。例如，Sparling（1906）的《商业组织入门》是最早的营销书籍之一；Nystroms（1915）的《零售经济学》是零售研究领域的经典，也被认为营销学最早的著作之一；Taylor 则在农产品流通领域有突出的贡献，他早在 1900 年前后就开始了农产品流通的相关研究，在其影响下产生的 Hibbard（1921）的《农产品营销》和 Macklin（1921）的《高效的农业营销》成为影响深远的营销学经典。营销学另一策源地哈佛大学尽管受到新古典学派的影响，但其早期的营销思想同样受到德国历史学派的强烈影响，其中 E. F. Gay 和 F. W. Taussig 两位资深者都是德国归来的留

---

① 文中制度经济学都是指第二次世界大战前的美国制度经济学。制度经济学又被称为"旧制度经济学"或"老制度经济学"，也有西方学者可能出于对这一学派的尊敬而称之为"Original Institutional Economics（OIE）"（见参考文献 [6]）。

学生。20世纪20年代以后，在营销或流通理论的综合方面（主要指商品分析、功能分析和机构分析的综合）做出突出贡献的学者也深深受益于制度经济学，如 Fred E. Clark 尤其强调 Adam 对他的影响和激励，Converse 则受到了伊里和康芒斯等的影响。总之，在19世纪末至20世纪二三十年代，制度经济学在美国学术舞台上异常活跃，对商品流通领域的研究发挥了决定性的作用。因此，这个时期的流通或营销理论深深扎根于制度经济学（Brown, 1951）。从一定程度上讲，早期的流通或营销理论可被视为制度经济学的一个分支，这与后来占主导地位的新古典经济学原本就不属于同一个家族。

（二）西方流通理论曾经属于学术主流

在早期的营销或流通理论中，"营销"（marketing）与"流通"（distribution）是可以替换的，因为早期的"营销"不局限于微观视角的营销管理，更注重宏观视角的商品流通过程，与"流通"含义基本一致。因此，在很多经典著作中，"distribution"与"marketing"是作为同义词使用的（Shaw, 1951; Clark, 1922; Alderson, 1957; Cox et al., 1965）。"distribution"这个术语在主流经济学著作中一般被译为"分配"，但在早期的营销学著作中，显然是针对商品流通过程而言的，因而译为"流通"更为确切。20世纪50年代末期以后，随着营销管理范式发展为营销学的主流，"营销"更多的是指微观视角的营销管理，而把宏观视角的商品流通过程忽视了。20世纪七八十年代兴起的宏观营销学派，为了强调营销的宏观意义，采用了一个新的术语，即"macromarketing"。① 遗憾的是，他们没有发现"distribution"可以表达这一含义，因此，在关于西方学术思想史的文献中，也不再探讨"流通"。受西方营销管理范式的影响，我国的营销学也主要局限于微观视角的营销管理研究，但"流通"依然是我国学界常用的一个术语，② 包含宏观和微观两个层面的含义。基于此，我们认为流通是营销管理的上位概念，营销管理主要是微观视角的流通问题（夏春玉，2006）。本文所说的流通理论主要指基于宏观视角的流通经济理论。

在早期的营销或流通理论中，尽管"营销"与"流通"都包含着宏观和微观两个层面的含义，但前者占主导地位。本文所讨论的"早期"概念来自 Jones & Monieson (1990) 的开创性论文中，主要是指19世纪末至20世纪二三十年代。实际上，宏观视角的营销或流通占主流的状况持续到20世纪50年代。国内外有学者已经开展的一些重要研究证实了这一点（Savitt, 1990; Wilkie & Moore, 2003; 吴小丁、张舒，2011）。按照 Wilkie & Moore (2003) 对营销研究发展四阶段的划分，20世纪20-50年代是营销研究领域正规化的过程，主要表现为各种学术组织和学术期刊的创立和营销学基本

---

① 宏观营销学派的重要创始人之一菲斯克（George Fisk）在1962年第一次公开使用"Macro-marketing"（Robert D. Tamilia: Issues and Problems in the Development of Contemporary Macromarketing Knowledge, Canadian Journal of Administrative Sciences, 1992年第2期，第80-97页），该术语 Macro 与 marketing 之间的连字符在1979年第四届宏观营销年会上被取消，正式更改为"Macromarketing"。

② 国内也有学者将"流通"译为"Circulation"，但后者实际上是指货币循环或流通，与商品流通有本质区别。我们将从经济思想史的角度对"Distribution"和"Circulation"这两个概念进行深入分析。

理论的形成，如商品分析、机构分析、功能分析等。可以说，这个时期营销学研究更加偏重于宏观视角，从社会视角来探求流通体系的经济学原理（吴小丁、张舒，2011）。不难发现，国内流通理论研究的一些基本研究方法就来自该时期形成的营销学理论（夏春玉，2006）。Savitt（1990）对这一时期的一些重要论著进行了深入分析，揭示了营销学的两条发展路线，即微观视角的营销和宏观视角的营销。以阿尔德森为分水岭，在20世纪50年代末期以后，微观视角的营销或营销管理在营销学的发展中占据了统治地位。这样，流通理论也就被营销管理排挤在营销学之外，这对我国营销学的发展也产生了深远的影响。

二、流通理论在新古典经济学的冲击下日渐式微

尽管制度经济学在20世纪二三十年代异常活跃，曾在美国掀起一场著名的"制度主义运动"，成为美国最有影响力的一个经济学派，但在新古典经济学的冲击下，20世纪40年代以后逐渐被边缘化（杨伟、张林，2008），甚至被新古典学派斥为"异端学说"。随着新古典经济学在美国占据了统治地位，流通或营销理论的发展在20世纪五六十年代也转向了管理导向，宏观视角的营销或流通理论随之陷入低迷。

（一）主流经济学中无流通理论

新古典经济学的兴盛实际上给流通理论带来了致命的打击，也严重阻碍着我国流通经济学的发展。我国从美国等西方发达国家引进的经济学主要是占据主流的新古典经济学，尽管也有部分制度经济学文献被引进，但对于扎根于制度经济学的流通理论则完全被忽视了。西方主流经济学体系中流通理论的匮乏，致使国内的经济学学术圈没有对相关研究给予足够重视。尽管也有学者认为应将流通理论纳入到主流经济学的分析框架中，但这种思路存在根本的困难。新古典经济学不仅抽象掉了商品流通过程，而且其自身固有的分析范式和研究局限也严重阻碍了流通理论的发展（夏春玉、丁涛，2011）。进一步讲，流通理论与主流经济学在方法论上是对立的。如前所述，早期的流通理论溯源于美国制度经济学，奉行德国历史学派的研究方法，这恰恰与新古典经济学形成了对立。① 因此，将流通理论融入到新古典经济学框架中的研究路线会加剧流通理论研究的迷失，导致拉卡托斯的所谓理论"内核"或"硬核"的缺失（吴小丁，2008；石明明、张小军，2009）。正是由于流通经济学所真正需要确立的科学范式与新古典经济学相互冲突，因而，当新古典经济学占据主流地位后，流通理论便游离在主流经济学的框架之外了。

---

① 制度经济学与新古典经济学之间的对立可以追溯到施穆勒与门格尔之间的方法论之争，前者对后者的抽象演绎、个体主义和边际分析等进行了激烈抨击。而奥地利学派的这些方法显然都体现在后来兴起的新古典经济学中（靳涛：《两个经济学思潮的碰撞与严谨》，载于《江苏社会科学》2005年第6期，第92-96页）。这就不难理解，继承了德国新历史学派的美国制度学派与新古典学派存在着根本的对立。

当然，我国也大量引进了西方的新制度经济学，但新制度经济学与上文所说的制度经济学存在根本的差别，尽管二者之间也存在诸多联系。新制度经济学遵循着新古典经济学的方法论，而制度经济学则主要奉行德国历史学派的研究方法。新制度经济学在本体论预设上与新古典经济学一致，并没有抛弃新古典经济学的理论内核（黄少安，1995；贾根良，2005），其对新古典经济学的批判主要是对一些细枝末节的假设做了修正（朱富强，2012），属于对"保护带"的收缩而非对"硬核"的挑战。也就是说，新制度经济学对交易费用问题的重视，并没有从根本上脱离新古典经济学的研究框架，只是引导新古典经济学向现实迈进了一步而已。正如科斯所说，新制度经济学就是用主流经济学的方法分析制度的经济学。从这个意义上讲，新制度经济学属于新古典经济学的分支，因而其研究的内容也很少涉及宏观视角的流通问题（夏春玉、丁涛，2011）。

（二）主流经济学推动了营销管理的发展，却忽视了宏观视角的营销或商品流通研究

主流经济学对于营销问题的研究主要局限于微观视角的营销管理研究。营销管理范式实际上奉行的是微观经济学范式（Anderson，1983；Arndt，1985；Deshpande，1983），即从个体组织的视角看问题，追求个体利润最大化，广泛运用微观经济学的分析方法。如最盛行的边际分析方法即源自对人的主观需求的考虑，因而可以作为研究营销问题的分析工具（Bartels，1976）。阿尔德森具体阐述了这种分析方法在产品定价、促销手段的选择等营销策略中的应用（Alderson，1957）。20世纪初，作为早期营销理论策源地之一的哈佛大学受到马歇尔思想的强烈影响（Jones & Monieson，1990），因此，从出自这所大学的很多经典著作中都可以看到微观经济学的应用，如 Shaw 应用马歇尔提出的消费者剩余原理详细分析了制造商的定价策略（Shaw，1951）。

进一步而言，微观经济学对营销管理范式的确立发挥了关键作用。20世纪五六十年代，西方学者提出了市场细分、产品生命周期、营销组合等几个重要的概念，这为营销管理范式的确立奠定了理论基础。这些重要的理论都是建立在微观经济学基础之上的（陈、席勒，1998），如营销组合（4Ps）理论是由20世纪30年代罗宾逊和张伯伦提出的垄断竞争或不完全竞争理论直接延伸而来的（Dixon，1989；Grönroos，1994）。另外，营销管理对数理模型与定量分析技术的大量应用，也是受到了微观经济学数学形式化的强烈影响（Hunt，2002）。

西方的营销管理范式对我国营销学及流通经济学的发展产生了深远影响。自改革开放以来，国内就不断引进美国的营销学，中国的市场营销学可以说主要是从美国引进甚至直接移植过来的。与此同时，国内传统的流通经济理论研究受到了强烈冲击。尤其是20世纪90年代后期，随着学科和专业目录的调整，大部分高校取消了流通经济学或贸易经济学专业，流通领域的研究被大大弱化，而市场营销尤其是微观视角的营销管理研究得到了更快的发展。我国在20世纪90年代以后形成了专门从事营销教学和

研究的队伍，并开始模仿西方规范的研究方法、技术路线开展营销研究（李飞，2009）。从这种模仿学习方式开始到2004年第一届JMS年会，很大程度上锁定了中国市场营销学的发展路径，即紧紧跟随美国营销管理范式的发展，强调微观视角和规范的定量分析，并向着格式化和工具化的方向发展，进而远离了宏观视角的商品流通研究。

三、非主流经济学的兴起与流通经济学的发展机遇

根据上文分析，流通理论基本上被排挤在主流经济学之外，因而从非主流经济学中寻找构建流通经济学的理论内核是一种有益的尝试。新古典经济学面临的诸多挑战，不断鼓舞着非主流经济学发展，进而为流通经济学的复兴创造了历史机遇。西方宏观营销流派的快速发展实际上代表着西方流通理论的复兴，这对我国流通经济学的建设具有重要意义。

（一）新古典经济学面临的挑战

对新古典经济学范式的批判是经济学界的一项持久战，持续了不止半个世纪。西方学界有大量的相关著述，国内学者也有很多详细的讨论（盖凯程，2010；朱富强，2011）。虽然新古典经济学仍居主流地位，但其面临的诸多挑战早已是不争的事实。值得一提的是，大学生在批判新古典经济学的运动中扮演了重要角色。2000年6月，法国大学生发起了一场被称为"使法国主流经济学陷入震惊和恐惧境地"的请愿运动（贾根良，2003、2005）。2003年3月，美国哈佛大学700名大学生和毕业生签署了一份针对大学经济学课程的请愿书，表达了对新古典经济学的不满。2008年金融危机爆发以后，新古典经济学更面临着"信任危机"的挑战。

在英国，2008年11月，英国女王访问伦敦经济学院时，向学者们提出"为什么没有人预见到信贷紧缩"，这个"女王难题"暗含了一种对主流经济学的怀疑和不满。对此，雪拉·唐等10位英国经济学家联合向女王上书指责经济学家"只关注数学技术和建构不依赖经验的形式模型"。在美国，针对经济学家在这场危机预测中的失败，克鲁格曼于2009年9月在《纽约时报》撰文指出："经济学失败的根源在于经济学家们追求那种无所不包、充满才智而优雅的研究方式，从而使他们有机会表现其高超的数学技能"。2011年11月，70名哈佛大学生离开了著名经济学家曼昆的讲堂，并发表致曼昆的公开信，表达了他们"对于这门导引性的经济学课程中之根深蒂固的偏见的不满"。在中国，也有学者对我国经济学发展的"新古典化"和"数学化"取向进行了深刻的反思（贾根良，2003、2004、2005；贾根良、黄阳华，2006；朱富强，2009a、2009b；等等）。

（二）非主流经济学与流通经济学的发展

近年来，针对新古典经济学的局限性，一些不同于新古典经济学范式的非主流经

济学开始复活。例如,有很多学者在呼吁德国历史学派、(老)制度经济学、古典经济学、马克思政治经济学等的复兴(贾根良,2004;贾根良、黄阳华,2006;朱富强,2009b;朱成全,2012)。这为流通经济学的发展提供了新的历史机遇,因为被新古典经济学抽象掉的商品流通过程在这些非主流经济学中得到了重视。

在制度经济学和古典经济学的文献中,我们已经发现了流通理论的存在(夏春玉、丁涛,2011)。在亚当·斯密的《国富论》中,我们看到,如果经济学沿着分工和专业化的研究路线发展,那么流通理论就会成为经济学中重要的组成部分,但经济学的发展最终抛弃了分工理论,同时也抽象掉了商品流通过程;而在杨小凯开创的新兴古典经济学中,我们看到了分工理论的复活和流通理论的回归(夏春玉、丁涛,2011)。尽管这些非主流的经济学文献中并不存在专门而系统的流通理论,但却对流通经济学的构建具有极其重要的意义。实际上,这些非主流经济学已经推动了西方流通理论的研究,但很少被国内学界所知晓。这主要是因为西方的流通理论已经演变为营销学的一个分支,即宏观营销。国内学界对于营销学的理解多局限于营销管理,进而把营销学划归为管理学的一个分支,从而忽视了作为非主流经济学一个分支的宏观营销。

如前文所述,早期的流通理论扎根于美国制度经济学,因而德国历史学派和美国制度经济学的再度兴起必将推动流通理论的发展。这在西方主要表现在营销历史学派和宏观营销学派的兴起上。营销历史学派首先表现为历史主义研究传统的复归,从而使早期的流通理论重新受到重视。从最近的发展趋势看,营销历史学派已经成为一个非常活跃的营销流派,2009年创立了自己的专业学术期刊《营销历史研究杂志》(Journal of Historical Research in Marketing),两年一度的营销历史分析与研究会议(CHARM)的规模不断壮大,受到越来越多西方学者的关注。

宏观营销学派是一个更有影响力的流派,与营销历史学派是天然的战略同盟(Shapiro,2006),因为前者也受到历史主义的影响,反对新古典经济学的研究范式。宏观营销学派更直接地受到了制度经济学的影响,可以从阿尔德森的重要研究中看出这一点。西方营销学界之所以以阿尔德森为分水岭,是因为阿尔德森的著述中包含了两个发展方向,即营销管理和宏观营销(Savitt,1990)。但在探讨阿尔德森与经济学家之间的关系时,多数学者看到的是新古典经济学及奥地利学派,[①] 而忽视了制度经济学对阿尔德森的影响,这主要是因为他们只强调了阿尔德森对营销管理的贡献。在正在兴起的宏观营销学派中,有学者尝试用系统分析法构建统一的研究框架(Layton,2007),这种方法溯源于阿尔德森的功能主义和系统论,也就是在复归阿尔德森的宏观营销研究路线。在阿尔德森的功能主义和系统论中,我们看到了整合分工理论、制度分析(机构和功能分析)和系统论从而建立一个统一分析框架的宏伟抱负。

一般认为,阿尔德森的功能主义和系统论可能来自对生物有机体的类比。然而,阿尔德森所理解的功能与生物有机体中的功能存在根本区别,而这种区别正是制度经

---

① 相关论文收集在《21世纪阿尔德森营销思想指南》(A Twenty-First Century Guide To Aldersonian Marketing Thought)一书中。

济学的集大成者康芒斯所强调的。康芒斯明确区分了机械结构、有机体和运行中的机构（康芒斯，2006），其中，后两者的区别就在于运行中的机构（going concern）包含着人类的目的性，而生物有机体显然没有这样的特点。阿尔德森领悟到了这一洞见，多次提到"运行中的机构"，由此引申出他在功能主义分析中的两个最关键的概念，即"组织行为系统"和"团体行为"（Alderson，1957），并将团体（group）的"目标"放在头等重要的地位，强调人类社会有目的的选择，而非自然选择或达尔文主义的盲目选择，这正是康芒斯的功能主义之精华。康芒斯创立的交易公式深刻体现了人类社会系统各种组织体的功能关系，这也被阿尔德森很好地吸收了（Alderson，1957），尤其是一般性交易（routine transaction）和关键性交易（strategic transaction）这两个概念（Alderson，1957）。其实，西方学界意识到阿尔德森的功能主义晦涩难懂，即使很有知名度的营销学者也读不懂阿尔德森（Hostiuck & Kurtz，1973），那是因为他们从来没有读过或没有读懂康芒斯。阿尔德森的功能主义与系统论对构建宏观营销的统一分析框架极其重要，而康芒斯的相关理论可能是重要的突破口。我们会在后续研究中专门就这一问题进行深入探讨，这里只是说明制度经济学对宏观营销学派的重要影响。另外，根据 Savitt（1990）的分析，可能对阿尔德森的功能主义和系统论产生重要影响的几位学者（如 R. F. Breyer、E. A. Duddy、D. A. Revzan 等），也受到了美国制度经济学的强烈影响。因此，制度经济学的复兴会推动宏观营销研究的发展。

我们在前文中已指出，宏观视角的"流通"与"宏观营销"的含义是基本一致的，尽管宏观营销的研究范围在不断扩大。具体而言，我们可以把整个社会经济系统分为四大要素：生产、消费、流通和分配（夏春玉，2009），流通系统作为整个社会系统的一个子系统与其他三个子系统之间相互影响。由此，我们就会发现宏观营销研究的问题实可以作为流通问题来研究，如"营销与经济发展"从提高效率这个角度而言，就可以被认为是"流通与生产"的问题；"营销与人们生活质量"实际上属于"流通与消费"的研究领域；而"营销与社会公平"正是"流通与分配"所关注的。显然，宏观营销的发展将为流通经济学的发展带来机遇。

最后，需要特别指出的是，在新古典经济学不断面临挑战的背景下，马克思政治经济学在西方也颇受关注（贾根良，2004），因而建立在马克思政治经济学基础上的孙冶方社会主义流通理论也被赋予了新的时代意义。孙冶方继承并发展了马克思的劳动价值理论，并以此为理论内核建立了一个流通理论分析框架。孙冶方的社会主义流通理论虽然不完善，但已经具备一个明确的理论范式，这对处于前科学阶段的流通理论和宏观营销研究而言都具有非常重要的参考价值。

四、小　结

本文通过追溯西方流通理论的渊源及其发展经历，发现西方的流通理论曾经受到了美国制度经济学的强烈影响，并随着制度经济学发展的兴衰而浮沉。20 世纪 40 年代以后，受新古典经济学的冲击，制度经济学被边缘化，西方流通理论也日渐式微。我国学界由于忽视了这段早期经济思想史，而误认为西方经济学中没有流通理论，从而对我国的流通理论研究造成了不利影响。新古典经济学由于自身的局限而不断遭遇挑战，进而诱发了非主流经济学的复兴，而非主流经济学则很重视对商品流通过程的研究，因此，非主流经济学的复兴为流通经济学的发展提供了新的历史机遇。本文认为，我国的流通经济学不仅受益于西方非主流经济学的兴起，而且可以直接从西方正在兴起的营销历史学派和宏观营销学派中获得重要的理论支持。

参考文献

[1] 张永东. 关于创建流通经济学的几个问题 [J]. 商业经济研究，1985 (3)：12－18.

[2] 郭道夫. 社会主义流通经济学三题 [J]. 中国物资，1987 (3)：36－37.

[3] 林甫生. 关于流通经济学及其创立 [J]. 社会科学，1994 (4)：69－72.

[4] 夏春玉，郑文全. 流通经济学的贫困与构建设想 [J]. 当代经济科学，2000 (1)：5－11.

[5] 吴小丁. 中国流通研究的反思——基于科学哲学视角的审视 [C] //张仁涛. 现代商贸评论 (第 2 辑). 杭州：浙江工商大学出版社，2008.

[6] Parada J J. Original institutional economics: a theory for the 21st century? [J]. Homo Oeconomicus, 2001, 5 (Fall)：46－60.

[7] 约瑟夫·熊彼特. 经济分析史（第3卷）[M]. 朱泱等，译. 北京：商务印书馆，2009：85.

[8] Savitt R. A histotical approach to comparative retailing [J]. Management Decision, 1982, 20 (4)：16－23.

[9] Jones D G B, Monieson D D. Early development of the philosophy of marketing thought [J]. Journal of Marketing, 1990, 54 (1)：102－113.

[10] Dorfman J. The role of the german historical school in american economic thought [J]. The American Economic Review, 1955, 45 (2)：17－28.

[11] Brown G. What economists should know about marketing [J]. Journal of Marketing, 1951, 16 (1)：60－66.

[12] Shaw A W. Some problems in market distribution [J]. Cambridge：Harvard University Press, 1951.

[13] Clark F E. Principles of marketing [M]. New York：Macmillan, 1922：8.

[14] Alderson W. Marketing behavior and executive action [M]. Homewood, IL：Richard D. Irwin, 1957.

[15] Cox R, Goodman C S, Fichandler T C. Distribution in a high-level economy [M]. New Jersey：Prentice-Hall, 1965：14.

[16] 夏春玉. 流通、流通理论与流通经济学——关于流通经济理论（学）的研究方法与体系框架的构想 [J]. 财贸经济，2006 (6)：32－37.

[17] Savitt R. Pre-aldersonian antecedents to macromarketing: insights from the textual literature [J]. Journal of the Academy of Marketing Science, 1990, 8 (4)：293－301.

[18] Wilkie W L, Moore E S. Scholarly research in marketing: exploring the "4Eras" of thought devel-

opment [J]. Journal of Public & Marketing, 2003, 22 (2): 116 – 146.

[19] 吴小丁, 张舒. 商品流通研究的市场营销学理论渊源探析 [J]. 外国经济与管理, 2011 (3): 35 – 42.

[20] 杨伟, 张林. 制度主义运动的科学知识社会学分析 [J]. 思想战线, 2008 (5): 59 – 65.

[21] 夏春玉, 丁涛. 流通理论在经济学中的回归: 一个学说史的考察 [J]. 商业经济与管理, 2011 (8): 5 – 13.

[22] 石明明, 张小军. 转型经济中的流通与流通经济学的转型 [J]. 商业经济与管理, 2009 (8): 13 – 18.

[23] 黄少安. "交易费用" 范畴研究 [J]. 学术月刊, 1995 (11): 38 – 44.

[24] 贾根良. 西方异端经济学传统与中国经济学的激烈转向 [J]. 社会科学战线, 2005 (3): 43 – 51.

[25] 朱富强. 现代主流经济学的制度转向及其制度不及——兼论新制度主义的分析思维及其范式缺陷 [J]. 经济社会体制比较, 2012 (2): 178 – 187.

[26] Anderson P F. Marketing, scientific preogress, and scientific method [J]. The Journal of Marketing, 1983, 47 (4): 18 – 31.

[27] Arndt J. On making marketing science more scientific: role of orientations, paradigms, metaphors, and puzzle solving [J]. Journal of Marketing, 1985, 49 (3): 11 – 23.

[28] Deshpande R. Paradigms lost: on theory and method in research in marketing [J]. Journal of Marketing, 1983, 47 (4): 101 – 110.

[29] Bartels R. The history of marketing thought [J]. Columbus, OH: Grid, 1976: 10.

[30] 爱德华·K·陈, 罗杰·M·席勒. 市场营销的经济学基础 [C] //迈克尔·J·贝克. 市场营销百科. 李垣, 译. 沈阳: 辽宁教育出版社, 1998: 37 – 48.

[31] Dixon D F. An alternative paradigm from marketing theory [J]. European Journal of Marketing, 1989, 23 (8): 59 – 69.

[32] Christian Grönroos. Quo vadis marketing? Toward a relationship marketing paradigm [J]. Journal of Marketing Management, 1994, 10 (5): 347 – 360.

[33] Hunt S D. Foundations of marketing: toward a general theory of marketing [M]. New York: M. E. Sharpe, 2002: 75.

[34] 李飞. 中国营销科学 30 年发展历史回顾 [J]. 市场营销导刊, 2009 (4): 4 – 15.

[35] 盖凯程. 经济学批判与批判的经济学——金融危机冲击下的西方 "主流" 经济学范式危机 [J]. 经济学动态, 2010 (9): 101 – 107.

[36] 朱富强. 现代主流经济学的范式危机: 六大维度的审视 [J]. 政治经济学评论, 2011 (2): 45 – 71.

[37] 贾根良. 中国经济学发展的西方主流化遭遇重大质疑 [J]. 南开经济评论, 2003 (2): 3 – 12.

[38] 贾根良. 新政治经济学: 范式革命与异端的综合 [J]. 天津社会科学, 2004 (2): 82 – 89.

[39] 贾根良, 黄阳华. 德国历史学派再认识与中国经济学的自主创新 [J]. 南开学报: 哲学社会科学版, 2006 (4): 89 – 97.

[40] 朱富强. 现代经济学为何缺乏方法论的反思? [J]. 经济学家, 2009 (12): 13 – 25.

[41] 朱富强. 新政治经济学的复兴与中国经济学的发展方向 [J]. 改革与战略, 2009 (6):

7－14.

[42] 朱成全. 论经济学的工程学传统及其伦理转向[J]. 自然辩证法研究, 2012 (1): 63－70.

[43] Shapiro S J. Macromarketing: origins, development, current status and possible future direction [J]. European Business Review, 2006, 18 (4): 307－321.

[44] Layton R A. Marketing systems a core macromarketing concept [J]. Jounal of Macromarketing, 2007, 27 (3): 227－242.

[45] 约翰·康芒斯. 制度经济学（下册） [M]. 于树生, 译. 北京: 商务印书馆, 2006: 272－283.

[46] Hostiuck K T, Kurtz D L. Alderson's functionalism and the development of marketing theory [J]. Journal of Business Research, 1973 (2): 141－156.

[47] 夏春玉. 流通概论[M]. 大连: 东北财经大学出版社, 2009: 18－23.

The Rise of Non-mainstream Economics and the Revival of Distribution Economics

▲Xia Chun-yu & Ding Tao (*School of Business Administration*, *Dongbei University of Finance and Economics*, *Dalian*, *Liaoning 116025*, *China*)

Abstract: Distribution theory in the west mostly came from American institutional economics, and the former's rise and fall depended on the latter to some extent. Since Institutional Economics was replaced by Neoclassical Economics as the mainstream, the development of distribution theory have fallen into low tide. Distribution theory in China also goes into difficulty due to the impact from Neoclassical Economics. With the outbreak of financial crisis in 2008, Neoclassical Economics is facing with severe challenges while non-mainstream economics are rising. Non-mainstream economics attaches importance to the study of the process of commodity distribution, which gives a historical opportunity for the revival of distribution economics. In view of the fact that distribution theory in the west has evolved into macromarketing, this article focuses on the influence of the rise of non-mainstream economics such as institutional economics upon the development of macromarketing.

Key Words: distribution theory; distribution economics; Neoclassical Economics; Institutional Economics; macromarketing

第二部分
流通业发展方式

论流通发展方式的转变

▲黄国雄（中国人民大学商学院，北京 100872）

> **摘 要**：流通发展方式的转变既是整个经济发展方式转变的重要组成部分，又是实现经济发展方式转变的前提条件。实现流通发展方式的转变应主要从以下方面入手：从重视产值向重视价值实现；整体提高流通产业的社会效益；充分发挥连锁经济规模效应；重视提高潜在市场的有效供给；不断提高企业的信誉度；走中国化的连锁商业道路；构建城乡一体化的商品流通体系等。
>
> **关键词**：流通发展方式；连锁商业；商品流通体系

市场的实现是经济成果的最终表现。胡锦涛总书记在十一届全国人大三次会议上指出："改变经济发展方式，事关经济发展的质量和效益，事关我国经济的国际竞争力和抵御风险能力，事关经济可持续发展和经济社会协调发展的战略。""三个事关"深刻揭示了经济发展方式转变的历史任务和战略意义。流通发展方式的转变既是整个经济发展方式转变的重要组成部分，又是实现经济发展方式转变的前提条件，既关系到整个流通产业的效率和效益，又关系到广大人民生活水平和生活质量的提高；既关系到我国如何实现新的发展、新的飞跃，又关系到我国如何实现从生产大国向消费大国、从贸易大国向贸易强国转变。

改革开放造就了一个充满生机和活力的商品市场，培育了一批有一定规模和竞争实力的流通骨干企业，初步建立了具有中国特色的商品流通体系，尤其是我国连锁商业获得飞跃发展，用不到二十年时间走过了西方国家一百多年的进程。经过奥运会的考验、金融危机的洗礼，中国流通产业更加成熟，进入发展的新阶段，但是我们必须清醒地看到流通产业同样面临着新的挑战、新的考验，面临着发展方式的转变。

流通发展方式的转变，是观念的创新、战略的调整、结构的优化和营销方式的改革，将对中国流通业的发展产生深远的影响。它是一项系统工程，关系到流通过程的各个环节，关系到流通产业的各个部门和所有行业，实质上也是流通产业创新和改革的一次极好机会。

---

* 本文原刊载于《北京工商大学学报（社会科学版）》2010 年第 3 期。

一、从产值到价值　重在市场实现

衡量一个部门或地区的经济发展程度，多以 GDP 为衡量标准，而衡量流通产业则是以销售额为指标，只讲产值不讲价值，只讲销售额不讲赢利水平。我国 GDP 一直保持较高的速度发展，作为衡量国家或地区经济发展的重要指标，这是必要的。但是，必须认识到产值不等于价值，因为我国在正常的情况下只维持 95% – 96% 的产销率，也就是说有 4% – 5% 的产值没有在市场实现，第一次在工业部门沉淀下来，如果按我国 GDP 总量 33.5 万亿元人民币计算，每年有 1.3 万亿 – 1.5 万亿元产值没有实现。商品进入流通领域也不可能 100% 销售出去，存在着第二次沉淀。所以，如果经济发展不保持 6% 以上增幅，就意味着停滞不前。不改变这种状况，我国的经济就无法摆脱高速度低效率运行的被动局面。世界经济平均增幅也就是 2.5% – 3%，发达国家 2% 左右，发展中国家超过 4% – 5%，都能维持正常的发展，究其原因就在于市场经济是按"订单"组织生产，产值几乎是 100% 实现，而我国是以产能、以保证就业为目标，按计划进行生产，致使一部分产品的价值无法在市场实现。以市场为核心，以需求为导向，调整产业结构、产品结构，推广"订单"经济，以需定产、以销定购，转变经济发展方式，是市场经济内在的要求。如果我国能在现有的基础上，提高 1 – 2 个产销率，就可以增加 3 500 亿 – 7 000 亿元的产品价值，以 50% 消费率计算，每年的社会消费品零售总额可提高 1.5 – 3 个百分点，就会为扩大内需创造前提条件。因此，从重视产值到重视价值实现，从重视销售额到重视赢利能力的提高，直接关系到流通效果和社会效益，是转变流通发展方式的关键和前提条件。

二、从粗放到精致　整体提高流通产业的社会效益

粗放经营、粗放管理，加上粗质的商品，使流通产业整体处于高毛利、低净利的运行状态，全行业平均赢利率不到 2%，而费用率高达 20% 左右。从社会再生产过程来说，流通产业占用物质资料最多，耗费费用最大、时间最长，潜力也最大。集聚了大量的经营元素，却不能很好利用，关键在于我们长期对流通产业重视不够，缺乏精心管理，精心经营，主要表现为：第一，只重视销售，缺乏对进货、仓储、加工、整理、配送各个环节进行全盘策划、有机衔接；第二，只重视毛利的提升，缺乏对各项费用进行分项分析，未采取有针对性的措施，以便千方百计达到提高赢利率的目的；第三，只重视人员的使用，缺乏对人才的培训、提高，忽视对管理层管理潜力的挖掘和发挥；第四，只重视价格促销，缺乏对各项促销措施的综合应用和有机结合；第五，只重视商品经营，缺乏对服务方式、服务质量和服务领域的深入分析，采取的措施不力；第六，只重视出租或引厂进店经营，缺乏自主经营和创新能力，不敢承担市场风险，无力控制利润空间；第七，只重视经营，缺乏精心管理。实质上经营本身不是单一的销

售,而是一项系统的管理,包括人、财、物的有效利用和产供销的有机衔接;第八,只重视对大户的管理,缺乏对客户群进行具体的分析和细分,重视精化贵宾室,忽视对共享大厅和顾客休息室的管理。

管理出效益,管理是企业的第一生产力,它是"科学是第一生产力"在流通企业的具体表现,通过信息管理,创造市场机会利润;通过人财物管理,创造集聚利润;通过综合营销手段,创造特色利润;通过勤俭办企业,创造节约利润。粗放经营,还是精致管理,这是流通发展方式转变的关键,直接关系到流通产业的质量和效益。

三、从做大到做强 充分发挥连锁经济规模效应

连锁经营是一次流通革命,是世界性现象,它是以连锁为架构把分散经营的零售业穿成线、构成网、连成片,通过对经营要素的集聚产生规模效应,达到降低成本、让利于民的目的。中国连锁商业的发展走过一条先做大后做强的道路。为了适应对外全面开放,充分利用加入 WTO 的保护期,跑马圈地,迅速扩张,2000－2004 年五年平均增幅达到 50%,2005 年的增幅也达到 42%,2006 年以后进入调整期,平均增幅仍保持 20% 左右。百强企业销售额从 2000 年的 10 亿元,到 2009 年已超过 1.36 万亿元,占当年整个社会消费品零售总额的 11%。

在特定的历史条件下,中国连锁商业采取先做大后做强的做法,是完全必要的,是正确的,是符合中国国情的。但是应该看到"大"是条件,"强"是基础,只有"又大又强",才能持续发展。中国连锁商业同样面临着发展方式的转变,从做大转向做强,从求规模到求效益,从发展到调整,以调整保发展,这也是历史的必然,客观的要求。

1. 做强要立足区域发展,打好坚实的基础。区域市场是庞大的市场,做实做足做细区域市场,便于经营要素的整合,经验的总结,形象的树立,为向外扩张打下坚实的基础;力求发展一块,巩固一块,夯实基础,有计划、有重点地向外扩张,切忌盲目设点、四处开花,导致寻租成本、摩擦成本、管理成本提高,首尾难以兼顾,陷入进退维谷的困难境地。

2. 做强要立足于中小企业,不盲目贪大求洋。中小型企业最接近于广大消费者,与群众生活紧密相连,成本低,风险小,可以利用民间资本,促进中国连锁业的迅速发展。"开门七件事,尽在超市中",沃尔玛的发展正是从小镇起家,从折扣店做起,最后冲出美国,走遍世界,形成具有 210 万名员工、8 000 个门店的世界零售龙头企业。

3. 做强要立足内生的竞争力。商业企业的竞争,不同于商品的竞争,它是在同一商圈、同一业态之间的较量,关键在于每一个单店的内在竞争力。没有战术上的优势,就不可能获得战略上的发展,没有各单店的做强,就无法形成集团(公司)规模的竞争力。

4. 做强要立足于主导业态的发挥。任何一个连锁企业的发展都有一个优势业态的选择。沃尔玛的折扣店、家乐福的大卖场、易初莲花的仓储商场，以及国美、苏宁的家电专门店，都充分发挥自身的优势，去开拓广阔的市场空间。做大容易，四面出击，多业态发展就可以，而做强就要扬长避短，发挥自身优势。

四、从显在市场到潜在市场　重在提高有效供给

市场是无限的，过剩是相对的。由于信息的不对称，市场始终存在着不同程度的空白、空隙和空档，过剩中有不足，买方市场中同样隐存着卖方市场，关键在于企业敢不敢开发，善不善于开发。短视的企业家只盯在显在市场，却忽视对潜在市场的开发。

任何一种促销方式都是企业的行为，它只是现有购买力在空间或时间上的移动，买你的还是买他的，今天买还是明天买，只是"切蛋糕"的行为。只有开拓新市场，提供和扩大有效供给，做大"蛋糕"，才能达到扩大内需的目的。

转变流通发展方式，不应该停留在对现实购买力的再分配，而在于挖掘潜在的购买力，重视潜在市场的开拓。第一，做足显在市场，以完善小康社会的商品结构为主体，兼顾温饱阶层的基本需要，有条件地开辟富有型市场，充分发挥个体户、农贸市场在现阶段的作用，构建多层次的市场体系。第二，重视新兴市场的开拓，把潜在的购买力转变为现实的购买力。潜在市场是指应该得到的需求而没有得到满足，应该提供的服务却没有相应的消费项目。特别是在满足发展需求和享受需要的商品和服务的开拓方面没有跟上，使消费潜力无法发挥。第三，瞄准未来市场。随着新技术的发展，城市化进程和老年化步骤的加快，未来市场变幻莫测，潜力巨大，市场商品和服务结构都要面临新的调整、新的格局和新的发展。流通产业要重视研究这种变化的新趋势、新规律，研究新措施，采取新的对策。第四，有条件的企业要积极开拓世界市场。开放是双向的，市场是互融、互补和互促的。人家要进来，我们要出去，这都是正常现象，都是必然的趋势。要培育一批具有国际竞争力，能够在国内市场、国际市场双向开拓的龙头企业。

五、从有形到无形　不断提高企业的信誉度

有形资产是企业存在的前提条件。没有资本、没有商品、没有商业设施，流通企业既无立足之地，也无存在条件。但没有或缺乏无形资产，不重视打造、应用和发挥无形资产，流通企业就无法获得发展，转变发展方式也就成为一句空话。第一，以信兴商是古训，也是商业活动必须遵守的基本原则。"诚招千里客，信得万人心"，诚信是凝聚力、竞争力和生产力，诚信是一笔无法估量的无形资产，是长期作用的内在要素。第二，诚信的基础是"讲信用、守合同""货真价实""童叟无欺"，只有守信用，

才会取得广大客户的信任，消费者的信赖，从而上升为好信誉。"信得过，合得来"，合作无风险，购物无风险，消费无风险，才能在市场激烈竞争中永远占据主动和有利的地位。第三，信誉要从我做起，从旗舰店做起，从每一个环节做起，关注企业形象的塑造，关注每一位职工的行为，关注每一件商品的销售。只有看得见、摸得着，合作者才能合得来，消费者才能放心消费。第四，流通企业信誉的核心是以人为本，维护人利、尊重人格，千方百计为消费者着想，既体现零售业作为民生工程的本质，又能得到消费者的信任，不断提高顾客的忠诚度，为企业的发展创造前提条件。

六、从模仿到创新　走连锁商业中国化的道路

模仿外国、学习世界，走中国化道路，这是一条中国发展连锁商业的成功之路，也是实现流通产业发展方式的最佳选择。模仿起步，引进业态，学习外资企业的经验，进行复制、克隆、普及、推广，为中国商业连锁业的发展奠定了坚实的基础。同时，我们必须看到中国连锁商业发展已进入新的阶段，仅靠模仿、复制、克隆、推广，是不具备持久生命力的，发展会遇到新的瓶颈。许多成功的连锁集团（公司）的经验告诉我们，没有创新就没有生命力，没有创新就没有竞争力，没有创新也就没有凝聚力。因此，第一，要观念创新。连锁经营诞生一百多年以来，世界发生了翻天覆地的变化，经济迅速发展，科学进步，消费水平的提高，消费方式的改变，都要求流通产业从产品结构到营销理念、经营方式、管理手段都要进行不断地调整、创新和提升。没有创新的观念，没有超前的意识，没有科学的措施，是很难跟上时代的发展的。第二，要业态创新。业态作为商业企业的经营方式和存在形式，不是一成不变的，必须针对不同环境、不同区位和不同消费对象，进行改革创新，既要强调"大同"，也要强调"小异"；既要规范提高，也要创新发展，寻求时代要求的最佳经营形式。第三，要管理创新。要在规范中提高管理水平，讲究管理成本，改善管理设施，不断探索科学的管理方法。第四，要营销创新，改变只局限于低价促销的传统营销方式，提倡绿色营销、生态营销、理性营销和长效营销。

七、从城市到农村　构建城乡一体化的商品流通体系

流通产业发展方式的转变，既要重视城市商业的规划和工业品流通体制的形成，更要重视农产品流通和农村市场的建设，打造具有中国特色的城乡一体化的流通体制。农产品流通是中国农村市场的基础，农村市场是中国商品市场的基础，商品市场是社会主义市场经济体系的基础。我们长期以来存在着重外贸轻内贸、重虚拟市场轻实体市场、重城市市场轻农村市场、重工业品流通轻农产品流通的错误倾向，这不仅关系到产值的市场实现，也直接关系到农民生活水平的提高和消费需求的满足。第一，要以城市市场为主导、农村市场为基础，构建农产品、工业品双向畅通，城乡互动的城

乡一体化的商品流通体系。第二，要以大型农产品批发市场为龙头，充分发挥各种交易市场的中介作用，以产业链、供应链和价值链"三链一体"为目标，集采购、加工、储存、配送、销售于一体，培育和发展一批现代化的批发市场和商品交易中心，以促进和带动农业产业化、市场化和社会化水平的提高。第三，大力提倡农民进入流通领域，实现自主经营、自负盈亏、自我服务，切实担负起农产品进城、工业品农村销售的任务，以降低经营成本，把商业原始资本积累留给农民。第四，采取多点多面多形式，全面实施农超对接，包括"超市+基地""超市+农协""超市+企业""超市+农户""超市+联购"和"超市+展会"形式，以达到"利农、惠民、益企"的目的。第五，结合新农村建设，规划乡镇社区社会（商业）中心，以中小型百货或综合超市为主导，建立农产品收购站，农业生产资料供应站，完善面向农民的服务功能，逐步发展养老、托儿等农村福利事业，转移第二产业、集聚第三产业、提升第一产业，促进农业集约化、产业化和规模化经营，走一条中国式的城市化道路。

八、从出租到自营　寻找零售业发展的利润空间

租赁只能维持现状，自主经营才能实现企业发展。现在许多大型零售业特别是大型百货，多采取出租柜台、引厂进店或厂商联营形式，靠租金和进店费维持企业的生存。这是在改革初期，市场供求态势发生急剧变化的情况下，国有企业由于缺乏资金，不得已而为之的一种方法，是在特定历史条件下出现的一种现象。时至今日，如果单靠租金生存，就无法支撑自身的发展。事实证明，凡是有自营能力，自己组织货源，进行统一采购、统一配送的连锁企业纯利一般保持在3%－6%左右，甚至更多，而单靠或主要靠出租维持的企业，其赢利最多也只有1%左右，只能勉强维持生存。

没有自主经营，不能统一采购、统一配送，就不能给连锁企业带来规模效益；没有自主经营，不掌握市场信息，就无法获得机会利润；没有自主经营，不承担市场风险，也就没有风险收益；没有自主经营，只承担物业管理职责，也就无法产生统一管理的集聚效应；没有自主经营，就很难及时调整商品结构，有针对性地满足不同区段不同居民群体的不同需要，也就没有竞争能力；没有利润，企业既无生存基础，也无发展条件。加租和提高进店费，或变相地转嫁负担，都是临时性，甚至是自杀性的措施，只有不断扩大自主经营，才是转变流通发展方式最有效的途径。

鉴于中国流通企业的现状，全部或立即推行自主经营，也是不现实的，必须转变观念，调整战略，先易后难，逐步实现，从以下几个方面进行突破：第一，依据消费者需要，及时组织一批市场最急需的商品；第二，根据市场供求态势，抓好供不应求商品的自主经营；第三，分析销售比重，占商场销售额比较大，影响面比较广的商品，要首先实现自主经营；第四，提高赢利能力，重视利润空间大的商品经营；第五，提升品牌价值，对群众信赖的国际和国内品牌应尽可能采取自主经营形式。

九、从毛利到纯利　大力降低经营成本

不知道从什么时候开始，流通企业都以毛利率说事，无论是汇报工作，总结经验，还是参与评比，都以提高毛利率作为重要指标和衡量标准。这不仅仅是认识误区，而且会滋生种种弊端。第一，毛利率只是进价和销价之间的差率，其中有合理的因素，也有不合理的因素，不能全面反映企业的业绩。第二，流通产业中不同业态之间，毛利率差别较大，百货业不同于超市，超市不同于专门店，很难形成统一标准，也无法进行横向比较。第三，毛利率提高是成绩，而毛利率下降也是成绩，关键在于费用水平是上升，还是下降。不对费用开支进行合理分析，就无法确定它是成绩还是问题，因此，它就不能成为衡量一个企业的标准。第四，单纯追求毛利率，可能导致任意压低进价和提高售价的错误行为，侵犯消费者的利益，影响与厂商的关系。

利润是企业存在的基础和发展的条件。从微观来说，利润水平取决于费用水平，毛利率的提高只有在费用不变的情况下，才能获得较高的利润，而不注意费用的节约和费用的管理，不仅不能实现赢利目的，甚至会影响和削弱赢利能力；从宏观上说，社会再生产过程的整个费用，95%以上发生在流通过程，其中有合理的、必要的成分，有各个流通环节的必要开支和应得利润，但也存在不少不合理因素，包括人为因素、管理水平和体制性的原因，有较大的挖掘空间。

衡量流通企业的成果只能看纯利不能看毛利，在市场经济条件下，销售的扩大是建立在消费者认可的基础上，通过赢利水平体现出来，只有赢利水平才能反映销售业绩、管理水平，勤俭办企业的综合业绩，只要取其有据、遵纪守法，纯利率越高越应受到社会的鼓励，成为评估企业业绩的重要标准。

十、从硬件到软件　加速流通产业的技术变革进程

流通是社会再生产的中间环节，是国民经济运行的基础，是直接为生产为生活服务的，不仅关系到生产价值的实现，也直接关系到国民经济各部门的效益和利益。在社会再生产过程中，不管是对物质的占用，还是时间的分配，95%以上都在流通领域内发生。因此，流通产业的现代化，直接关系到社会的效益和再生产的进程。

改变流通发展方式，就必须软硬兼施，整体推进，规范提高，创新发展。第一，加强流通领域基础设施投入，包括仓储、加工厂、冷库、物流配送和大型批发市场的建设。这些设施直接为社会服务，属于基础工程，是公共设施的重要组成部分，不能实行完全市场化，应由政府投资建设。第二，积极推进流通现代化进程。应用IT技术装备流通各环节，逐步实现信息化、数字化和网络化管理，发展电子商务，根据不同地区、不同商品，推行多种交易方式，促进流通产业面貌的改善，手段的更新、业态的发展和效益的提高。第三，加快和完善流通领域的法制建设。流通产业行业多，环

节多、涉及面广、情况复杂，需要在发展中提高，在提高中规范。以规范保发展，以规模促提高，逐步建立和完善社会主义市场经济新秩序。第四，提高管理水平，增强经营素质，建设符合时代发展的学习型企业、知识型管理团队和敬业型职工队伍，坚持以人为本、以信兴商、以义取利，塑造新型社会主义商业企业。

参考文献

［1］黄国雄，刘玉奇，王强. 中国商贸流通业60年发展与瞻望［J］. 财贸经济，2009（9）：26－32.

［2］丁俊发. 跨世纪的中国流通发展战略：流通体制改革与流通现代化［M］. 北京：中国人民大学出版社，1998.

［3］黄国雄. 加强流通创新，推动流通产业快速发展［J］. 中国流通经济，2010（4）：8－10.

［4］高铁生，郭冬乐. 中国流通产业发展报告［M］. 北京：中国社会科学出版社，2004.

［5］黄国雄. 开拓中国农村市场的几点思考［J］. 广东商学院学报，2007（2）：72－74.

On the Transformation of Development Mode in Circulation

▲Huang Guo-xiong (*Business School*, *Renmin University of China*, *Beijing 100872*, *China*)

Abstract: The transformation of development mode in circulation is not only an important part to the transformation of development mode in the whole economy, but also a prerequisite condition for achieving the transformation of economic development mode. The transformation of development mode in circulation can be achieved mainly from the following aspects: to attach importance to achieving value instead of production output, to improve the overall social effect of circulation industry, to bring the scale effect of chain economy into full play, to improve the effective supply in potential market, to improve continually the reputation of enterprises, to stick to the chain business road with Chinese characteristics, to construct the commodity circulation system of urban-rural integration, et al.

Key Words: development mode in circulation; chain business; commodity circulation system

现代流通产业核心竞争力研究进展*

▲孙敬水　姚　志（浙江工商大学经济学院，浙江杭州　310018）

> **摘　要**：深入探讨现代流通产业核心竞争力问题，对于优化产业结构、转变发展方式、推动产业转型升级，对于我国从生产大国迈向消费大国，从贸易大国迈向贸易强国具有重要的理论与现实意义。文章对现代流通产业及其核心竞争力的内涵、现代流通产业核心竞争力的形成机理、现代流通产业核心竞争力的评价指标与评价方法等方面的最新研究进展进行了较为系统的文献回顾与评述，并对未来的研究方向进行展望。
>
> **关键词**：现代流通产业；核心竞争力；形成机理；评价指标；评价方法

现代流通产业作为国民经济的先导性和基础性产业，涉及领域多，涵盖范围广，在引导消费、促进生产、扩大就业、推动经济发展方式转变等方面发挥着重要作用。在推进我国从生产大国迈向消费大国、从贸易大国迈向贸易强国的进程中，提高现代流通产业核心竞争力尤为关键。深入探讨现代流通产业核心竞争力问题，对于优化产业结构、促进产业转型升级、推进现代流通产业的跨越式发展、保持经济持续稳定增长具有重要的理论与现实意义。

一、现代流通产业的内涵

目前，学术界对流通产业的内涵还没有形成一致的看法，主要表现在对流通产业所包括范围的认识不尽相同。由于西方主流经济学对分工及交换的忽视，以至于在国外文献中很少见到与国内学者研究的"流通产业（或流通业、流通服务业）"相对应的词语。纵观国外经济管理文献，发现西方学者提出的"生产性服务业"（producer services）"分销服务"（distribution services）与国内学者所说的"流通"（distribution 或 circulation）概念相似。流通有狭义和广义之分，狭义的流通是指商品从生产领域向消费领域的转移过程；广义的流通是指商品及其他生产要素在供给者与需求者之间的流动过程（夏春玉，2009）。Kiyohiko 和 Nishimura（1993）认为，流通产业包括批发业、零售业及运输业等相关行业。OECD（1997）认为，流通产业主要包括批发业及零

---

* 本文原刊载于《北京工商大学学报（社会科学版）》2013年第6期。基金项目：教育部人文社会科学重点研究基地重大项目"现代流通业与先进制造业协同性测度与预警研究"（13JJD790046）。

售业,零售业是面对消费者的终端,批发业是链接生产者与零售商的中介机构。Mccarthy(1999)认为,流通有微观和宏观之分,微观流通是指通过对顾客需求的预测和满足过程的管理,为实现组织目的进行努力的各项活动;宏观流通是指为了实现社会目的,使不同的供应商与消费者有效地联系起来,引导商品从生产者向消费者流动的社会经济过程。中国社会科学院财政与贸易经济研究所课题组(2009)认为,对于流通产业的界定,应该以流通为基点,即是否专门从事商品流通,是否专门为商品流通服务。因此流通产业主要包括商业(如批发业和零售业)和专门为商业服务的行业(如仓储业、运输业、包装业等物流业)。夏春玉(2009)认为,流通产业是指专门以商品流通为经营(活动)内容的营利性事业,主要包括批发与零售业、运输及仓储业。彭辉(2010)认为,广义的流通产业是商流、物流、信息流和资金流的集合,包括批发、零售、物流、餐饮、信息和金融等多个行业;狭义的流通产业仅指批发、零售和物流等行业。上创利(2012)认为,流通产业是指专门为商品流通和为商品流通服务的行业(如批发业、零售业、餐饮业、物流业、运输业、仓储业、金融业、邮电业和通信业等)。

对于什么是"现代流通产业",国外文献没有相关论述,国内学术界也没有统一的认识。代表性的观点主要有:何燕(2010)认为,现代流通是商品流通发展的最高阶段,是国际化、社会化、信息化的大流通阶段。朱立龙等(2012)认为,现代流通业主要包括现代物流业(第三方物流企业和第四方物流企业)、中高级批发市场、连锁经营零售业、现代服务餐饮业和现代交通运输业。陈文玲(2012)认为,商流、物流、信息流、资本流,包括人的流通,是各自的流通,这是现代流通的本质特点。

综上所述,对于流通产业、现代流通产业的内涵,理论界还没有形成统一的理论分析框架和研究结论。造成这种现象的原因可能是对流通产业、现代流通产业的产业边界认识不够清晰。目前学者们对现代流通产业的探讨,似乎并没有突破批发、零售、物流、餐饮等传统的流通产业,而随着现代信息技术和现代管理方式的引入,传统的流通产业中已经有相当一部分发展为具有知识密集、技术密集和现代管理方式的流通产业。因此,如何吸收与借鉴现有相关研究成果,科学界定现代流通产业的内涵具有重要的理论意义。

二、现代流通产业核心竞争力的形成机理

就流通竞争力而言,有微观和宏观之分。微观层面的流通竞争力是指流通企业在既定的费用约束下获得最大的经济利益或者在既定的经济利益前提下节约尽可能多的流通费用,从而获得市场竞争优势的能力;宏观层面的流通竞争力是指一个国家的流通企业、流通产业、流通系统比其他国家的流通企业、流通产业、流通系统更有效地协调产销矛盾以及提供产品或服务的能力(纪宝成,2010)。学者们通常将微观层面的流通竞争力视为流通企业竞争力,将宏观层面的流通竞争力视为流通产业竞争力(或

流通业竞争力）。关于流通产业竞争力的内涵，主要有以下代表性观点。杨亚平和王先庆（2005）认为，流通产业竞争力主要是指开拓市场、占领市场并取得一定经济效益的能力。宋则（2006）认为，流通业竞争力是指流通业在国际资本流动和国际市场中所表现出来的财富积累能力、成本和效率状况。刘根荣（2007）认为，流通产业竞争力是指与其他国家（或地区）的流通产业相比，能够更有效地提供商品或服务的综合素质能力。《广东流通业竞争力研究报告》（2008）将流通产业竞争力描述为一个国家或地区在一定商业环境下，流通业表现出来的综合发展实力和流通服务能力。张连刚（2011）认为，流通产业竞争力是指流通产业所具有的较强的资源吸引力、市场争夺力、盈利能力，以及对其他产业较强的拉动力、较强的生产和消费环节衔接力。

核心竞争力（或核心能力）来源于 Prahalad 和 Hamel（1990）提出的企业核心竞争力的概念。他们认为，核心竞争力是企业能力中最根本、最核心的部分，它的形成需要经历企业内部独特资源、知识和技术的积累与整合的过程，是组织中的积累性学识。Teece 等（1997）把核心能力定义为提供企业在特定经营中的竞争能力和支撑优势基础的一组相异的技能、互补性资产和规则。Barton（2000）认为，核心竞争力是使企业独具特色并能为企业带来竞争优势的知识体系。Srivastava 和 Shirish（2005）认为，企业的核心竞争力是将有限的资源进行有机整合和配置，从而获取较高的经济利益，是企业一系列能力的集合。Reinartz 等（2011）认为，创新能力是零售企业自有品牌竞争能力的关键要素。学者们还对企业核心竞争力的概念进行拓展，延伸至产业、区域和国家层面。

关于现代流通产业核心竞争力，目前还没有相关文献对其进行科学界定。现代流通产业核心竞争力属于产业核心竞争力的范畴，现有文献对产业核心竞争力的界定主要有以下代表性观点。Porter（1990）认为，一个国家的产业竞争力是指特定产业所具有的开拓市场、占据市场并获得更多利润的能力，其中盈利能力是产业竞争力的核心。傅龙成（2003）认为，流通企业的核心竞争力是指通过一系列经营技能、人力资本和服务技术等要素的和谐组合，获得超额利润，确立竞争优势的能力。高彩云（2007）认为，现代流通企业的核心竞争力由流通技术和服务网络、员工的知识和技能、企业的组织和管理方法、企业的价值观和文化四个要素构成。张坚和孙荀（2010）指出，产业核心竞争力是指在特定经营环境中所形成的具有整体竞争优势、对产业发展具有核心和支配地位、其他国家和地区产业难以模仿的能力。这种能力主要体现为核心技术、核心产品、核心要素和核心资源等形式。

目前几乎没有关于现代流通产业核心竞争力形成机理的相关研究，理论界一般从产业内部因素和产业外部因素两个方面来阐述流通产业竞争力的形成机理。

国外学者代表性观点主要有：Cho 等（1994）提出九要素模型，认为产业国际竞争力的决定因素可分为物质要素和人力要素两大类，前者包括资源禀赋、商业环境、相关与支持性产业、国内需求，后者包括工人、政治家和官僚、企业家、职业经理人及工程师，这九大要素一同构成产业国际竞争力分析的新范式。Nelson（2001）认为资源、制度、市场和技术是影响产业国际竞争力主要因素。Ratliff（2004）的研究表明，不同国家的创新系统决定了竞争力随技术变化而变化的产业竞争力水平。Lamberg（2006）从企业技术、企业战略选择和社会等方面出发，确定了零售业竞争优势的来源。Sha等（2008）构建了一个可运用于其竞争力评价的指标体系，认为经济增长、环境保护、资源存量、流动性劳动力、城市发展水平与城市化进程等方面影响产业竞争力。

国内学者代表性观点主要有：金碚（1997）认为竞争力的直接决定因素为产品的质量、品牌、结构和价格等；间接决定因素为企业的规模、资本实力、技术、成本、经营管理等。朱春奎（2003）认为，产业竞争力既来源于成本、质量、价格、品牌、服务、差异化、产品结构等直接因素，也来源于生产要素、企业战略组织、企业文化、相关与支持性产业、市场需求因素、制度体系、政府行为、机遇等间接因素，其最终来源于核心能力和技术创新水平。杨大庆等（2006）认为，产业竞争力的主要推动因素包括内部因素和外部因素，前者如企业生产要素配置、科技进步、市场需求、市场竞争、市场网络；后者如发展环境与政府政策。张连刚（2011）认为，流通产业竞争力影响因素主要包括劳动力因素、资本因素、企业因素、产业因素、基础因素和制度因素等多个方面。廖冬艳（2012）认为，批发零售产业竞争影响因素包括内部因素和外部因素，前者如投入产业的人力、物力、财力、技术等，产业结构、效率、成长性等；后者如市场需求状况、相关及辅助产业状况，政治、经济、社会、文化、教育等。

综观现代流通产业核心竞争力的形成机理研究现状，尚存在的或未解决的问题有：（1）对于现代流通产业核心竞争力的内涵，理论界还没有明确的界定。现有相关研究主要从产业竞争力角度或企业核心竞争力角度探讨其内涵，较少从现代流通产业视角对现代流通产业核心竞争力进行界定。（2）现代流通产业核心竞争力的形成机理较多，而现有相关研究采用少数几个成因、从不同侧面加以解释，不够系统与全面。（3）对现代流通产业核心竞争力形成机理的研究大多集中在定性层面分析，定量分析相对较少，实证依据不足。比如，每个特定因素对流通产业竞争力的影响程度及其贡献率到底有多大，目前还不是很清楚。（4）创新能力是现代流通产业核心能力，但是目前的相关研究对创新能力重视不够。

三、现代流通产业核心竞争力的评价指标

从国内外研究现状来看，还没有形成公认的流通产业核心竞争力评价指标体系，主要的代表性观点如下。

关于产业竞争力指标体系的相关研究，国外比较有代表性的观点主要有：Buckley等（1988）从产业绩效子指标体系（下设利润、增长率、市场份额等指标）、竞争潜力子指标体系（下设生产率、要素成本、市场准入以及创新等指标）、竞争过程子指标体系（下设管理水平方面的定性指标）等三大方面构建产业竞争力评价指标体系。

Gustavsson 等（1999）从技术、资源、要素价格和规模经济等四个层面（包括专业化系数、知识资本存量、企业专用性知识存量、企业规模、累计产量、物质资本、熟练劳动力、能源、贸易开放度等），设计了较为全面的国际竞争力评价指标体系，并对 1989-1991 年经济与合作组织（OECD）中的 12 个国家的国际竞争力进行了实证分析。Hitomi（2003）从收益率、效率指数、相对生产率等方面，构建了产业竞争力评价指标体系，其核心在于评价产业效率。

国内学者的相关研究，其代表性观点主要有：石忆邵和朱卫峰（2004）以"钻石模型"为基础，从规模指数、业态及结构指数、增长指数、国际化程度、市场潜力、基础设施和服务设施条件、社会经济水平等方面，构建了流通产业竞争力评价指标体系。宋则（2006）提出从流通业集中度、流通业人员素质指标、流通业态结构、流通业贡献率、连锁经营发展类信息与指数、物流配送发展类信息指标、电子商务发展类信息与指数、流通企业信息化水平、流通企业竞争力指标、竞争力系数等十个方面建立流通现代化和竞争力评价指标体系。张赛飞和欧开培（2006）从流通规模、流通结构、流通组织、流通方式、流通技术、流通效率、流通国际化、基础设施、发展环境等九大方面，建立了流通产业竞争力评价体系。王永培和宣烨（2008）从流通规模、流通结构、流通增长力、流通效率、信息化水平、基础设施水平等五个方面构建了地区流通业竞争力指标体系。张向前和刘福金（2010）以国际市场占有率、净出口指数、显示性比较优势指数和显示性竞争优势指数等作为我国服务业国际竞争力评价指标。王彬（2012）从流通规模、流通结构、流通速度、流通基础、现代化程度、信息化水平、流通购买力等方面构建了现代流通产业竞争力评价体系。

综观现代流通产业核心竞争力评价指标相关研究现状，尚存在的主要问题有：（1）大多从流通产业规模、结构、效益、发展环境等方面构建评价指标体系，而对产业内部能力——产业创新能力、产业特色、产业核心要素竞争能力等方面重视不够。（2）过分强调了"产业"属性，而没有重视现代流通产业的"现代"特性。现有的评价指标与一般产业竞争力评价体系相似，没有突出"现代流通产业"与"核心竞争力"。（3）选取的评价指标主观性较强、随意性较大、可操作性差、代表性较弱，缺少理论依据，造成现代流通产业核心竞争力评价指标适用性不强。鉴于有些评价指标难以量化的客观性，如何在设计指标时既要考虑到指标的系统性，还要考虑指标的可操作性，这是当前学术界面临的一大难题。

四、现代流通产业核心竞争力的评价方法

目前理论界关于现代流通产业核心竞争力的评价方法较多，大体上可分为两类：一类是主观赋权法，另一类是客观赋权法。

1. 主观赋权法。主观赋权法主要根据专业知识和专家经验来确定指标权重，该方法操作简单，在一定程度上比较权威，但是权重结果主观性强、随意性大，对评价者

专业知识要求较高，在实际应用中有一定的局限性。常用的主观赋权法有德尔菲法、模糊评价法、层次分析法（AHP）等。运用主观赋权法展开的相关研究主要有：汪波等（2005）从物流合理程度、物流子系统效率及服务水平和外部环境等方面构建了区域物流发展水平指标，运用层次分析法和模糊评价法对天津地区的物流发展水平进行了实证研究。杨亚平和王先庆（2005）从产业规模竞争力、结构竞争力、产业增长力和产业效益等方面构建了流通产业竞争力评价体系，采用主观赋权法，根据不同分目标层的影响力大小赋予不同的权重，对全国各省份区域流通产业竞争力进行了实证分析。Saiee 等（2006）认为评估产业竞争力是一个复杂的过程，它可以从多个角度进行分析，他们在战略管理和运营管理研究的理论基础上，提出了层次分析法模型。宋德军和刘阳（2008）从规模、结构增长和效益竞争力四个方面，采用主观赋权法对杭州市流通业综合竞争力进行了综合评价。王静（2012）从流通业竞争力来源、流通业竞争力现实水平、流通成长力和流通影响力等方面建立了流通产业竞争力评价体系，运用层次分析法对我国几个特大城市流通产业竞争力进行了综合评价。黄珍（2011）从选址能力、学习能力、流程控制能力、经营管理能力、培养顾客忠诚度能力等方面构建了零售企业核心竞争力评价指标体系，运用层次分析法对北京零售企业核心竞争力进行定量分析。

2. 客观赋权法。客观赋权法主要依赖于数据之间的数量关系来计算权重，不受主观因素影响，条理清晰，评价结果客观性强，评价方法具有数理基础。但是这种方法侧重数学原理，计算比较烦琐，人为参与性差。由于该评价方法不考虑指标之间重要程度上的差别，其评价结果也缺乏说服力，有时得到的结果难以从专业上加以解释。常用的客观赋权法有方差赋权法、主成分分析法、因子分析法、聚类分析法、熵权法、离差最大化法等。运用客观赋权法展开的相关研究主要有：Kambhampati（2000）认为，当市场领导者不变时，市场份额足以反映产业竞争力。Andrikopoulos 等（1990）、Hanham & Banasick（2000）提出了偏离份额法。Waddock & Graves（1989）研究发现，产业竞争力与 R&D 投入相关，与资本投入无关。Yeo 等（2008）建立了集装港口物流业竞争力评价指标体系，运用因子分析法对其竞争力进行了综合评价，评价结果比较理想。李俊阳和余鹏（2009）从周转率指标、规模性指标和效益性指标三个方面建立流通效率测度指标体系，运用因子分析法对我国流通效率进行了实证分析。刘根荣和付煜（2011）选取流通产业潜在竞争力和流通产业现实竞争力两大方面的 30 个指标，构建了流通产业竞争力评价指标体系，运用因子分析法对中国省际流通产业竞争力进行实证分析。张典和肖婷（2011）选取 6 个一级指标（产业规模、产业结构、产业绩效、产业增长力、产业生态、产业现代化水平）、16 个二级指标，构建了商贸流通产业竞争力评价体系，利用因子分析方法对重庆商贸流通产业竞争力进行实证分析。郭馨梅（2012）从能源消耗、商业用地、资产利用、劳动效益、技术应用等方面构建了评价指标体系，运用主成分分析法，对北京流通业资源利用效率进行了综合评价。张平平（2012）从物流产业的总体规模、基础设施、发展速度、信息技术水平、社会环境、自然资源、人力资源等要素方面构建物流产业竞争力评价指标体系，利用主成分分析法，对我国中部六省物流产业竞争力进行了综合评价。廖冬艳（2012）从产业规模、产业结构、产业效率、产业贡献、产业资源、产业环境等方面构建批发零售产业竞争力评价指标体系，利用主成分分析法，对成都市批发零售产业竞争力进行了实证分析。

有的学者综合运用主观赋权评价法和客观赋权法对流通产业竞争力进行测算与评价。高秀丽和王爱虎（2010）从物流竞争实力和物流竞争潜力两个维度构建了区域物流竞争力评价模型，运用主成分分析法和熵值法进行客观赋权，对广东省21个地区物流竞争力进行了实证分析。瞿春玲和李飞（2012）从商品流通物质现代化指数、制度现代化指数、观念现代化指数等方面构建了商品流通现代化指数体系，综合利用模糊综合评价法、主成分构权法、层次分析构权法测算了中国31个省份商品流通现代化指数。张连刚（2011）从流通发展、流通密度、流通结构、流通基础、流通效率和流通创新竞争力等方面构建了流通产业竞争力评价指标体系，分别采用了因子分析法、主成分分析法和熵值法等对中国省域流通产业竞争力进行比较分析和综合评价。

综观现代流通产业核心竞争力的评价方法，尚存在的主要问题有：（1）关于现代流通产业核心竞争力的评价方法尚未取得共识。竞争力评价指标差异较大，即使采用同样的评价方法，得出的结果也可能大不相同。（2）提出的指标赋权的方法多种多样，主要分为主观赋权法和客观赋权法。主观赋权法主观性强、随意性大、客观性差，而客观赋权法又侧重数学原理，计算比较烦琐，通用性不强，人为参与性差，有时缺乏经济意义。（3）对流通产业竞争力进行综合评价时，主要使用的是层次分析法、因子分析法或主成分分析法等，评价方法较为单一。对于各指标间的权重问题，目前学术界还没有一个公认的确定方法，在一定程度上给评价结果的准确性带来了一定的影响。如何解决现代流通产业核心竞争力的评价方法问题，是目前理论研究的薄弱环节。

五、评述与展望

综上所述，我们不难发现，多年来理论界关于现代流通产业核心竞争力的相关研究路径和主线主要有两条：一条是理论研究的不断拓展，另一条是实证研究的不断深化。相关研究得出了一些具有启发意义的研究结论，丰富了我们对现代流通产业核心竞争力问题的认识，但总体上还存在一些不足或尚未解决的问题。目前，理论界有关现代流通产业及其核心竞争力相关研究仍停留在现状、问题及政策建议上，对现代流通产业核心竞争力缺少深层次的理论探讨。就现代流通产业的内涵而言，学者们存在着不同的解读，从不同视角来定义现代流通产业，且在理论界还没有形成明确、统一的定义；现有文献对现代流通产业核心竞争力内涵的研究，从产业竞争力或企业核心竞争力角度研究较多，而从现代流通产业视角探讨其核心竞争力较少；现代流通产业核心竞争力的形成机理较多，但现有相关研究仅采用少数几个成因加以解释，不够系统与全面，且定性分析较多，定量分析较少，缺少实证依据；在现代流通产业核心竞争力评价指标选取中，现有相关研究与一般产业竞争力评价指标雷同，没有突出"现代流通产业"与"核心竞争力"，评价指标的选取主观性较强，随意性较大，代表性较弱，缺少理论依据，造成现代流通产业核心竞争力评价指标适用性不强；对流通产业竞争力进行综合评价时，选择的评价方法较为单一，在评价过程中涉及评价指标体系中各指标间的权重问题，目前学术界还没有一个公认的确定方法，在一定程度上给评价结果的准确性带来了影响。总体而言，学术界关于现代流通产业核心竞争力的理论分析框架尚未形成。

关于现代流通产业核心竞争力问题，对未来的进一步研究可以从以下几个方面展开。

第一，关于现代流通产业及其核心竞争力的内涵。培育和发展现代流通产业，提升现代流通产业核心竞争力，需要对其内涵有较为准确的认识与界定，应突出"现代流通产业"与"核心竞争力"。本文认为，现代流通产业是建立在现代流通技术和先进管理方法基础上的一切从事实物商品和服务商品流通的产业的总称。其典型特征是技术含量高、创新能力强、产业效率高、经济效益好、资源消耗低、环境污染少。现代流通产业核心竞争力主要体现在产业创新能力、产业可持续发展能力、市场拓展能力、产业效率、产业效益等五大方面，其典型特征是独特性、稀缺性、难于模仿性和不可替代性。

第二，关于现代流通产业核心竞争力的形成机理。现代流通产业核心竞争力应是各种因素共同作用的结果。现有研究采用定性分析较多，缺少定量依据。本文认为，应该从产业结构、产业活力、产业组织、产业特色、产业集中度、产业创新能力、产业核心要素（核心技术、核心物质资本、核心人力资本等）、技术效率和管理效率等方面揭示现代流通产业核心竞争力的形成机理，为构建现代流通产业核心竞争力评价指标体系提供依据；通过建立计量模型，对现代流通产业核心竞争力的形成机理进行实证检验，分析各主要因素对现代流通产业核心竞争力的边际效应及贡献率。

第三，关于现代流通产业核心竞争力的评价指标。现代流通产业核心竞争力评价指标是一组相互联系的综合评价指标体系。本文认为，应该根据现代流通产业核心竞争力的内涵与形成机理，借鉴国内外现有相关研究成果，构建现代流通产业核心竞争力评价指标体系。根据科学性和可操作性、全面性和主导性、整体性和层次性、动态性和稳定性等原则，从产业创新能力（技术创新能力、研发能力）、产业可持续发展能力（产业规模、产业结构、产业活力）、市场拓展能力（产业集中度、市场占有率）、产业效率（劳动效率、资本效率、技术效率、管理效率）、产业效益（经济效益、社会效益）等五大方面构建现代流通产业核心竞争力评价指标体系（该指标体系由5个一级指标、13个二级指标、55个三级指标组成）。

第四，关于现代流通产业核心竞争力的评价方法。解决评价方法和指标权重问题的关键在于深入研究各种评价方法的理论依据、适用范围、各自的优点和局限性，做到优势互补。本文认为，应在构建现代流通产业核心竞争力评价指标体系的基础上，综合利用主观赋权法与客观赋权法，对一级指标群构建现代流通产业核心竞争力综合评价指数。其优点在于指标权重的确定比较客观，既体现专业知识和专家经验，又克服主观随意性，人为影响因素较小，有助于对现代流通产业核心竞争力进行纵向评价与横向比较。如何通过比较分析，选择科学合理的现代流通产业核心竞争力的评价方法将是未来进一步研究的方向。

参考文献

［1］夏春玉. 流通概论［M］. 2版. 大连：东北财经大学出版社，2009：10-36.

［2］Kiyohiko G, Nishimura. The distribution system of Japan and united states: a comparative study form the viewpoint of final-good buyers［J］. Japan and the World Economy, 1993, 5 (3): 265-288.

［3］OECD. Regulation and performance in the distribution sector［Z］. Paris: OECD Working Papers, 1997, 5 (75).

［4］Mccarthy E J. Competition advantage［M］. New York: Free Press, 1999.

［5］中国社会科学院财政与贸易经济研究所课题组. 中国商贸流通服务业影响力研究［J］. 经济研究参考，2009 (31): 9.

［6］彭辉. 流通经济学［M］. 北京：科学出版社，2010：57.

［7］上创利. 流通产业发展方式转变研究［D］. 哈尔滨：哈尔滨商业大学，2012：18-19.

［8］何燕. 现代流通理论内涵的认识［J］. 商场现代化，2010 (9): 3-4.

［9］朱立龙，于涛，夏同水. 我国现代流通业影响因素及发展对策［J］. 中国流通经济，2012 (5): 19-23.

［10］陈文玲. 现代流通体系的革命性变革［J］. 中国流通经济，2012 (12): 21-23.

［11］纪宝成. 流通竞争力与流通产业可持续发展［J］. 中国流通经济，2010 (1): 4-6.

［12］杨亚平，王先庆. 区域流通产业竞争力指标体系设计及测算初探［J］. 商业经济文荟，2005 (1): 2-6.

［13］宋则. 流通现代化及流通业竞争力研究（上）［J］. 商业时代，2006 (4): 11-13.

［14］刘根荣. 流通产业竞争力理论体系研究［J］. 中国经济问题，2007 (5): 47-53.

［15］广东省经济贸易委员会编委会. 广东流通业竞争力研究报告［M］. 北京：社会科学文献出版社，2008：17.

［16］张连刚. 省域流通产业竞争力评价体系构建与实证研究［D］. 成都：西南财经大学，2011：126-228.

［17］Prahalad C K, Hamel G. The core competence of corporation［J］. Harvard Business Review, 1990, 68 (3): 79-91.

［18］Teece D J, Pisano G, Shuen A. Dynamic capabilities and strategic management［J］. Strategic Management Journal, 1997 (7): 509-533.

［19］Barton D L. Core capabilities and core rigidities: a paradox in Managing new product development［J］. Strategic Management Journal, 1992 (13): 111-125.

［20］Srivastava, Shirish C. Managing core competence of the organization［J］. The Journal for Decision Makers, 2005, 30 (4): 49-63.

[21] Reinartz W, Dellaert B, Krafft M, et al. Retailing innovations in a globalizing retail market environment [J]. Journal of Retailing, 2011 (1): 53-66.

[22] Porter M E. The competitive advantage of nations [M]. London: The Macmillan Press Ltd, 1990: 55-127.

[23] 傅龙成. 流通创新——商贸企业提高核心竞争力的根本选择 [J]. 商业时代, 2003 (5): 8-9.

[24] 高彩云. 浅析现代流通企业核心竞争力的提升——从产业链战略联盟的角度进行分析 [J]. 经济论坛, 2007 (1): 68-70.

[25] 张坚, 孙荀. 关于产业核心竞争力的思考 [J]. 科技管理研究, 2010 (8): 109-110.

[26] Cho D, Choi J, Yi Y. International advertising strategies by NIC multinationals: the case of a korean firm [J]. International Journal of Advertising, 1994 (13): 77-92.

[27] Nelson R. The convolution of technology and institution as the driver of economic growth in frontiers of evolutionary economies [M]. Massachusetts: Edward Elgar Publishing, 2001.

[28] Ratliff J M. The persistence of national differences in a globalizing world: the japanese struggle for competitiveness in advanced information technologies [J]. Journal of Socio-Economies, 2004, 33 (1): 71-88.

[29] Lamberg J A. Changing sources of competitive advantage: cognition and path dependence in the finnish retail industry 1945—1995 [J]. Industrial and Corporate Change, 2006, 15 (5): 811-846.

[30] Sha K X, Yang J, Song R Q. Competitiveness assessment system for China's construction industry [J]. Building Research and Information, 2008, 36 (1): 97-109.

[31] 金碚. 中国工业国际竞争力——理论、方法与实证研究 [M]. 北京: 经济管理出版社, 1997: 20-30.

[32] 朱春奎. 产业竞争力的理论研究 [J]. 生产力研究, 2003 (6): 182-183.

[33] 杨大庆, 谭风其, 舒纪铭. 世界先进制造业的发展经验及其借鉴 [J]. 北方经济, 2006 (2): 65-66.

[34] 廖冬艳. 成都市批发零售产业竞争力分析 [D]. 成都: 西南财经大学, 2012: 21-42.

[35] Buckley P J, Christopher L, Prescott K. Measures of international competitiveness: a critical survey [J]. Journal of Marketing Management, 1988, 4 (2): 175-200.

[36] Gustavsson, Patrik, Hansson, et al. Technology, resource endowments and international competitiveness [J]. European Economic Review, 1999, 43 (8): 1501-1530.

[37] Hitomi K. Historical trends and the present state of Chinese Industry and Manufacturing [J]. Technovation, 2003 (23): 633-641.

[38] 石忆邵, 朱卫峰. 商贸产业竞争力评价初探——以南通市为例 [J]. 财经研究, 2004 (5): 114-121.

[39] 张赛飞, 欧开培. 流通产业竞争力评价指标体系研究 [J]. 商业经济文荟, 2006 (4): 10-12.

[40] 王永培, 宣烨. 基于因子分析的我国各地区流通产业竞争力评价——兼论中西部地区流通产业发展对策 [J]. 经济问题探索, 2008 (4): 42-46.

[41] 张向前, 刘福金. 我国服务业的国际竞争力研究 [J]. 北京工商大学学报（社会科学版）, 2010, (6): 75-82.

[42] 王彬. 重庆市现代流通产业发展研究 [D]. 重庆:重庆工商大学,2012:27-35.

[43] 汪波,杨天剑,赵艳彬. 区域物流发展水平的综合评价 [J]. 工业工程,2005(1):83-86.

[44] Saiee B, Sirikrai, Tangb J. Industrial Competitiveness Analysis: using the Analytic Hierarchy Process [J]. Journal of High Technology Management Research, 2006, 17(1): 71-83.

[45] 宋德军,刘阳. 杭州流通业竞争力分析及其对策研究 [J]. 浙江树人大学学报,2008(1):50-55.

[46] 王静. 我国特大城市流通产业竞争力研究 [D]. 北京:首都经济贸易大学,2012:13-36.

[47] 黄珍. 北京店铺零售企业核心竞争力提升途径研究 [J]. 北京工商大学学报(社会科学版),2011(4):94-99.

[48] Kambhampati U S. Industry competitiveness: leadership identity and market shares [J]. Applied Economics Letters, 2000(7): 569-573.

[49] Andrikopoulos A, Brox J, Carvalho E. Shift-share analysis and the potential for predicting regional growth patterns: some evidence from the region of quebec [J]. Growth and Change, 1990, 21(1): 1-10.

[50] Hanham R Q, Banasick S. Shift-share analysis and changes in Japanese manufacturing employment [J]. Growth and Change, 2000, 31(1): 108-123.

[51] Waddock S A, Graves S B. Industry competitiveness as a function in R&D and capital goods [J]. Academy of Management Best Papers Proceedings, 1989(1): 344-348.

[52] Yea G T, Roe M, Dinwoodie J. Evaluating the competitiveness of container porting Korea and China [J]. Transportation Research Part A: Policy and Practice, 2008, 42(6): 910-921.

[53] 李俊阳,余鹏. 对我国流通效率的实证分析 [J]. 商业经济与管理,2009(11):14-20.

[54] 刘根荣,付煜. 中国流通产业区域竞争力评价——基于因子分析 [J]. 商业经济与管理,2011(1):11-18.

[55] 张典,肖婷. 重庆商贸流通产业竞争力研究 [J]. 经济视角,2011(5):38-40.

[56] 郭馨梅. 基于主成分分析法的北京流通业资源利用效率综合评价 [J]. 北京工商大学学报(社会科学版),2012(6):19-24.

[57] 张平平. 山西省物流产业竞争力评价研究 [D]. 太原:中北大学管理学院,2012:29-57.

[58] 高秀丽,王爱虎. 区域物流竞争力综合评价体系及实证研究 [J]. 工业工程与管理,2010(4):41-45.

[59] 瞿春玲,李飞. 中国商品流通现代化的模糊综合评价研究 [J]. 北京工商大学学报(社会科学版),2012(2):38-43.

Literature Review on Core Competitiveness of Advanced Circulation Industry

▲Sun Jing-shui & Yao Zhi (*School of Economics, Zhejiang Gongshang University, Hangzhou, Zhejiang 310018, China*)

Abstract: Deep research on the core competitiveness of advanced circulation industry has both theoretical and practical significance to optimize the industrial structure, transform the pattern of development, promote industrial transformation and upgrading, and promote China from Product Nation to Consumer Nation and from Trade Nation to Trade Power. This paper makes a systematic literature review and comment on the latest research progress in the connotation, main factors, evaluation index and measure methods of core competitiveness of advanced circulation industry. Moreover, it gives an outlook to the direction of future research.

Key Words: advanced circulation industry; core competitiveness; formation mechanism; evaluation index; measure method

冷链物流发展问题研究

▲ 胡天石（北京中食新华科技有限公司，北京　100081）

> **摘　要**：近期国际有关冷链物流的研究逐渐升温，但我国冷链物流发展尚处于低水平阶段，仍存在很多问题。研究发现，推进我国冷链物流发展，解决冷链环节实际问题的关键点在于扩大民众对冷链的需求，有效的需求推动是我国冷链物流发展的原动力。为此提出完善标准、加强监管、抓紧传统冷库升级和技术改造、提升冷库物流作用等对策建议。
>
> **关键词**：冷链物流；供应链；需求

随着人们对食品安全和品质的要求不断提高，冷链物流已经成为物流行业备受关注的焦点。2008年开始，有关冷链的大型会议接连召开，如首届冷链物流年会、全国冷链物流行业年会暨食品物流安全与农副产品冷链系统建设研讨会、中美冷链标准交流会议等。冷链不"冷"的现象，引起了消费者对冷链的兴趣。

一、冷链物流的背景及意义

冷链是以保护易腐食品发展起来的，被广泛应用于初级农产品、加工食品、生物制品和药品等流通体系。2006年国家标准《物流术语》（GB/T 18354—2006）对冷链的定义："根据物品特性，为保持其品质而采用的从生产到消费的过程中始终处于低温状态的物流网络"。冷链可以保证易腐食品的质量、减少食品在流通中的损耗，延长食品的保存时间，为消费者提供高品质食品的同时，也能为冷链各环节中生产商、供应商和流通企业带来巨大的利益。

冷链物流发展的原因在于需求推动与政策支持。

1. 冷链物流的需求环境。不断增长的市场需求是商品生产和服务的发展动力，冷链也不例外，有需求才会有发展。随着人民生活水平的提高，消费者对优质产品的需求不断增加，随着生活节奏的加快，消费者对冷产品的需求也将增加。据统计，2010年我国冷饮市场的消费总量将达到260万吨；肉类消费将达到10 000万吨左右，其肉类延伸制品消费将达到1 300万吨；水果总需求量将达到8 000万吨；蔬菜总需求量将达到30 408万吨；医药、轻工、化工、电子等行业对低温物流的需求也将增长，这将

---

* 本文原刊载于《北京工商大学学报（社会科学版）》2010年第4期。

有利于拉动冷链物流市场发展。

同时,随着信息商业模式的持续发展,以连锁超市、大型卖场和便利店为代表的新型商业模式在城市商业中所占比重越来越大。这些模式发展的一个共同趋势是,把冷冻冷藏食品作为第一重要的经营商品,从而为冷冻冷藏食品市场扩容铺设了道路。此外,城市化进程的加快也导致城镇人口增加。城镇与农村居民的食品消费结构不同,城镇人口对冷链食品需求量大,品质要求更高,因此,城市化在一定程度上扩大了民众对高品质冷产品的需求,从而也将促进我国冷链物流的发展。

2. 冷链物流的政策环境。目前,从中央到地方、从企业到研究机构,对物流的理念、服务方式与实践以及物流产业的地位都给予了高度关注。正是由于全社会的广泛关注,现代物流的服务方式也逐步为广大企业所接受。更为重要的是,物流产业作为国民经济的一个新兴部门及服务业的一个重要组成部分,其产业地位得到了全社会越来越广泛的认同。例如,2004年国家发展和改革委员会等九部门联合印发了一份明确物流产业的产业地位及发展方向的《关于促进我国现代物流业发展的意见》的纲领性文件;2009年新《食品安全法》正式实施;2009年9月国家商务部启动了"放心肉"工程。此外,国家质检总局开展了食品、药品质量安全追溯系统建设,农业部、科技部等单位也在开展冷链物流相关重大项目建设和产业发展规划。在此背景下,各级政府也越来越重视物流产业的发展,并从政策和制度层面上为物流产业提供了一系列发展条件,在很大程度上改善了物流产业的发展环境。可以预见,我国物流产业发展的政策环境将得到进一步的改善,物流产业发展各项改革和相关制度建设也将进一步加快,这将为物流产业的加快发展提供政策和制度保障。冷链物流发展的现实意义是保障人民生命安全和节约社会资源。

当前,冷链在我国已经处于井喷式发展的前沿阶段。由于作为冷链物流服务主要对象的初级农产品、加工食品、药品,特别是生物制剂和血液制品,以及部分危险化学品等,均直接关系到我国人民生命安全和身体健康,同时冷链物流也是我国建立资源节约型社会的重要途径,因此国家相关部门非常重视。

冷链物流的对象特征决定了冷链物流具有与保障我国人民生命安全和身体健康息息相关的特点。比如,一些必须冷藏避光储存的活菌制剂,如果不能严格按照冷链物流标准执行,造成人员伤亡事故,对事故单位将造成致命打击不说,还可能因此诱发群体性重大事件发生。实际上,再好的产品如果由于冷链运输和储存中的问题而造成不新鲜,影响营养和味道变化还是小事,严重的情况将会对身体健康产生影响,已等同于伪劣商品。因此,冷链物流对于保护产品质量、保障我国人民生命安全和身体健康方面具有重要意义。

有数据统计,我国每年果品腐烂损失近1 200万吨,蔬菜腐烂损失1.3亿吨。据有关专业人士估算,如果将我国果蔬类损耗率从30%降到5%,则可节约1亿亩耕地(约占我国耕地总面积的5%),可提供1.5亿人一年的口粮或者提供20亿人一年所需的水果。此外,中国的零售食品有50%需要温控运输,但需要温控运输的货物只有

15%在拥有温控的环境下运输,而在欧洲和美国同样的货物有85%是在温控环境下运输的。2007年,中国仅食品运输过程中腐烂变质一项,损失了700亿美元。如果中国可以成功建立起一个集点到点、门到门目标的物流服务系统,则可在物流环节至少节省160亿美元。可见,完善的冷链物流不仅是保障人民生命安全的需要,还有利于最大限度地减少浪费,节约社会资源,提升初级农产品的产业价值,提高人民生活品质。在各国积极应对世界粮食危机的现今,对于中国这样一个人口大国,加强冷链物流建设,最大限度地降低成本、节约社会资源,具有重大战略意义。①

二、冷链物流发展现状

欧美发达国家和日本很早就开始重视冷链建设和管理,现在已经形成了完整的冷链体系。美国的水果、蔬菜等农产品在采摘、运输、储存等环节的损耗率仅有2%-3%,日本果蔬在流通过程中也已有98%通过冷链。

近年来,我国冷链物流不断发展,以一些食品加工行业的龙头企业为先导,已经不同程度地建立了以自身产品为核心的食品冷链体系,冷链逐步在食品、农产品、医药、化工、花卉等领域广泛应用,特别是2009年新《食品安全法》的颁布,推动了我国冷链行业的快速发展。但是,与国外发达国家相比,国内冷链发展仍滞后于经济发展。据中国物流与采购联合会的资料统计,目前我国商用冷(藏)库面积700多万平方米,冷冻(藏)能力500万吨;保温车约有4万辆,占货运汽车的比例仅为0.3%左右,美国为0.8%-1%,英国为2.5%-2.8%,德国等发达国家均为2%-3%;在全国总运行铁路车辆33.8万辆中,冷藏车只有6 970辆,占2%;冷藏运量仅占易腐货物运量的25%,不到铁路货运总量的1%。据估算,我国汽车冷藏保温车辆只有美国的1/7,日本的1/3,因此食品冷藏运输率低,约为10%左右,而欧、美、日等国均达到80%-90%。目前,我国每年水果、蔬菜等农产品在采摘、运输、储存等环节的损耗率高达25%-30%,与欧美等发达国家相比,我国完整独立的冷链体系尚未形成,同时,由于我国按照产品属性进行部门纵向管理的特色,冷链物流服务资源被分散在食品、初级农产品、生物医药等各个领域,冷链物流发展受到制约。

三、冷链物流的特征分析

冷链物流的目的是为了保证易腐生鲜物品的品质,并在此基础上实现增值,这就决定了它和其他物流系统有所区别,冷链物流有以下几点特征。

1. 复杂性。冷链物流必须遵循3T原则,即物流的最终质量取决于冷链的储藏温度(temperature)、流通时间(time)和产品本身的耐储藏性(tolerance)。冷藏物品在流

---

① 资料来源:宋振宇. 冷链与中国经济 [Z]. 中美冷链标准交流会议,2009.

通过程中质量随着温度和时间的变化而变化，不同的产品都必须要有对应的温度和储藏时间。同时，冷链物流服务的产品生产、消费市场和冷链物流服务环境还具有明显的区域性，这就大大提高了冷链物流的复杂性，所以说冷链物流是一个庞大的系统工程。

2. 协调性。作为专业物流，冷链物流涉及的领域相当广泛。由于易腐生鲜产品的不易储藏性，要求冷链物流必须高效运转，物流过程中的每个环节都必须具有协调性，这样才能保证整个链条的稳定运行。同时，冷链物流的监控难度也很大，因为冷链物流不仅是点的监控，而且还要跟踪整个产品的流通链。

3. 高成本性。为了确保易腐生鲜产品在流通各环节中始终处于规定的低温条件下，必须安装温控设备，使用冷藏车或低温仓库。有资料测算，如果我国每年约 5 亿吨蔬菜有 20% 冷藏运输，则需增加冷藏车投资 100 亿元人民币。另外，为了提高物流运作效率又必须采用先进的信息系统等。这些都决定了冷链物流的成本比其他物流系统成本偏高。

四、我国冷链物流存在的问题及成因分析

在一片对冷链物流的叫好声中，我国冷链物流发展的实际情况却并不乐观。从各级政府到社会大众、从冷链物流产业链的上游企业到销售终端，对于冷链物流行业当前发展存在的问题还没有清醒和全面的认识。这些问题则突出表现在：

1. 激烈市场竞争环境下，企业无力承担冷链物流的高成本。冷链体系的运营成本要比常温物流高 2 – 3 倍左右，但在零售端的价格上却得不到利益补偿，为了节省成本，许多企业用恒温车或保温车来代替冷藏车进行运输。有统计表明：我国 80% 左右的水果、蔬菜、肉类和水产用传统车厢（常温和保温车）进行运输，冷藏措施一般仅采用土法冷藏，冷藏温度无法达到要求。

2. 缺乏冷链行业标准推广和标准执行的监测监管。由于政府对冷链的重视程度不够，冷链的行业标准制定缓慢且没能有效普及推广，可以说目前还没有形成完整的冷链标准体系。此外，政府法律、法规和政策体系不健全，国家冷链物流监管体系的建设速度也有待提高。因为只有对冷链各环节标准执行情况进行有效监管，才能使得标准得以更加彻底的实施和推广。

3. 冷链的市场化程度很低，缺乏大型的第三方物流企业。冷链物流需要先进的设施和严格的管理，食品企业通常把产品委托给第三方物流企业运输（如思念集团把食品物流全部交给其他物流企业来做）。但目前我国流通领域缺少具有全国影响力的大型第三方物流企业，缺乏行业的规范，引起各物流企业间进行恶意的价格竞争，不利于冷链的发展。

4. 对冷链的认识程度不够，造成我国冷链物流市场有效规模小。当前，我国相关政府部门主要是从节约的角度考虑冷链物流的发展意义。而对于完善冷链物流，保障

人民生命安全,建立开放的冷链物流系统,保障人民的知情权,维护我国人民权益,提升人民生活品质的意义则认识不足。对于建设冷链物流系统,还涉及能源节约、需要系统合作等问题,更没有多少考虑。此外,加工企业、物流企业、商超及零售终端等冷链的各环节对冷链的认识也不够全面,而民众对冷链的认识也还只是停留在冷藏车和冷库的层面上,民众在购买农产品、肉类、乳制品等一系列需要温度控制来保鲜的产品时,一般只考虑产品是否物美价廉,并没有认识到冷链对保障食品安全和品质的重要性,自然不愿意为冷链食品支付较高的费用,对冷链建设的参与性也就不高。

5. 冷链物流的硬件设施陈旧落后,冷链运输效率低。我国的冷冻冷藏运输行业与国际标准相差巨大。内地货运车辆约七成是敞篷式设计,只有约三成为密封式或箱式设计,而备有制冷机及保温箱的冷藏车辆连一成都不到。① 特别是我国的铁路冷藏运输设施非常陈旧,大多是机械式的速冻车皮,缺乏规范保温式的保鲜冷冻冷藏运输车厢,在硬件设施和运输效率方面欠账太多。

6. 食品冷链缺乏上下游的整体规划和整合。由于中国农业的产业化程度和产供销一体化水平不高,从农业的初级产品来看,虽然产销量巨大,但在初级农产品和易腐食品供应链上,既缺乏食品冷链的综合性专业人才,也缺乏供应链上下游之间的整体规划与协调,因此在一些局部发展中存在严重的失衡和无法配套的现象。例如,在冷库建设中就存在着重视肉类冷库建设,轻视果蔬冷库建设;重视城市经营性冷库建设,轻视产地加工型冷库建设;重视大中型冷库建设,轻视批发零售冷库建设的现象。整体发展规划的欠缺影响了食品冷链的资源整合以及行业的推动。

7. 流通对食品质量及安全影响加大,但我国冷链物流行业目前仍处于力量分散、竞争无序的起步阶段。因为冷链物流的服务对象涉及初级农产品、加工食品、医药生物等不同领域的多个品类,而我国相关行政管理体系划分具有产业所属、部门所属的特点,这些都造成行业资源分散、竞争无序等问题。与此同时,冷链物流行业发展未来可期的巨大利润空间和国内冷链物流行业严重落后的落差,也引来众多外企虎视眈眈。

总之,在我国冷链建设尚处于起步阶段,仅侧重于数量保证,对品质的要求还有待进一步完善。尽管我国冷链物流并不发达,但由于城市的迅速发展导致产品流通量大幅增加,冷链物流将在保障生鲜易腐产品供应中起着不可替代的作用。在经济持续发展和生活质量不断提高的形势下,冷链物流应如何长期可持续发展,已成为一个急需解决的课题。

五、推进我国冷链物流健康发展的对策

由全球冷链联盟提供的科尔尼公司(A. T. Kearney)的研究表明,中国若要提高食

---

① 王德荣. 中国冷链产业航海图[Z]. 北京:中国食品物流安全论坛暨冷链系统建设洽谈组委会,2009(6):41-46。

品的安全性，将需要投入 1 000 亿美元的资金，以提高行业标准、改善仓库和运输管理、加强人员培训。此项研究预计，到 2017 年，中国日益增多的中产阶级用于食物的消费将超过 6 500 亿美元，若要有效地满足中产阶级日益增长的食品需求，中国将需要 36.5 万辆冷藏运输货车和超过 1.4 亿立方米的冷库规模。以上仅指出了我国冷链物流在基础设施建设方面的迫切需要，而我们知道，冷链并不单单是指物流的冷链，而是整个供应链的冷链，它贯穿采购、生产、销售到终端客户的全程。而现阶段冷链各环节的高成本、高准入门槛，食品制造企业与物流公司双方信息的不对称，以及消费者对食品质量的"宽容"，仍令大多数食品企业望而生畏、犹豫再三。再加上易腐食品的时效性也要求冷链各环节具有更高的组织协调性，并非某一部门、企业单方面努力可为，冷链的普及和管理难度愈发加剧。因此，推进我国冷链物流健康持续发展十分紧要。

1. 完善标准，加强监管。政府要尽快制定和完善冷链物流的相关标准，积极引导和监督物流、销售等环节企业按照标准实施冷链物流。（1）标准制定方面。政府需派遣专门人员采用问卷调查或实地访谈等方式，积极采集和询求企业、消费者的实际需求，制定可真实有效实施的标准。（2）引导监督方面，政府需加强冷链监管体系建设，并应尽快出台配套的政策和法律、法规，确保标准执行的力度，并利用各种传播工具做好对冷链标准的宣传工作。比如，号召企业开展冷链标准学习活动、冷链标准有奖竞答活动等，使得真正工作在冷链一线的人员熟知冷链的相关标准，从而促进标准的顺利执行。

现在，政府已经从冷藏车和冷链物流运输等角度加大对冷链行业的建设和规范力度，排除了很多不规范的物流公司，相关标准也正在制定之中。而从完整的冷链体系来看，这只是第一步，末端还有很多环节要监控，比如大卖场、便利店等商业网点的冷链规范等。

2. 抓紧传统冷库升级和技术改造，提升冷库物流作用。过去，对冷库的要求仅是储藏而已，所以对冷库的温度条件很重视。现在对冷库的要求已不仅只是储藏而已，更要关注它的周转率、利用率、进出库的运输成本和对客户的吸引力。因此对冷库的关注除了低温条件外更重要的是它的一些物流指标，特别是冷库的年运输量。过去冷库以长期储藏为主，平时陆续进库，在节假日按计划分配给消费者，冷库的周转率处于较低的 1－3 之间的位置。我们假设以一个库容量为 1 万吨的冷库为例，在冷库利用率为 80%，周转率为 2，其运输量为 1.6 万吨/年；当周转率提高到 6 时，运输量就达 4.8 万吨/年。可见周转率提高后，运输量增加了 3.2 万吨/年，运输量的增长幅度是很大的。因此，货主可通过尽量减少冷库中的储存量，同时缩短每批储存量在冷库中的储藏期，这样就可以减少所占资金量，降低货主财务成本，还在提高周转率的同时，增加了冷库的运输量。

3. 加大政策扶持，抓紧人才培训，加强行业协调、管理与协会建设。冷藏链的建立、完善和发展与我国的社会环境、历史条件、国家政策等有着密切的关系。需要有强有力的机构,实行跨行业宏观调控,进行规划管理,相关行业需设置专门的机构管理这项工作,制定标准、规划布局、统一价格、开拓新产品。政策上应给予冷链产业倾斜和扶持,对整个食品产业包括冷藏运输体系,应从政策、投资等方面给予优惠扶持,促进其发展。进一步加强行业协会的组织、人才、功能建设,进一步修订行业规范,规范企业经营管理与服务行为。此外,行业协会可制定冷库商品贮存手册,规范商品存储技术条件,修改商品贮存收费办法等,以适应冷链物流的发展。把冷链作为系统工程来抓,明确发展目标,统筹发展格局,突破产品行业和政府部门分立的界限,整合行业力量,规范市场秩序,推动冷链物流产业长期可持续发展。

4. 提高人民冷链意识,扩大对高品质冷产品的需求。从供求关系的角度来看,只有供求双方共同努力才能推动冷链体系的快速发展,但目前积极推动我国冷链体系发展的主要是物流服务领域和冷链相关技术设备的供应商。在目前我国以需求为主导的市场情况下,冷链市场却是以供给为主导,这种消费者仅作被动接受者,只凭企业供给方的力量拉动市场的局面,是难以推动冷链物流的快速发展的,因此政府和企业应该加大有关冷链物流的宣传,充分调动需求方的推动作用。

从供应链的角度来看,冷链的发展需要冷链各环节的共同努力。消费者是供应链的终端,是冷链物流体系的最终受益者,对供应链的发展和整合起着决定性作用。只有消费者认可了冷链体系的作用,转变传统的消费观念,才能形成对安全、高品质食品的需求,才能够促使企业尽快地发展冷链物流体系。可见消费者的这种巨大需求是推动冷链系统快速发展的最终动力。

总之,消费者产生巨大的对高品质食品的需求才是迫使企业严格执行冷链物流标准,最终促进冷链建设快速发展的关键所在。即无论是冷链标准的制定也好、监管力度的加大也罢,关键还在于消费者的冷链使用意识的提高。只有消费者对食品安全和质量有足够的重视,才能从市场环节引导和促使食品制造,流通企业才能改善冷链管理以提升产品的整体质量,最终促进冷链行业的持续健康发展。

参考文献

[1] 牟惟仲,王继祥. 2009 年物流技术与装备发展报告 [R]. 北京:中国物流技术协会,2009:31-40.

[2] Agricultural Trade Office U. S. Embassy Beijing, China Federation of Logistics and Purchasing. U. S. China cold chain standards and regulations conference [Z]. Beijing: Representative Office in Beijing of National Electrical Manufactures Association, 2009. 120-121.

[3] 何绍书,肖大海. 2001 年中国食品冷藏链大会暨冷藏链配套装备展示会论文集 [C]. 南宁:[出版者不详],2001:35-36.

[4] 戴定一. 以服务标准为核心,推动冷链行业进步 [J]. 中国食品物流,2008(4):14-16.

[5] 兰洪杰. 食品冷链物流系统协同对象与过程研究 [J]. 中国流通经济,2009(2):20-23.

Research on the Development of Cold Chain Logistics

▲Hu Tian-shi (*Beijing Zhongshi-Xinhua Technology Co. Ltd. , Beijing 100081 , China*)

Abstract: International research on cold chain logistics has become gradually heated in recent time. But the development of cold chain logistics in China is still at a low level and there are still many problems. This research shows that the key to solving the actual problem in cold chain lies in expanding public demand for cold chain. The effective demand-driven is the impetus for the development of cold chain logistics in China, for which the advice and countermeasure are put forward in this paper.

Key Words: cold chain logistics; supply chain; demand

中国零售业发展的八大矛盾及解决思路*

▲李　飞（清华大学经济管理学院，北京　100084）

> **摘　要：** 伴随着20世纪90年代中期我国开始的一场综合性零售革命，零售业在快速发展的同时，也出现了一些新的矛盾。这些矛盾集中表现在八个方面：鼓励零售业发展和合理规制、扩大零售业对外开放和经济安全、推动城市化和扩大农村市场、零供合作和盈利模式转换、百货商店联营和自营、快速开店和规范化发展、店铺零售和网络销售、零售理论匮乏和实践发展。这些矛盾制约着未来中国零售业的健康发展，因此，文章对这八大矛盾的表现、成因进行了分析，并提出了相应的解决思路。
>
> **关键词：** 零售业发展；零售战略；网络零售；中国零售业

从20世纪90年代中期开始，我国就进入了一个综合性零售革命的时代，一直延续至今还没有结束。这就意味着，在国外经历160年依次爆发的八次零售革命，在中国同时爆发了（李飞，2003）。由于零售业是国民经济中涉及面广、牵一发而动全身的行业，同时这种前所未有的急速变革，使实践决策者和理论研究者无法准确及时地作出反应，导致近些年中国零售业的发展出现了一些新的矛盾，主要表现为八个方面：鼓励零售业发展和合理规制、扩大零售业对外开放和经济安全、推动城市化和扩大农村市场、零供合作和盈利模式转换、百货商店联营和自营、快速开店和规范化发展、店铺零售和网络销售、零售理论匮乏和实践发展等。至今，这些矛盾还没有得到有效地解决，直接制约着中国零售业的下一步发展，是零售理论界和实践界关注的热点。因此，本文对这些矛盾表现、原因及解决路径进行分析，为推动中国零售业的持续健康发展提出可参考的思路。

一、鼓励零售业发展和合理规制之间的矛盾

尽管中外零售企业的平均纯利率大多在2%－3%左右，但是由于零售业可以带来丰富的现金流，以及稳定的店铺物业收益，因此吸引许多中国上市公司和房地产商的进入，导致店铺增加速度过快。在一些地区超过居民规模扩大和购买力的增长速度，这在迅速解决了零售设施短缺问题的同时，也激化了一定区域的竞争。在一个区域已

---

* 本文原刊载于《北京工商大学学报（社会科学版）》2011年第1期。

开设店铺的公司常常建议政府限制新店的增加,后进入者则建议政府防止区域的零售垄断,鼓励开新店。这也引起了理论界的争论,有人主张自由竞争、适者生存,不加限制;有人则建议进行合理规制,避免造成无谓的浪费。由此出现了零售业发展规模和合理规制之间的矛盾。

伴随着争论,政府出台了一系列的相关条例,包括:《城市商业网点建设管理暂时规定》(1991)、《关于城市商业网点规划工作的指导意见》(2001)、《关于进一步做好大中城市商业网点规划工作的通知》(2002)、《关于加强城市商业网点规划的通知》(2003)、《城市商业网点规划编制规范》(2004)、《城市商业网点管理条例》(2006)。但是,仍然没能抑制一些地区零售设施过度发展的态势。

其实,目前主要矛盾方面已不是商业网点设施不足,而是存在大量过度发展,因此政府应采取鼓励设立小零售企业、限制大型商业设施发展的策略。对零售设施总量进行控制,目的是防止零售企业的过度竞争和资源的浪费,以保证某一区域的商业设施与需求基本平衡。出路有两条。

一是建立区域性零售饱和度测评体系。对于大型商业网点的建设,发达国家大都通过立法进行调控。国内一些城市通过制定商业网点规划,对调控大型店铺起到了有效作用。但是,近几年有弱化的趋势,关键是在具体评价一家新店铺是否应该设立的时候,大多为感觉化的评估,没有一个定量化的科学评估指标体系,因此建立一个科学的商业饱和度指数的评价体系非常重要。对这个问题,已有了一些研究成果(董进才、宝贡敏,2005;李飞、苏小博,2008),但是还需要进一步研究,最终得出可以实际应用的评价体系。同时,政府加大商业设施存量的统计,实时监控,并定期向社会公开发布饱和度指数,避免企业盲目投资。

二是严格按《城市商业网点管理条例》办事。在美国弗吉尼亚的沃伦顿小镇,市政法规规定任何超过5万平方英尺的商场必须经过特殊的批准才能建设,沃伦顿的邻县法块尔也有类似的法规,超过7.5万平方英尺的商场建立必须经过特殊批准。最终,沃尔玛不得不在两个小镇的交界处开了一家面积达12万平方英尺的商场,占用了沃伦顿镇不到5万平方英尺的土地,占用了法块尔不到7.5万平方英尺的土地。我们执行网点条例也应该有这样的力度,不能随心所欲,当然其前提还是进行饱和度相对准确的测评和发布。

二、扩大零售业开放和经济安全之间的矛盾

中国零售业对外开放过程可以划分为五个阶段:一是萌芽期(1992之前),没有独立的外资零售业进入;二是尝试期(1992-1995年),很少的外资企业在有限的地区开设有限的店铺;三是磨合期(1996-2000年),外资开始连锁发展,但是仍然受到很大限制;四是发展期(2001-2004年),加入世贸组织为外资零售业发展注入新的活力;五是扩张期(2005年至今),全面开放,外资零售业在中国快速扩张(李飞等,

2009）。针对这五个阶段，政府政策经历了禁止开放、初步开放、进一步开放和完全开放的过程。伴随着这个过程，一直存在"零售业对外开放是否威胁国家经济安全"的激烈争论。

大多数人同意"中国零售业应当适度开放"的观点。近些年，有人认为外资零售业的进入产生了过度竞争及经济不安全的负面效应（龚晓菊，2010），但是至今没有具有说服力的证据和科学的测评结果。判断中国零售业开放度对国家经济安全的影响，关键取决于对"度"的判断，也就是中国零售市场开放度及安全度的测评问题，应该建立相应的指标体系进行系统评估，而不是凭经验和感觉进行无休止争论（李飞、汪旭晖，2006a）。

因此，解决扩大零售业开放和经济安全之间的矛盾，要求政府管理部门组织专家在调查研究和数据分析的基础上，尽快建立和完善零售业开放对国家经济安全影响的测评指标和相应的警戒线（外资总体占有率的警戒线为20%，一般行业为30%；关键行业为10%），严格外资零售企业经营状况月报制度（现在虽有制度，但是没有严格执行），按年度或季度对外资零售企业对国家经济安全的影响进行监测，动态地实施管理。这样会避免因出现过度开放而造成的经济损失，也会避免因放慢开放的步伐而制约中国零售业的健康发展。有人提出设立"大店法"，限制跨国零售集团的发展，这是对"大店法"的误解，"大店法"本质上是限制大店的，不是限制外资零售业的，完善商业网点管理办法，就可以起到"大店法"的作用，其前提是外资和内资零售业享受相同的国民待遇。

三、推动城市化和拓展农村市场之间的矛盾

伴随着我国工业化进程的加快，大量农用耕地变成了厂房，农村和农村人口在急剧缩小，城乡交界处成了进城打工族的长期居住场所，农村出现了"空心化"。在这个过程中，政府一直在鼓励将店铺开到农村去，并动用国家财政资金启动了"万村千乡建超市工程"和"家电下乡运动"，期望为扩大内需做出贡献。这就出现了一系列的矛盾现象，在城市化进程中还需要在农村大力发展商业设施吗？当城市化完成后，这些商业设施还有价值吗？我们在做这些事情时是切实考虑农民的利益，还是仅仅是为了扩大内需？

在西方工业化和城市化过程中，商店是向城市转移和集中的，当时商店就是城市的标志，"城"就是围墙，"市"就是店铺和交易的场所（在后工业化时代，由于有钱人到郊区去住，城市中心区出现空心化，商店开始向郊区转移）。城市化过程，无非是将村镇变成城市，或是农村人口进城变为产业工人等，无论哪种情况，都是农村人口向城市聚集，城市人口向郊区转移，因此伴随着工业化和城市化进程，不适合利用行政手段大力发展农村商业设施。即使对于少量留守的、以种田为生的农民来说，他们更需要提高生产效率、得到物美价廉的生产资料，子女受到好的教育，而不是给他们

一些诱饵,让他们把有限的钱用来购买家电产品。否则,内需虽然扩大了,商家效益提高了,农民没钱让孩子上学了,弱化了农业持续发展的能力。

因此,城市化和拓展农村市场之间矛盾的解决思路,是店随人走,谨慎开发农村商业设施,关注城中村和郊区的商业设施建设,为留守农民再生产和子女教育提供帮助,避免把农民用于再生产和教育子女的钱挤压出来,购买家电产品或其他生活用品。需要强调的是,我们扩大内需不能仅考虑国民经济的运行,还要考虑农民长久利益的实现,更不能将内需的扩大建立在农民利益受到影响甚至伤害的基础上。

四、零供合作和盈利模式转换之间的矛盾

零售商是供应商和消费者联系的纽带,没有供应商,零售商会成为无源之水;没有零售商,供应商也会成为无本之木。伴随着中国消费需求的多元化、多变化,零供双方都必须迅速地对市场作出及时反应,这要求双方进行无缝连接,密切合作,甚至实现供应链、信息平台共享。然而,伴随着中国市场从卖方市场转向买方市场,以及信息技术发展催生的诸多无店铺零售方式,一方面使各方独立性增强,供应商可以开发自己的零售通路,零售商也开始推出自我品牌;另一方面还使双方地位发生变化,大型零售商成为市场的主导,垄断势力日趋增强(程桂孙,2010),零售企业开始由过去赚取购销差价的单边盈利模式,转变为顾客和供应商双边的盈利模式,向供应商收取各种进店费和上架费等,导致零供矛盾激化,个别地方还出现了零售商卷逃供应商货款,或是供应商停止供货的极端现象。

对此,商务部在2006年出台了《零售商供应商公平交易管理办法》,对于零售商滥用市场优势,妨碍市场公平等行为作出了相关规定,但是矛盾并没有得到根本的解决。

从大趋势上讲,零售企业成为市场主导,具有市场优势地位,但是对于国际性知名品牌来说,供应商占据优势地位。因此,对于零供双方来说,都存在双边市场盈利的机会,主要是看谁掌握的顾客资源更多。从整体上看,我国零售业的平均利润率还大大低于制造行业,属于微利经营,因此,进店费、上架费、年终返点费不可不收,但是必须以双方合同约定为准绳。进店费、上架费等在美国等国家一般被认为是合法的,但是联邦贸易委员会和检察院可以根据反托拉斯法认定某些收费违法,在合同规定之外的进店费、上架费、促销费以及延期付款等都应被制止。

因此,零供合作和盈利模式转换之间矛盾的解决思路,在于零供双方策略的调整。

供应商的出路在于:一方面,打造顾客偏爱的品牌,以增加同零售商讨价还价的砝码,诸如一些著名奢侈品品牌不仅不必向零售商缴纳进店费,还可以轻易地向零售商索取上千万元的装修费;另一方面,将过去的一些媒体费用转移给零售商,作为进店费和上架费,因为今天的零售商店不仅是销售产品的场所,也成为展示产品的场所,前者使零售商赚取购销差价,后者使零售商理应获得媒介或广告的费用。

零售商的出路在于：扩大购销差价、降低经营成本和合理收取渠道费用。这三种盈利模式的效果如何，在根本上取决于新型合作关系的建立，改变顾客、零售商、厂商三者之间利益此消彼长的博弈关系。方法是优化渠道价值链，降低费用，使渠道总利润增加，顾客、零售商和厂商三方共享价值链优化带来的利润。优化价值链的核心是降低三方，特别是零售商和厂商双方的费用成本，回到零售商通过主营业务盈利的模式上来。沃尔玛和宝洁就建立了这种新型的工商关系。沃尔玛利用信息手段为宝洁产品在各个店铺的销量变化作出了完备记录，宝洁可以进入沃尔玛的电脑系统跟踪自己的所有产品，哪一个品种销量大及时增加生产；否则及时减少生产，并根据协议随时进行自动补货，这不仅使宝洁的产品销售量大大地增加，而且使双方的库存和退货物流几乎为零，双方的渠道费用都大大地降低，分享了优化价值链所带来的诸多利润（李飞、汪旭晖，2006b）。这应成为中国零售业未来的理想盈利模式。

五、百货商店联营和自营之间的矛盾

在计划经济时代，工业消费品由商业部门统购包销，制造商既不能自己零售产品，也不能在百货商店租赁柜台，因此当时百货商店都是采取自营的方式，即买断制造商或代理商的产品，在自己的店铺进行零售，费用和风险自己承担，利润来源于购销差价。随着1979年开始的流通体制改革，工业品自销得到了允许，随后出现了代批代销、联营联销、引厂进店、出租柜台和联营等方式，直到2000年以后，百货商店联营成为主要经营方式，占经营额的80%以上。具体做法是：百货商店为制造商或代理商提供经营场地，以及相应的综合管理（促销、店面、卫生、安全、环境等），监督进店的商品，负责（或不负责）导购、统一（或不统一）收银等服务，制造商或代理商向零售商缴纳联营扣点（或转让购销差价，如化妆品、家用电器等）。联营扣点，是指零售商按照销售额的一定比例向制造商或代理商收取的费用。比例数额由双方谈判确定，具体有三种方式：一是按照实际销售额进行收取；二是按照保底销售额收取，即由零售商确定保底（最低）销售额，无论制造商是否完成这一数额，都按照这个数额的一定比例缴纳联营费用；三是综合方式，未达到保底销售额，按照保底销售额缴纳，超过保底销售额，按照实际数缴纳。一般按月缴纳。

中国百货商店究竟应该联营还是自营？这一问题成为近两年中国零售理论界、企业界和国务院领导都非常关注的话题。伴随着金融危机的爆发，2009年相关讨论达到高潮，国务院领导进行批示，商务部领导召开了多次企业、协会和专家的座谈会，最终仍然没有达成共识。

实际上，任何一种经营方式，都会对百货店或供应商有利有弊，利大于弊还是弊大于利，取决于百货店和供应商的个体特征（如大品牌喜欢百货店联营，小品牌喜欢百货店自营），而最终选择何种经营方式受经营方式选择机制的影响。如果某种经营方式有存在的必要，还要看是否具备可能性（生存条件）：一是看百货店是否具有优势地位，如果与供应商达成共识，自然皆大欢喜，无论是否具有优势地位都有可能顺利实施；如果与供应商不能达成共识，就取决于工商双方的实力对比，如果是强势供应商对弱势零售商，就需要改变这种模式；如果是强势零售商对弱势供应商，就可以实施这种模式；如果双方势均力敌，就需要通过博弈和调整建立一个大家都可以接受的模式。二是看零售商是否有实施这种模式的能力，如有，可以实施这种模式，否则也只好放弃。三是看政府法规条例是否鼓励这种模式，如是就可以实施这种模式，否则也只好放弃。这三个方面都受到宏观、微观环境和企业内部因素的影响（李飞，2010a）。

解决百货商店联营和自营之间矛盾，不能靠政府的决定，而是取决于工商双方的偏好及谈判的地位。这种机制会导致自营和联营两种方式在中国并存，既包括在一家百货店并存着两种方式，也包括在百货业并存着两种方式的百货店。

百货商店的对策思路：不是让利于供应商（因为百货店的低利润已经无利可让），而是通过吸引顾客来吸引供应商，即穿上消费者的鞋子，站在消费立场上考虑问题，让自己店铺更有魅力。因为调查结果证明，顾客购买的不仅是商品，而是整个商店体验，或说享受的是购买过程，享受的是组合的品牌、商店氛围、服务等。

供应商的对策思路：一是提升自己的品牌价值和形象；二是进入与之定位匹配的百货商店。核心还是满足顾客的需求，而不是盲目地把出口产品强推给百货店销售。

六、快速开店和规范化发展之间的矛盾

零售业是规模性行业，在双边盈利模式下更是如此，零售商想从供应商手中获得低价的产品、丰厚的年终返点，就必须达到较大的规模，即对供应商的市场份额产生重要影响的规模。因此，在过去被认为非常成功的零售公司，都是快速发展的公司，比如国美、苏宁，而发展速度稍慢些的永乐、大中、金五星、三联商社等都被购并。但是，如果基础没打牢，没有形成标准化和规范化的盈利模式，快速发展的结果则是破产倒闭，普尔斯马特、亚细亚商场等都是如此。这就形成了一个矛盾：是先快速开店，还是先规范化，还是边开店边规范化。

沃尔玛公司的发展为我们提供了解决这个矛盾的思路。它的开店速度如同百米赛的起点跑和途中跑，速度有一个由慢到快的过程。其快速发展有五个步骤：第一步，磨合出一个成功的零售业态模式。1962－1970 年的 8 年时间，沃尔玛都在研究和实践折扣店模式，平均每年新开店铺数量在 2－3 家。第二步，通过上市积累扩张资金。这是确定零售业态模式后的第二步工作，而后发展速度加快。在 1971－1980 年的 10 年间，每年新增店铺数量 26 家；第三步，实行购并和自建两条腿走路的方针。自建使基础稳固，购并使扩张速度加快。在 1981－1990 年 10 年间，平均每年新增店铺 100 家。第四步，及时增加配送中心。有 100 个店就要建一个，其标准是 10 万平方米店铺面积，要有 1 万平方米的配送中心规模。在 1991－2000 年平均每年新增店铺超过 200 家。第五步，进行业态创新。20 世纪 90 年代之后，沃尔玛的增长点不是折扣店，而是仓储店

和购物广场,保证沃尔玛持续高速的成长。

因此,快速开店和规范化发展之间矛盾的解决思路在于边开店边规范化。一方面,在行业高速发展的时期,应该以发展速度为主,快速开店成为零售战略的首选。例如,伴随着家电产品迅速进入家庭,家电制造业超高速增长,国美、苏宁抓住机会采取了快速开店和规模制胜的战略,甚至就是争第一的战略,增加了与制造商讨价还价的砝码,创造了双边盈利的新模式,取得了市场的优势地位。而山东三联的顾客满意度当时高于国美、苏宁,表明规范化程度较好,但是由于发展规模和速度较慢,最终丧失了市场优势地位。另一方面,在行业发展速度放缓、盈利变得不容易且企业达到一定规模时,规范化变得重要起来,必须让每一个店铺都为连锁体系做出贡献,而不是让赚钱的店铺养活赔钱的店铺。近几年,国美、苏宁适当关闭一些效益不好的店铺、对存在的店铺进行精耕细作,提高单店效益,就是适当规范化的表现。当然规范化不是一场运动,而应该在规模扩大过程中不断进行,因为连锁的核心是"一本万利",即磨合出一个盈利的店铺模式之"本","万"次地对这个"本"进行复制,才能健康地快速增加店铺数量和规模。

七、店铺零售和网络零售发展之间的矛盾

近几年,中国互联网的销售额增长迅速,淘宝网成为中国最大的零售商,其他一些典型的企业还有京东商城、凡客诚品、钻石小鸟等,这些网络零售企业的惊人发展和销售额的飞速提升,对传统零售业产生了巨大的冲击,这就形成了一个矛盾:网络企业要不要开设实体店铺?店铺零售要不要开设网上商店?目前这两种情况都有企业在尝试,但是成功的案例还非常稀少。

在一个企业的内部,店铺零售和网络零售发展之间矛盾的解决,就是要进行融合和互补,发挥各自的优势。

网络零售企业,有时需要实体店铺来辅助。麦考林在生存问题解决之后,2004年重新开始上线"麦网",但对内容进行了相应的调整,建立的是网上女士百货商店,与调整后的白领目标顾客群相匹配,起到了锦上添花的效果。随着服装市场需求进一步扩大、服装产品利润空间增宽,以及麦考林规模经济发展的要求,2005重开了服装产品的目录营销。在目录营销过程中,麦考林发现有50%的目标顾客认为,家居用品、首饰可以通过目录营销购买,但是服装一定要试一试,感受过才买。针对顾客的需求,麦考林在2006年推出销售服装的实体店铺,推出自己的品牌商品,组建自己专有的设计团队。

店铺零售企业,也需要启动网络零售业务。它不仅可以直接销售商品(网上销售数额增加幅度大大高于实体店铺),还可以广泛地传播商品信息,更重要的是还可以省去租用实体店铺的昂贵费用。淘宝网的相关数据显示,网上商店营销成本比实体店铺降低55%,渠道成本可以降低47%,这就会导致同样的产品在线上和线下确实存在

20%–30%价差。零售公司开网店自然有利可图,但是可能冲击自己的实体店铺。为了保证网店不与实体店铺分割现有的"蛋糕",而是为扩大市场做出贡献,就要求开设的奢侈品网店与实体店铺有一定的差异性。这种差异主要表现在两个方面:一是目标顾客差异化,这种差异化可以是顾客地域方面的差异化(如用网店满足那些没有实体店铺地区的居民),也可以是顾客购买偏好方面的差异化(如用网店满足那些习惯和偏好网上购物的顾客);二是经营商品的差异化,这种差异化是指在网店和实体店铺所卖的奢侈品要有所差别,主要表现为花色品种的差异,或是上市时间差异造成的,或是专门为网店设计的产品。尽力做到在网上商店陈列和销售的商品,不与实体店铺销售的商品100%相同。做到了上述差异,就可以实现网店"适当低价"的特色,扩大客流又不至于影响实体店铺的销售业绩(李飞,2010b)。在2009年,网店流行着一个新词"网货",即专门为网店设计的商品,这种产品已经占到网店销售总额的50%。

八、零售理论匮乏和零售实践发展之间的矛盾

无论零售企业的发展,还是政府对零售企业的适当规制,都离不开理论的指导。由于中国零售业发展出现了少有的综合性零售革命,很多问题是逐渐显露出来的,而理论研究需要有一个过程,加之中国零售理论研究队伍人数少,水平低,方法欠规范,因此理论难以承担指导实践的重任,最终出现了零售理论匮乏和零售实践发展之间的矛盾。

零售理论匮乏和零售实践发展之间矛盾的解决思路,在于以下几个方面:一是鼓励设立相应的零售研究机构。目前在我国仅有清华大学中国零售研究中心一家专门的零售研究机构,而且没有政府的投资,显然这与中国飞速发展的零售业现状极不匹配。二是支持中国零售研究方面的期刊发展。目前国内仅有一本以书代刊的《中国零售研究》,没有正规的专业性学术期刊,而美国的《Journal of Retailing》是全球营销管理领域被认可的A类重要期刊。学者的研究不能在高水平学术期刊上发表,也就不可能推动相应的研究进展。三是培养高水平的零售研究人才,其特征是掌握规范的研究方法(定量研究、定性研究、实验研究和案例研究)、关注中国情境和重视理论的实际应用。因为中国的零售管理实践,很多已经超越了现有的西方管理理论,所以规范的案例研究方法是发现并构建新理论的一把"金钥匙"。

参 考 文 献

[1] 李飞. 零售革命 [M]. 北京:经济管理出版社,2003.

[2] 董进才,宝贡敏. 零售市场饱和度评价的基本思路 [J]. 财贸经济,2005(5):85–88.

[3] 李飞,苏小博. 中国零售饱和度测评指标的探索研究 [M] //谢志华,洪涛. 流通产业创新与区域发展. 北京:知识产权出版社,2008.

[4] Bill Quinn. 沃尔玛是如何毁掉美国和世界的 [M]. 沈阳:辽宁人民出版社,2003.

[5] 李飞等. 中国零售业对外开放研究 [M]. 北京：经济科学出版社, 2009.

[6] 龚晓菊. 基于外资流通业快速扩张的政府规制 [J]. 北京工商大学学报（社会科学版），2010 (1)：38 - 42.

[7] 李飞, 汪旭晖. 零售业开放度对国家经济安全影响的测评研究 [J]. 国际贸易, 2006 (8)：29 - 32.

[8] 程桂孙. 零售商买方势力的成因、经济效应与政府规制 [J]. 北京工商大学学报（社会科学版），2010 (1)：27 - 31.

[9] 李飞, 汪旭晖. 中国零售业盈利模式的演进与发展趋势 [J]. 改革, 2006 (8)：91 - 96.

[10] 李飞. 中国百货店：联营，还是自营 [J]. 中国零售研究, 2010 (1)：7 - 25.

[11] 李飞. 奢侈品营销 [M]. 北京：经济科学出版社, 2010.

Eight Major Contradictions in China's Retail Industry and Solutions

▲Li Fei (*School of Economics and Management, Tsinghua University, Beijing 100084, China*)

Abstract: Along with the comprehensive revolution in China's retail industry which started from the middle of 1990s, China's retail industry has developed rapidly but with new contradictions at the same time. These contradictions focus on the eight aspects: contradiction between the encouragement of retail industry development and reasonable regulation, contradiction between the wider-opening in retail business and the economic security, contradiction between promoting urbanization and expanding rural market, contradiction between supplier-retailer cooperation and profit model transition, contradiction between department store consortium and self-support, contradiction between shop expansion and standardized development, contradiction between shop retailing and network retailing, and contradiction between the deficiency in retailing theory and the development in practice. These contradictions will restrict the healthy development of China's retail industry. Therefore, this paper analyzes the eight contradictions with their causes and it puts forward the relevant solutions accordingly.

Key Words: retail industry development; strategy of retailing; network retailing; China's retail industry

第三部分
农产品流通

提升农产品流通效率　促进经济增长方式转变*

▲徐振宇（北京工商大学经济学院，北京　100037）

> **摘　要**：提升农产品流通效率，是促进我国经济增长方式转变的重要突破口。应尽快完善农产品流通的网络和组织基础，充分整合各种资源，发挥批发市场在农产品流通中的核心作用，鼓励农民合作组织的发展，继续探索合同农业机制和期货市场，重视超级市场在高质量农产品流通中的重要作用，加大农产品流通基础设施建设的力度。
>
> **关键词**：农产品；农产品流通；经济增长方式

一、提升农产品流通效率是转变经济增长方式的突破口

（一）农业落后与流通滞后是经济增长方式难以转变的基本原因

在长达30年时间内，中国GDP年复合增长率接近10%，然而，多年以来高投入、高能耗、高排放和过度依赖投资与外贸拉动的经济增长方式没有根本转变，从而引发了诸多不和谐因素。当前，国际经济摩擦、环境污染、扩大的城乡差距、启而不动的国内消费等都是中国经济失衡和亟须调整的信号，否则，经济的高速发展必将进一步加深投资与消费、城乡、工农商、国内与国外、速度与效益、当前与未来、效率与公平、增长与就业、人类与自然之间的种种不协调和不和谐。

出现以上不协调的原因是多方面的，一个重要的原因在于发展理念：一是片面强调生产，忽视流通和消费；二是片面注重工业、城市发展和市民利益，轻视以流通业为代表的服务业发展，忽视农业、农村和农民的发展。与这种发展理念相关联，中国当前经济呈现出如下特征：第一，中国的生产水平和制造能力提升的速度非常快，已成为名副其实的"世界工厂"。但是，消费和流通严重滞后，最终消费率过低，流通效率过低。这样，生产效率提高快，流通效率提高慢，国内消费增长速度跟不上产量增

---

* 本文原刊载于《北京工商大学学报（社会科学版）》2007年第6期。基金项目：国家发展和改革委员会2007年专项研究课题"农村流通体系优化、扩大内需与经济增长方式研究"。

长的速度,从而必然在国内引发相当程度的过剩,而国内市场过剩的压力势必向国外市场转移,这样就不仅使国内生产与消费失衡,也引发国内外经济矛盾的激化。第二,少数大城市发展日新月异,硬件设施堪称世界一流,但大多数农村地区过于落后,且发展极为缓慢,从而加剧城乡之间的失衡与不和谐。第三,工业发展速度非常快,但服务业和农业的增长速度相对较慢,导致工业生产单兵突进,导致工业增加值在GDP中所占的比重日益提高,从而必然导致非常高的能耗和污染水平,进而引发人类与自然之间的不和谐。

总之,农村、农业和农民一直是事实上被忽视的地区、产业和群体,而流通至少是被轻视的经济领域。中国经济当前的多数困境都与对这两个领域的忽视有关。这两个被忽视的领域,恰好是中国社会经济的软肋。正因为如此,若能在这两个领域中的任何一个取得突破,中国经济增长方式的转变都将会大有起色。

(二) 新农村建设是转变经济增长方式的重要契机

2005年,中央将社会主义新农村建设作为未来五年政府施政的主要工作提出。2006年,"中央一号"文件更是以"社会主义新农村建设"为主题。2007年,"中央一号"文件又进一步明确了新农村建设的重点是发展现代农业。我们将新农村建设看成是中国经济增长方式转变的重要契机,同时高度强调农产品流通体系优化和流通效率提升在新农村建设和经济增长方式转变中的重大作用。

在外部需求难以大幅提升的背景下,投资不可能长期高速增长,必须靠流通效率的提升来扩大消费需求,而为了提升流通效率,又必然会刺激必要的投资需求——如农村地区道路修建和其他与流通相关的基础设施的修建。提升流通效率,既有利于提升农民收入,又有利于改善消费者福利,扩大消费者选择范围,因此,提升农产品流通效率一举多得。

目前,农业的根本主要问题,不在于生产效率低下,而在于流通效率低下。如果说有生产效率低下的问题,也主要是受到流通效率低下之拖累——导致生产效率即使有较大的提升也因为流通效率低下而导致增产不增收之结局。如果不能提升农产品流通效率,农业的生产效率也不可能得到提高。

(三) 提升我国农产品流通效率刻不容缓

从目前的各国的发展趋势看,整个农产品供应链正在经历革命性的重构历程。在全球范围内,农业都出现了被称为"产业化"的现象。产业化的农业采用类似制造业的生产过程,农产品生产者与农产品加工商、零售商、物流服务提供者和其他合作者基于供应链建立了日益密切的联系。另外,超级市场的市场势力在全球范围内迅速扩展强化了零售商对农产品供应链的影响。与此同时,消费者对于食品安全问题更加敏感,质量标准和安全监管措施也日益严格。这些曾经在发达国家出现的普遍趋势,如今在中国也表现得日益明显。在经济全球化的今天,不同国家的供应链和网络相互影响，由这些变化所产生的影响是无法估量的。这些变化迫使各国的农产品生产者、加工商和零售商必须采取相应的对策，最大限度地提升农产品流通效率。

（四）提升我国农产品流通效率恰逢其时

1. 国家经济政策的调整为农产品流通效率的提升提供了良好的政策环境。近年，各级政府对农业、农村问题的重视程度空前提高，对流通行业的认识也有了很大的变化，出台了有关农产品流通的专门政策。在连续几年的"中央一号"文件中都有相当的篇幅论述农产品流通问题。

2. 随着我国道路等基础设施的逐渐完善，物流业的效率得到相当大的提升，从而使得包括农产品在内的各种商品与消费者之间的距离日益缩短，不仅使长距离运输成为可能，也使零售商、加工商的供给和消费者的选择更加多样化，而且各个相应的产业和环节的专业化水平也日益提高。

3. 收入增长和城市化进程的加快是我国农产品流通效率提升的重要机遇，并对农产品的需求数量和质量产生日益重要的影响。一方面，社会需要生产更多的食物和丰富传统食物种类；另一方面，从质量方面而言，国内外的消费者也变得更加细心，他们更加关注食品质量，开始要求食品生产商和经营商提供更全面、透明的食品信息，开始考虑健康、安全和环境保护、动物保护和社会责任等以前看来并不重要的因素。另外，人口和收入的增长趋势也对食品加工、物流和销售产生了重大影响——越来越多的消费者要求食品更加便利，例如冷冻、提前削切、煮食和即食。为适应以上变化，农产品加工和流通系统必须加速调整。

4. 信息技术的进步为我国农产品流通效率的提升提供了必要的技术保障。一方面，基于信息技术的条形码、零售系统数据共享系统（retail link）、预先发货通知（ASN）以及不间断补货系统（CRP）等现代技术可以为零售商在食品供应链方面建立竞争优势发挥重要作用；另一方面，信息技术也使得零售商得以更好地维护消费者权益，并且遵循食品安全规则和质量规则。例如消费者可以利用因特网进入到现行商品的条形码之中，从而得到商品的有关信息并了解从农场到超级市场的食品加工过程。通过扫描条形码，食品的相关信息可以迅速得到解读，从而可以最大限度地确保消费者的食品安全。

二、农产品流通效率提升的海外经验

以邻为鉴，可明得失。在探讨如何提升我国农产品流通效率之前，有必要吸取其他国家提升农产品流通效率的基本经验。

（一）自愿联合的农民合作组织是重要平台

农民合作组织是降低交易成本的组织创新形式，也是各国提升农产品流通效率、优化农产品流通体系最重要的经验。正是借助自愿联合的农民合作社这一重要的中介组织，高效率的农产品生产和流通才成为可能，农产品国际贸易方能顺利开展，农产品期货市场方能实现良性运转，农业生产资料也可以实现低成本购买，农民的利益方能得到良好的维护，合同农业和农业产业化进程方得以顺利进行。产业化的农业对农产品的要求将更加严格，核心企业尤其是连锁化的超级市场或大型农产品加工企业，与一家一户的小农交易成本必然较高，这些企业需要某种能帮助其保证产品质量的组织。另一方面，在与这些核心企业打交道的过程中，力量分散的农民通过自己的合作组织也能增加谈判中的筹码。日本农协是我们建立健全流通中介组织、提高农民进入市场的组织化程度的很好借鉴。日本农协在农产品流通的各环节，如组建批发市场、组织物流、商流、信息流及组织结账等方面发挥了不可替代的作用。

（二）完善的流通基础设施是重要保证

很多国家尤其是发达国家在道路、批发市场和冷链系统等流通基础设施方面都非常完善。韩国、日本的主要批发市场不仅规模大，市场硬件设施齐全，有较好的交易场所和完善的排水、排污系统，同时市场内有冷库、停车场等完善的设施，市场内各种车辆运行有序。处于全国各地的农产品生产者和商人可以通过互联网、传真、电话、自动应答电话及时了解每天的交易行情。另外，各国在冷链系统方面的投资力度也比较大。比如加拿大等发达国家已经形成了完整的农产品冷链物流体系，生鲜易腐农产品已经占到销售总量的50%，且还在继续增长。

（三）合同农业是普遍采用的组织形式

作为农民和农业综合企业（包括农产品加工、物流与销售企业）的纽带，合同农业受到了各国的政策制定者和发展计划制定者越来越多的关注。合同农业，是农户在农业生产经营过程中，按照与客户（农产品购买者）签订的合同组织安排生产的一种农产品产销模式。通过合同，形成一种利益共享、风险共担的机制，有利于保持农产品生产的稳定，并提升农产品流通的效率。合同农业至少可以追溯到19世纪，那时，美国农民通过这种机制生产蔗糖、糖用甜菜等农作物。后来这种机制在种植业和畜牧业中得到迅速扩展，尤其是南美洲国家。目前，合同农业在美国农业生产中已占有36%的份额。在一些产业部门，例如生猪、糖用甜菜、水果和西红柿，这种机制已经成为主要的协调机制。在发展中国家，合同农业的扩展速度也很快。在巴西，大约75%的家禽生产是通过合同来协调；而在越南，50%的茶和40%的大米由跨国公司以合同的方式购买。同样的现象在印度、南美洲和一些非洲国家也广泛出现。20世纪70年代中期，订单农业在泰国出现，其中做得比较成功的是正大集团。

（四）农产品期货市场发挥了重大作用

农产品期货市场的建立使价格在农产品生产和流通中的调节和配置资源的功能得

以发挥，交易成本大大降低。同时期货市场也为农业生产者和消费者提供了套期保值、规避价格波动风险的场所，保障了市场参与各方的利益，有力地促进了农业和相关产业的健康运行。农产品期货市场对于农产品流通的重要作用具体表现在：第一，农产品期货价格成为确定现货价格的基准。农产品生产者根据农产品期货价格表现出的供求趋势来确定第二年播种面积，贸易商通过期货价格来确定现货贸易合同中的价格。第二，为农产品生产者和贸易商提供了避险工具。在进行大宗国际农产品贸易时，贸易商通过相关期货交易进行套期保值，以规避价格风险。在美国，贸易商的这种做法是其获得银行贷款的基本条件之一，而且已经成为国际惯例。第三，农产品期货市场成为政府实施农业政策的有效工具。政府部门在制定宏观政策时，将期货价格作为重要的参考依据。

三、我国农产品流通体系存在的主要问题

尽管自改革开放以来，我国的农产品流通体制改革已经取得了不小的成绩，农产品流通体系不断完善，但我国农产品流通体系仍存在如下重要问题：

（一）与农产品流通相关的基础设施水平较低

作为农产品流通载体的基础设施，不仅是连接农业生产和城乡居民消费的枢纽，同时也是社会经济发展基础设施的有机组成部分。与农产品流通相关的基础设施健全与否，直接关系到农民增收是否能持续增长和农业与农村经济的健康稳定发展，关系到城乡居民消费质量和生活水平的提高。但我国与农产品流通相关的基础设施水平较低，主要表现在：

1. 农村道路建设投资力度严重不足。由于农村经济的快速发展，农村公路已经成为农村经济发展的瓶颈，主要表现为技术等级较低，路面质量较差，地区发展不平衡。

2. 农产品批发市场等基础设施状况堪忧，其功能还有待进一步提升。很多批发市场基础设施简陋，服务功能单一，缺少市场正常运行的必备条件（如农产品加工、贮藏、运输、质量检验、金融、保险、合同仲裁、治安等机构与设施），场内经营环境脏、乱、差，交易效率较低。

3. 农产品物流基础设施落后，冷链系统严重缺乏。我国水果和蔬菜产业在国内已分别成为仅次于粮食、生产总值占第二、第三位的农村经济支柱产业。我国果品种植面积占世界果品种植面积的18%，果品年产量占世界果品总产量的13%，蔬菜种植面积占世界蔬菜种植面积的35%，蔬菜年产量占世界蔬菜总产量的40%。但是，由于采收和流通设施落后，造成水果和蔬菜采摘后的损耗严重，物流成本高昂，农产品物流设施尤其是冷链系统建设亟须加强。

（二）农村专业合作经济组织力量薄弱

农村合作经济组织是联结农户、企业和市场的纽带，是建设农村社会化服务体系、

带动农民走向市场的重要载体,也是实现农业产业化经营的重要载体,是农村经济组织创新和制度创新的重要内容,是推进城乡统筹、构建和谐社会、建设社会主义新农村的重要工作平台。近些年来,我国农村专业合作经济组织获得了迅速发展。但是,农村专业合作经济组织在进一步拓展其发展空间过程中,还面临着以下问题:组织化程度较低,运行机制不健全,法律制度存在滞后性,合作社发展缺乏必需资金和实用人才,缺乏有利的外部环境。

(三) 农产品期货市场功能还须进一步提升

我国的农产品期货市场虽然在一定程度上发挥了价格发现和规避风险的功能,但仍然存在不少问题,主要表现在:现有农产品期货品种、数量与现货市场在全球贸易中的地位以及发展需要不相适应,限制了期货市场对农业应有的促进作用;农产品期货市场的进入主体受多种限制,加上缺乏相应的中介组织,大大降低了行业主体和农民参与期货市场的程度;期货市场的监管有待进一步法治化。

(四) 合同农业的履约率较低

在我国很多农产品的生产和流通中,合同农业已成为公司与农户合作的主要形式之一。据农业部的统计,2005 年,全国优质专用小麦面积达到 5 500 万亩,其中优质专用冬小麦"订单"面积就达 2 000 万亩,占比达 36%。2005 年,产粮大省吉林全省 9 个市州、45 个县市都有了订单,正式签订订单合计 939.48 万亩,比上年增加 236 万亩,但存在履约率偏低等问题。

四、提升我国农产品流通效率的对策

基于对提升我国农产品流通效率必要性的分析,基于对国外农产品流通效率提升的经验借鉴和我国农产品流通体系存在的问题的考察,提出以下对策建议:

(一) 尽快完善农产品流通的网络和组织基础

1. 继续发挥批发市场在农产品流通中的核心作用。即使经济发展到一定程度,批发市场的地位仍然极其重要,因此,农产品批发市场必将在相当长的时期内发挥农产品流通主渠道的作用。未来的 10 - 20 年,将是我国农产品批发市场发展转型的关键时期,在立法调研和借鉴国外经验的基础上,健全有关批发市场的法律法规,使批发市场的开办宗旨、规划、市场准入、交易规则、政府职责、罚则等有法可依。

2. 将农民合作组织和农村经纪人的培育作为突破口。围绕农产品批发市场,发展农产品购销型专业合作社,为农民提供生产和销售服务,同时以"市场+基地+专业合作社"的形式壮大市场主体,为农产品批发市场的稳定发展奠定基础。另外,可以依托农产品批发市场,发展运销经纪人和贮藏加工经纪人。

3. 继续探索并逐步完善合同农业机制。不能因为合同农业的履约率低就完全否定合同农业这种在全球范围内行之有效的机制，应该让市场主体（农户和农产品加工、销售企业）在选用该机制的过程中继续试验、探索和学习——一种机制是在长期的探索、学习和摸索中取得成功的。同时，政府应设法通过制度设计来改善相应的环境。

4. 重视超级市场在高质量农产品流通中的重要作用。超级市场在城市迅速扩张正在使传统的商业模式发生微妙的变化。虽然大部分家庭仍从传统农贸市场购买水果和蔬菜，但有些超市已开始以非常有竞争力的价格、更可靠的质量以及"一站式"服务不断挤占传统农贸市场的发展空间，这一趋势在大城市表现得尤其明显。由于居民收入的迅速增长，对安全可靠的农产品的需求将随之迅速增长，高质量农产品将主要通过超级市场流通。

（二）充分利用和整合各种资源

既要培育新的组织形式，也要充分利用现有组织和机构，如供销合作社、农产品经纪人、商贩的积极作用。不仅要促进农产品在国内流通效率的提高，还要采取各种措施促进农产品国际贸易的发展。当前要在完善农产品现货市场的基础上大力发展农产品期货市场。农产品流通的大规模发展，必须通过期货市场分散和规避风险。实际上，农产品期货并不神秘，农民有了自己的流通组织可以更好地利用农产品期货市场，锁定自己产品的销售价格，根据期货市场上比较充分和超前的价格信息，安排农业生产活动。我国期货市场上农产品交易品种过少，应尽快完善期货市场，利用期货市场规范现货市场，为发展农产品流通提供健全的市场体系和交易环境。

（三）加大流通基础设施建设的力度

1. 应适时升级批发市场的硬件设施。针对中国农产品批发市场尤其是产地批发市场的设施简陋、交易条件差、服务功能不配套的问题，各级政府应加大对基础设施的扶持力度，并鼓励多种经营主体包括企业参与投资建设。

2. 必须落实中央相关精神，切实加大农村公路建设的投资力度。2007年年初，交通部宣布要将公路建设投资的重点转向农村。如果这一政策能够付诸实施，将对农产品流通效率的提升有关键性的推动作用。不同地区的发展重点有差异。在东部沿海地区，农村地区公路建设的重点是升级改造；而在广大的中西部地区，农村公路的重点却是从无到有，先做到低水平覆盖。

3. 大力发展农产品物流基础设施尤其是冷链系统。要加强农产品物流基础设施和食品冷链的整体规划和研究。加大投入，建立多元化投入机制。在起步阶段，政府的支持和引导资金的投入至关重要。

参考文献

[1] 纪良纲，刘东英. 中国农村商品流通体制研究 [M]. 北京：冶金工业出版社，2006.

[2] 汪子琳. 冷链物流面临四大问题 [J]. 中国物流与采购, 2005 (7): 18-20.

[3] 王强, 段玉权. 国外冷链物流发展的主要做法与经验 [J]. 物流技术与应用, 2007 (2): 89-91.

[4] 徐振宇. 现货基础薄弱制约农产品期货发展 [J]. 证券市场周刊, 2005 (28): 18-21.

[5] 徐振宇. 节能降耗须推进深层改革 [N]. 人民日报 (海外版), 2007-06-20.

[6] Eaton C, Shepherd A. contract farming: partnerships for growth [M]. Rome: FAO Agricultural Services Bulletin, 2001.

To Enhance the Efficiency of Agricultural Product Circulation to Promote the Transition of Economic Growth Mode

▲Xu Zhen-yu (*School of Economics, Beijing Technology and Business University, Beijing 100037, China*)

Abstract: It is time for China to enhance the efficiency of agricultural product circulation, which is an important break-through to promote the transition of economic growth mode. The network and the organization for agricultural product circulation should be improved as soon as possible. Different kinds of resources should be fully integrated. The core role of wholesale market must be emphasized on. Farmer cooperatives should be encouraged to develop. The exploration of contract farming and futures market should continue. Great importance should be attached to the significant role of supermarket in the circulation of high-quality agricultural products. More efforts should be made to expedite the construction of infrastructure for agricultural product circulation.

Key Words: agricultural products; agricultural product circulation; economic growth mode

农产品流通：基于网络组织理论的一个分析框架*

▲夏春玉　薛建强　徐　健（东北财经大学，辽宁大连　116025）

> **摘　要**：文章以网络组织理论为分析工具来研究农产品流通问题。分析了农产品流通网络组织的结构特征和治理机制，认为农产品流通网络组织是一种介于企业组织和市场组织之间的组织形态。它能够克服市场组织和企业（科层）组织的缺点，是比市场更有效、比企业更灵活的协调方式。因此，农产品流通网络组织能够提高农产品流通效率，降低农产品流通成本，从而有助于解决小农户与大市场的矛盾，增加农民的收入
>
> **关键词**：农产品流通；网络组织；治理机制

改革开放以来，随着国家一系列农业生产和农产品流通体制改革的推进，我国农业经济取得了长足的发展。然而在改革不断深化的过程中，"三农"问题却日益凸显出来。在我国"三农"存在的诸多问题和矛盾中，突出的表现是农户小生产与变化莫测大市场的矛盾。由于农产品流通体制改革和农业的社会化服务体系滞后，特别是在我国加入 WTO 之后，小规模分散的农户直接进入市场交易将会面临巨大的交易成本和市场风险。而这种矛盾导致了农民收入不稳定和收入增长缓慢，制约了农业市场化进程，也阻碍了农业现代化。

针对小农户和大市场的矛盾问题，我国学者进行了广泛研究。这些研究大体可以为三类：一是以牛若峰和夏英（2000）、周立群和曹利群（2001、2002）、杨明洪（2002）等学者为代表，运用经济学，特别是新制度经济学理论和产业组织理论，对我国农产品流通组织进行了研究。二是运用管理学，特别是市场营销理论和物流供应链理论来研究我国农产品流通问题，代表学者包括张闯和夏春玉（2005）、周发明和曾福生（2005）、丁华（2004）、刘东英（2005）等。三是针对我国农产品流通所存在的问题进行国际比较和案例分析，并且提出政策建议。这种研究多是从实践出发，在所有关于农产品流通问题的研究中所占的比例最高。尽管这些研究取得了丰富的成果，但是这些研究往往只是关注农产品流通领域的某一方面，存在着很多不足。我们从网络

---

* 本文原刊载于《北京工商大学学报（社会科学版）》2009 年第 4 期。基金项目：国家社会科学基金项目（06BYJ089）；教育部人文社科重点研究基地重大项目（OWJD630003）；辽宁省教育厅创新团队项目（2007T 094）；辽宁省社科规划基金项目（L07CJ Y051）。

组织的视角来研究农产品流通问题，认为农产品流通网络组织是一种介于企业组织和市场组织之间的组织形态。

一、理论基础：网络组织理论概述

网络组织理论是近年来兴起的一种综合性跨学科的理论，是经济学（交易费用理论）、管理学（组织理论）和社会学（社会关系理论）的一种融合。尽管不同的学者从不同的视角和学科背景出发进行研究，但却极大地丰富了网络组织理论，并将该理论广泛应用于产业集群、虚拟企业、企业集团、外包和非政府组织等问题的研究（贾根良，1998；李新春，2000；孙国强，2003）。下面我们将对网络组织理论的基本内容进行简单的概述。

（一）网络组织是介于企业与市场之间的一种制度安排

科斯（Coase，1937）在其经典论文《企业的性质》中，提出了"交易费用"的概念打开了新古典企业理论的"黑箱"。他认为，企业和市场是配置资源的两种不同的组织形式，企业是对市场的替代，也就是说，企业用权威协调取代了市场的价格协调。张五常（Cheung，1983）认为科斯"企业—市场"的两分法并不准确。他指出企业应该是交易费用较低的要素市场对交易费用较高的产品市场的替代，是一种类型的合约取代了另一种类型的合约。威廉姆森（Williamson，1975、1985）认识到了"企业—市场"两分法的缺陷。他在有限理性和机会主义两个基本假设下，用不确定性、交易频率和资产专用性解释了经济活动的治理结构。当不确定性、交易频率和资产专用性的程度都很低时，市场作为协调手段是有效率的，而当这些因素处于很高水平时，企业（科层组织）的治理机制就是有效率的。威廉姆森还指出，在市场和企业之间存在双边的、多边的和交错的中间组织形态，并且这些中间组织形态是不稳定的组织形态。

（二）网络组织成员间具有资源互补性

Richardson（1972）尖锐地指出，"企业—市场"的两分法忽视了不同企业之间的合作。他提出了互补性活动和资源依赖的观点，认为企业组织是一种基于专业化的互补性分工网络。由于资源的稀缺性和重要性，企业组织不得不依赖于外部环境。Pfeffer 和 Salancik（1978）进一步提出了资源依赖理论。在开放体系中，企业为了获得并保住资源，必须与外部环境（其他企业）进行交互作用，企业之间的关系就变成了一种网络关系。企业间相互依赖的网络导致了不同企业之间的相互约束，这就需要对企业间的活动进行协调，但这种协调不是通过企业科层机制或是市场价格机制来完成的，而是通过企业间多种多样的合约关系安排的。Mitchell 和 Sirgh（1996）在资源依赖理论基础上，指出企业通过网络组织间的合作来取得维持生存发展的必要资源。

（三）网络组织成员间依靠关系协调

Larsson 和 Starr（1993）在威廉姆森的分析框架中引入资源依赖理论，提出用"市场—网络组织—企业科层"的三分法代替传统的"市场—企业"两分法。网络组织通过企业间的谈判，根据企业间的正式合约和隐性合约（关系）来进行调节。Jones, Hesterly & Borgatti（1997）把社会关系引入网络组织治理中，认为社会网络的嵌入对交易的协调与维护至关重要。这样，在网络组织生产活动中，自动调节、强制调节和社会调节相互交织在一起。嵌入性视角是由 Granovetter（1985、1992）在前人研究基础上提出的，他认为嵌入是指二元关系以及整个关系网络对交易结果的影响。经济行为嵌入于社会结构，经济行动受到关系网络的约束。Granovetter 区分了关系性嵌入和结构性嵌入，并且指出网络中的嵌入程度越高，嵌入性结构对网络成员行为的约束程度也就越高。Nohria 和 Eccles（1992）进一步认为，结构性嵌入可以看做是群体间双边合约相互联结的扩展，这意味着组织间不仅具有双边关系，而且于第三方有同样的关系，使得群体间通过第三方进行间接的联结，并形成以系统为特征的关联结构。

综上所述，我们认为网络组织是介于企业与市场之间的一种制度安排，它以独立单元（个体或团体）为结点，以彼此之间复杂多样的关系连结为纽带，并通过互补性的资源流动发挥核心能力，体现互补优势的新型跨边界组织模式。本文将应用网络组织理论来研究我国的农产品流通问题。

二、农产品流通网络组织的特征

农产品流通是指农产品从生产领域向消费领域的转移过程。该过程是以增值为目的的农产品交易活动，是农产品在流通领域的运动过程，包括商流、物流、信息流和资金流等过程。而农产品流通网络组织是手指，各个流通主体为了特定的共同目标，在农产品流通过程中，通过复杂多样的契约和关系连结在一起，从而形成的一种特殊组织模式。农产品流通网络组织如图1所示。

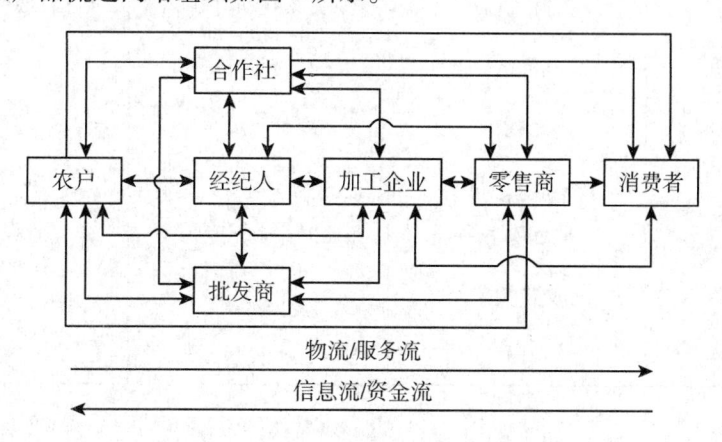

图1 农产品流通网络组织图

(一) 农产品流通网络组织的界定

农产品流通网络组织是一种超越市场组织和企业（科层）组织的新型网络组织。与农产品流通网络组织相对应的两个概念是农产品流通市场组织和农产品流通企业（科层）组织。我们认为，农产品流通市场组织是通过价格机制来协调各流通主体之间的关系，从而促成农产品由生产领域向消费领域的流通。农产品流通企业（科层）组织就是将农产品流通过程内部化，通过权威命令机制来协调农产品的流通过程。而农产品流通网络组织是介于市场组织和企业组织之间的一种中间"组织模式"，各流通主体间的关系既不同于纯粹的市场交换关系，也不是企业科层关系，而是一种平等、独立的合作协调关系。

我们把农产品流通过程简化为"农户—中间商—消费者"。在农产品流通市场组织模式下，中间商从农户手中购买农产品，然后再出售给消费者。在这一过程中，价格机制是协调机制，农户和中间商是纯粹的市场交换关系。农产品流通企业（科层）组织模式实际上是"农户—中间商"的纵向一体化，也就是农户和中间商合并为一个"企业"。这个"企业"可以是农户兼并中间商，即前向一体化，或者是农户成立销售公司从事销售活动。当然，这个"企业"也可以是中间商兼并农户，即后向一体化，或者是中间商成立农产品生产公司，雇佣农户生产农产品。农产品流通企业组织的协调机制是权威和命令。在农产品流通网络组织模式下，农户精于生产，中间商善于营销，两者通过契约和关系进行合作。这可以看做是"订单农业"，或者"公司＋农户"的模式。因此，农产品流通网络组织能够克服市场组织的风险性以及企业（科层）组织的教条僵化，是比市场更有效，比企业更灵活的协调方式。农产品流通的市场组织、企业（科层）组织和网络组织，三种协调方式的比较见表1。

表1　　　　　　　　农产品流通活动协调组织模式的比较

组织模式	市场组织	网络组织	企业科层组织
协调机制	价格机制	关系互动机制	权威命令机制
协调基点	价格	契约和关系	权威
协调力量来源	供求	谈判和关系	计划
协调成本	营销成本、市场信息成本等	谈判成本、关系投资与管理成本等	生产成本、管理成本等
主体关系	交换关系	合作关系	等级关系
合作稳定性	弱	比较强	很强

（二）农产品流通网络组织的主体构成

结点（网络成员）和联结是网络组织的基本构成要素。在农产品流通网络组织中，结点就是各个流通主体，包括农户、农民合作社、农产品经纪人、农产品加工企业、农产品批发商、零售商以及物流企业等。正是这些流通主体通过各种不同形式的联结，才构成了农产品流通网络组织。

农户是农产品的生产者，是农产品流通过程的起点，是农产品流通网络组织的最基本的组织成员。分散的农户可以组成专业合作社（或者农业协会），一方面可以促进农产品生产和加工，另一方面也有利于农产品销售和流通。农产品经纪人是把农产品买卖双方联结在一起的中间人，他们为买卖双方提供农产品信息和交易服务。农产品加工企业是从事农产品加工制作的经营实体。通过对初级农产品进行加工处理，改善了农产品的性状和用途，进一步提高了农产品的商品化程度，延长了农产品产业链条，增加了农产品的附加值，从而有利于农产品竞争能力和盈利能力的提升。农产品批发商依托农产品批发市场（包括产地批发市场和销地批发市场），通过合约等方式与农产品流通网络组织中的其他成员进行互动。农产品零售商直接与消费者交易，是农产品流通的终点。农产品零售商承担着向消费者传递市场信息，并向上游结点（农产品批发商、加工企业和农户等）反馈市场信息的职能。农产品零售商主要包括个体商贩及各种业态的零售企业（如超市）等。农产品物流主体主要是自营主体和第三方物流企业。农产品现代物流包括农产品的运输、仓储、装卸、包装、加工、整理、配送、信息处理等活动，形成整合的结构。

上面所提到的各个流通主体（结点）一旦通过各种不同的方式联结到一起，就形成了农产品流通网络组织。由于农产品流通网络组织是通过协议或契约将各个具有独立性的活性结点联结在一起的一种组织安排，从而使各个结点专注于在价值链中具有比较优势的活动，有效发挥各结点的核心能力的，真正实现核心能力带来的竞争优势；同时，各个结点将自己的核心能力置于网络之中，通过网络的价值链整合及协调管理又可取得网络竞争优势，产生一个正向的"网络效应"。因此，结点的核心能力和资源互补优势决定了农产品流通网络组织能够创造网络价值，使所有网络成员实现共赢。

（三）农产品流通网络组织的联结方式

在农产品流通网络组织中，各结点（网络成员）之间相互联结的方式是不同的。如图1所示，农产品流通网络组织成员的具体纵向联结方式主要包括：农户—加工企业，农户—零售商，农户—合作社—加工企业，农户—经纪人—加工企业，农户—批发商—加工企业，农户—合作社—零售商，农户—经纪人—零售商，农户—批发商—零售商，农户—合作社—加工企业—零售商，农户—经纪人—加工企业—零售商，农户—批发商—加工企业—零售商，农户—合作社—经纪人—批发商—零售商，农户—合作社—批发商—加工企业—零售商，农户—合作社—经纪人—批发商—加工企业—

零售商。在农产品流通网络组织中，还存在横向的联结方式，包括：合作社内部的农户之间，经纪人之间，批发商之间，加工企业之间，零售商之间。这些纵向联结和横向联结都不是孤立存在的，而是彼此交错，互相影响和制约，从而构成了农产品流通网络组织，其中各成员都是通过协议、契约和关系联结起来的。

农产品流通网络组织中的这些联结关系是各结点在适应市场经济的不确定性和克服自身能力不足的情况下自发形成并发展起来的。在农产品流通网络组织中，各流通主体并不是孤立存在的，而是存在于与其他流通主体的联结关系之中。各流通主体之间的联结关系是相互影响、相互制约的：各组织成员间通过协议和契约使彼此相结合；农产品的生产流通活动链条使各结点的互补性生产流通活动形成一个生产流通系统；资源互补依赖机制使企业资源被充分利用，形成核心竞争力和竞争优势。可见，农产品流通网络组织成员间的联结关系是彼此进行互动合作的基础，而长期的互动合作反过来又进一步强化了相互之间的关系，增强了网络组织的吸引力和凝聚力。

（四）农产品流通网络组织的动态演变

农产品流通网络组织中存在两个辩证过程，就是各利益主体间的竞争与合作。这两个过程成为农产品流通网络组织动态演变的基本动力。由于网络成员间在资源、信息和知识等方面相互补充，通过资源整合可以创造出核心竞争力，产生更高的合作收益。在网络成员间的合作不断加强的同时，他们之间的竞争也是不可避免的。网络成员内部之间的适度竞争有益于增强农产品流通网络组织的灵活应变能力、创新能力和学习能力，从而提高网络组织的效率。但是，过度的竞到将损害农产品流通网络组织的凝聚力，导致网络价值下降。处理好竞争和合作的关系，将会有利于农产品流通网络组织的稳定和发展。

农产品流通网络组织的存在、发展和演变都离不开其所处的环境。农产品流通网络组织所面临的环境，包括宏观经济环境、政治法律环境、社会文化环境、技术环境、其他农产品流通网络组织的竞争以及全球化趋势等。对于农产品流通网络组织而言，适应环境是一种生存的必然选择，而改造环境进而改善与环境的关系则是农产品流通网络组织发展的要求。因此，我们认为农产品流通网络组织存在、发展和演变的过程，不仅是网络内部成员间相互依赖、相互影响的过程，更是网络组织与外部环境不断融合、互动的过程。

三、农产品流通网络组织的治理机制

农产品流通网络组织的治理机制是网络组织有序运作的前提，为网络组织成员间的高效合作提供了基本保证。农产品流通网络组织的治理机制的作用主要在于提高互补性资源流动和信息知识传播的效率，规范和协调组织成员之间的行为。我们认为，信息、信任和创新是农产品流通网络组织治理机制的基本要素。

（一）信息是农产品流通网络组织联结的桥梁

信息流、知识流是农产品流通网络组织成员之间互动的纽带，通过信息、知识的流动实现战略网络的运转。一方面，农产品流通网络组织通过信息流动传播，使组织成员能够共享信息知识，加强彼此间的沟通，从而提高网络组织运行的效率；另一方面，通过与外界的信息交换，推动网络组织更好地适应外部环境，促使其在充满风险和不确定性的环境中生存发展。因此，建立以现代信息技术为基础的农产品流通网络组织，将会打破网络管理中的时间障碍、地理障碍、成本障碍和结构障碍，有利于网络成员间的沟通交流，保证信息和知识快速、敏捷、有效地传递、收集、组织、挖掘、分析、扩散和整合，提高网络组织的运行效率。

迅速准确的信息能够使农产品流通网络组织在面临市场和环境变化时，能够及时有效地满足市场需求，适应环境变化。现代信息技术的不断发展，为农产品流通网络组织提供了良好的技术支持。先进的信息技术的使用有利于降低信息不对称的程度，加快信息在网络组织中的有效传播，从而促进农产品加快流通速度，增加网络价值。例如，建立农产品电子商务网站，构建农产品物流信息平台等，这些措施都能够提高信息和知识在农产品流通网络组织中的传递速度，实现农产品价值增值。因此，现代信息技术是农产品流通网络组织运行的技术基础和保证。

（二）信任是农产品流通网络组织生成与有效运行的基础

农产品流通网络组织以关系性协调机制为主，社会契约在关系性协调机制中起基础作用，也就是说这种协调机制主要依赖于信任而非价格或者权威。信任能够降低交易费用，增加关系性专用资产的投资，促进信息和知识共享，减少合作关系的复杂性，使农产品流通网络组织中合作各方的联结更加密切。信任还会影响到合作者对网络组织的承诺、对突发事件的反应、对网络成员间冲突的解决方法等。例如，当前"订单农业"中广泛存在的违约现象，其根本原因就是龙头企业和农户之间未能建立起一种信任机制。而各个网络成员之间的相互信任是农产品流通网络组织与其他农产品流通组织模式的最主要的区别。

信任是农产品流通网络组织生成和有效运行的基础。信任是结点间长期的互动、不断重复的交易活动的结果，信任意味着农产品流通网络组织是各个结点的长期安排，克服了一次性交易的机会主义和道德风险。如果合作伙伴间能够建立起信任关系，就不需要签订内容烦琐的契约来约束彼此的行为，从而节约了签约、执行和监督的费用。因此，通过信任机制，农产品流通网络组织不仅可以产生附加利益，而且降低协调成本大大减少沉没成本出现的概率，提高网络组织的资源整合能力，从而产生更高的网络价值。

（三）创新是农产品流通网络组织有效运行的动力

农产品流通网络组织是一种适应知识社会、网络经济与组织创新要求的新型网络组织。随着农业经济持续增长，农业产业分工更加专业化，各种技术不断进步，都对农产品流通网络组织进行持续创新提出了要求，同时也提供了有利条件。具有灵活性的网络成员是农产品流通网络组织持续创新的根本力量，网络成员依靠自身的能力、知识、经验和网络组织中的互补性资源对各种信息和知识进行加工、消化、吸收，创造出新产品、新知识、新技术、新的管理方式，而这些创新成果会在网络组织中扩散和溢出。这主要通过两种方式实现：一种是通过网络成员间的非正式合作关系；另一种则是正式合作关系，比如农产品加工企业和物流企业联合研发信息平台和物流技术。

创新成果扩散和溢出的过程，同时也是农产品流通网络组织成员学习的过程。网络成员通过在网络组织中的学习，不仅能够促进成员间的相互了解和沟通，提高彼此之间的信任；而且有助于知识的扩散、积累和创新，形成网络组织中的共同知识，从而使农产品流通网络组织永葆生机、不断发展。

四、结束语

近年来不断发展的网络组织理论为我们分析农产品流通问题提供了一个理论基础。我们认为，农产品流通网络组织是指各个流通主体为了特定的共同目标，在农产品流通过程中，通过复杂多样的契约和关系联结在一起，从而形成的一种特殊组织模式。农产品流通网络组织是介于市场组织和企业组织之间的一种中间"组织模式"，能够克服市场组织的风险性以及企业（科层）组织的教条僵化，是比市场更有执比企业更灵活的协调方式。因此，农产品流通网络组织能够提高农产品流通效率，降低农产品流通过程中的交易费用，实现农产品价值增值，从而有助于解决小农户与大市场的矛盾，增加农民的收入。

参考文献

[1] Coase R. The nature of the firm [J]. Economica, 1937, 4 (11): 386-405.

[2] Cheung S N S. The contractual nature, of the firm [J]. Journal of Law and Economics, 1983, 26 (1): 1-12.

[3] Granovetter M. Eormunic action and social structure: a theory of embeddedness [J]. American Journal of Sociology, 1985, 91 (3): 481-510.

[4] Granovetter M. Emncunic action and social structure: the problem of einbeddednes [M]// Granovetter M, Swedberg R. The sociology of econcmic life. Boulden: Westview Press, 1992.

[5] Jones C, Hesterly S W, Borgatti P S. A general theory of network gcroernance: exchange conditions and social medianisrls [J]. Academy of Management Review, 1997, 22 (4): 911-945.

[6] Mitchell W, Singh K. Survival of businessesusing collaborative relationships to commercialize complex goods [J]. Strategic Management Journal, 1996, 17 (3): 169-195.

[7] Nohria N, Eccles R G. Networks and organizations: structure, form, and action [M]. Boston: Harvard Business School Press, 1992.

[8] Benson J K, Pfeffer J, Salancik G. The external control of organizations [J]. Administrative Sci-

ence Quarterly, 1978, 23 (2): 358.

[9] Richards G B. The oiganization of industry [J]. Econornic Journal, 1972, 82 (327): 883-896.

[10] Williamson O. Markets and hierarchies: analysis and antitrust implications [M]. New York: Free Press, 1975.

[11] Williamson O. The economic institutions of capltalism: firms, markets, relational contracting [M]. New York: Free Press, 1985.

[12] 丁华. 供应链管理理论及其在农产品物流企业中的应用 [J]. 中国流通经济, 2004 (1): 17-21.

[13] 贾根良. 网络组织: 超越市场与企业两分法 [J]. 社会经济体制比较, 1998 (4): 13-19.

[14] 李新春. 企业联盟与网络 [M]. 广州: 广东人民出版社, 2000.

[15] 刘东英. 农产品现代物流研究框架的试构建 [J]. 中国农村经济, 2005 (7): 64-70.

[16] 牛若峰, 夏英. 农业产业化经营的方式和运行机制 [M]. 北京: 北京大学出版社, 2000.

[17] 孙国强. 关系、互动与协同: 网络组织的治理逻辑 [J]. 中国工业经济, 2003 (11): 14-20.

[18] 杨明洪. 农业产业化经营组织形式演进: 一种基于内生交易费用的理论解释 [J]. 中国农村经济, 2002 (10): 11-15.

[19] 张闯, 夏春玉. 农产品流通渠道: 权力结构与组织体系的构建 [J]. 农业经济问题, 2005 (7): 28-35.

[20] 周发明, 曾福生. 大力推进我国农产品营销渠道建设 [J]. 中国流通经济, 2005 (11): 45-48.

[21] 周立群, 曹利群. 农村经济组织形态演变与创新 [J]. 经济研究, 2001 (1): 69-75.

[22] 周立群, 曹利群. 商品契约优于要素契约——以农业产业化经营中的契约选择为例 [J]. 经济研究, 2002 (1): 14-19.

The Distribution of Agricultural Products: An Analytical Framework Based on Network Organization Theory

▲Xia Chun-yu, Xue Jian-qiang & Xu Jian (*Dongbei University of Finance and Economics, Dalian, Liaoning 116025, China*)

Abstract: This paper applies the nexwok organization theory to the study on the distribution of agricultural products. It discusses the strictural characteristics and the governance mechanism of the network organization for the distribution of agricultural products. Hence, it holds that the network organization for agricultural products is a kind of organizational form between firms and markets, which can overcome the defects of markets and firms (hierarchies), more efficient than markets and more flexible than firms. Therefore, the network organization for the distribution of agricultural products ean improve the efficiency of distribution and reduce the cost of distribution so that it helps to solve the inconsistency between farmers and markets to increase farmers income.

Key Words: distribution of agricultural products; network organization; govemance mechanism

论农产品营销渠道的历史变迁及发展趋势*

▲孙　剑　李崇光（华中农业大学文法学院管理系，湖北武汉　430070）

> **摘　要**：文章从界定农产品营销渠道入手，把农产品营销渠道分为五个发展阶段，分析了其历史变迁的原因和特点，探讨了农产品营销渠道发展的新趋势。
>
> **关键词**：农产品营销渠道；变迁；趋势

农产品营销渠道是农产品营销学固有的内容，它伴随农产品营销理论的发展而发展。尤其在我国农产品买方市场的形成和农产品市场的国际化背景下，农产品营销发展迅速，农产品市场已经从供给管理为导向的营销观念转向产品需求管理为导向。由于农产品营销渠道的建立、改造和创新具有时滞性，所以在农产品营销运作中，往往更注重产品（product）、定价（price）和促销（promotion）等营销策略。但建立适应市场需求的农产品营销渠道，将会保持更持久的竞争优势。

一、农产品营销渠道概念的界定

"营销渠道"来源于英文"channels of marketing"，又称分销渠道（channels of distribution），有人又称之为"配销渠道"、"销售通路"和"流通渠道"。对其有三种不同的定义：（1）重点强调营销渠道的组织结构。1960年美国 AMA（美国市场营销学会）定义为公司内部单位以及公司外部代理商和经营销商（批发和零售商）的组织结构，通过这些组织，产品和劳务才得以上市营销。（2）着重强调产品从生产者转移到消费者的分销过程。美国学者 Edwardw Cundiff 和 Richard R. Still 认为营销渠道是指当产品从生产者向最后消费者和产业用户转移时直接或间接转移所有权所经过的途径。（3）重点强调营销渠道过程中涉及的各类主体。著名营销专家 Philip Kotler 认为营销渠道是指某种货物或劳务从生产者向消费者移动时，取得这种货物或劳务所有权或帮助转移其所有权的所有企业或个人。

以上三种定义分别从渠道成员的组织结构，产品流通路径以及产品在流通过程中成员间的交易关系等三个角度阐述了营销渠道的含义。作者倾向第三种定义方法。由于营销渠道不仅仅是产品从生产者向消费者移动的途径，更是表现在渠道各成员间在

---

* 本文原刊载于《北京工商大学学报（社会科学版）》2003年第2期。基金项目：国家自然科学基金项目"比较优势理论及在农产品营销中应用"（70073010）。

产品移动过程中所承担的营销职能及为承担这些职能而建立起的各种联系。正是这种职能变化和渠道成员关系的变化促使了营销渠道的不断发展。

根据科特勒（Kotler）的营销思想，作者认为农产品营销渠道是为一切促使农产品顺利地被使用或消费的一系列相互依存的组织或个人。它包括：供应商、经销商；（批发商、零售商等）、代理商（经纪人、销售代理等）、辅助商（运输公司、独立仓库、银行、广告代理、咨询机构等）。由于农产品营销最早产生于美国，后来发展到非农产品的市场营销。本文主要以美国农产品营销渠道的演变来探讨农产品营销渠道的历史演变。

二、农产品营销渠道的历史演变

1. 农产品运销阶段。19世纪末20世纪初，农产品营销的产生阶段，也是市场营销学产生的阶段。在该阶段，农产品营销渠道主要形式为生产者—消费者的直接销售渠道。由于在该时期美国农产品生产的规模化和机械化程度提高，加上工业发展需要大量劳动力，使大批剩余劳动力涌入城市，客观上造成了城市劳动力的相对过剩，使对农产品的购买能力下降，农产品市场价格相对提高。解决该题的主要方法是如何选择经济便捷的运输方式，以降低运输成本和销售价格。因此，许多学者将这个时期的农产品营销学表达为"Marketing of Farm Products"即译为"农产品运销学"（见图1）。

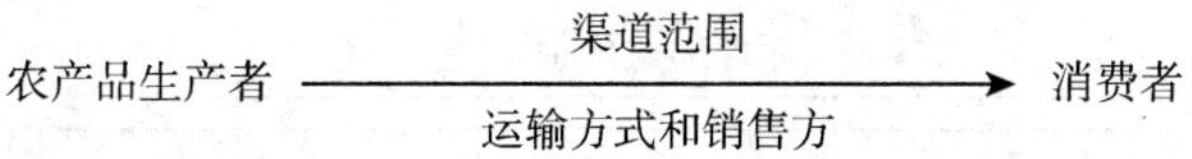

农产品生产者 —————渠道范围—————→ 消费者
　　　　　　　运输方式和销售方

图1　19世纪末20世纪初农产品营销渠道主要形式和范围

2. 中间商销售为主阶段。20世纪20－40年代，由于美国农产品机械化和规模化水平的进一步提高，农产品出现了过剩问题，形成了农产品买方市场。农产品营销已不是如何降低渠道成本和提高营销效率问题，主要问题是如何使过剩的农产品实现市场交换。而以前的农产品运销方式，显然带有生产主导性，生产者缺乏市场驾驭能力，这样出现了对中间商的选择和培养，通过中间商的市场能力优势把农产品推向市场，完成农产品在流通领域中的所有权转移。因此，在该时期许多人把农产品营销等同于农产品推销学（见图2）。

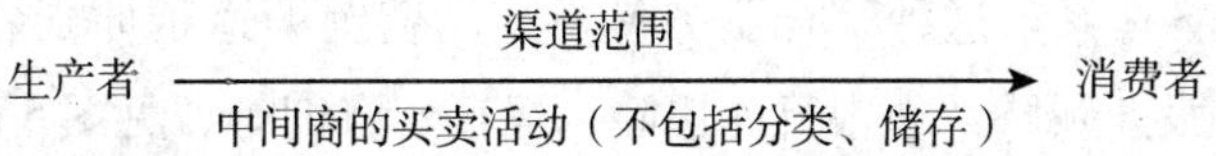

生产者 —————渠道范围—————→ 消费者
　　　　中间商的买卖活动（不包括分类、储存）

图2　20世纪20－40年代农产品营销渠道主要形式和范围

3. 垂直一体化渠道阶段。20世纪50年代，由于中间商在农产品市场交换中占有主导地位，传统的营销渠道系统中的中间商（渠道成员）处于一种完全竞争，相互排斥状态。农产品在流通过程中所有权转移环节多，各渠道成员为自身利益，往往以追求最大利润为目的，农产品在市场中的交换利润绝大部分被中间商掠取，生产者往往得不到农产品在市场交换中的平均利润，受到中间商的盘剥。为了抵制这种盘剥，农民纷纷组织各种形式的生产者联合体，实行农工贸一体化经营，形成了以生产为中心的垂直一体化渠道系统。主要形成了以农产品加工工业（Agri-Industry）和农商综合体（Agri-Business）中心的垂直渠道系统的形式，使农产品营销渠道延伸到生产领域（见图3）。

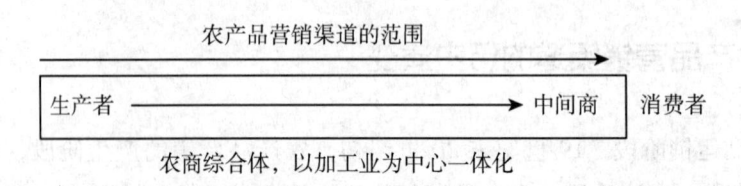

```
                农产品营销渠道的范围
        ┌─────────────────────────────┐
        生产者 ─────────────────→ 中间商    消费者
        农商综合体，以加工业为中心一体化
```

图3 20世纪50年代农产品营销渠道主要形式和范围

4. 以顾客为中心的渠道发展阶段。20世纪60－70年代，随着经济的发展，消费者的消费越来越个性化，农产品营销渠道活动从消费领域开始，形成了以顾客导向为特征的营销观念。农产品渠道的设计以以顾客便利和服务顾客为中心，使渠道设计从以生产为中心转变为以顾客需求为中心，使农产品营销渠道延伸到消费领域（见图4）。

```
            农产品营销渠道
        ┌──────────────────────→
        生产者 ──→ 中间商 ──→ 消费者
```

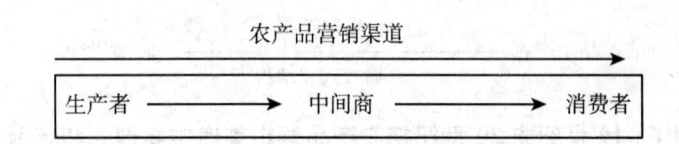

图4 20世纪60－70年代农产品营销渠道主要形式和范围

5. 渠道整合阶段。20世纪80年代至20世纪末，农产品营销渠道从过去传统的营销渠道系统发展到整合的营销系统。渠道成员间的关系由原来各自追求最大利润为目的竞争关系整合为农产品生产、流通、消费等全过程的服务目标统一性。在此基础上建立起来渠道成员间的各种合作关系。在西方农业发达国家，特别是美国，农业联合体逐渐成为农产品营销的主体。农业现代化的发展要求农业中许多部门（如产前、产中、产后的服务机构和加工机构）从农业中分裂出来，形成以农产品生产，流通和消费为中心的综合服务体系。这种综合服务使农产品营销渠道延伸到农产品产前的服务领域和其他辅助的服务领域（如银行、保险、运输、咨询等，见图5）。

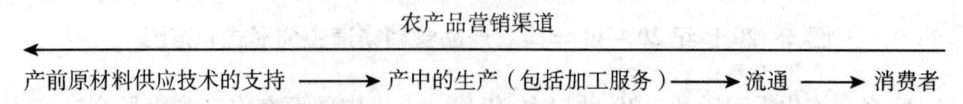

```
                        农产品营销渠道
    产前原材料供应技术的支持 ──→ 产中的生产（包括加工服务）──→ 流通 ──→ 消费者
```

图5 20世纪80年代至20世纪末农产品营销渠道主要形式和范围

以上农产品营销渠道发展的五个阶段是伴随农产品营销理论的发展而变化。同时农产品营销渠道的演变也是农业经济发展的演进轨迹。前三个阶段属于以生产为导向型的农产品营销阶段，其主要目的是如何通过降低成本、提高渠道效率，使生产者的农产品传递到消费者手中。采用以农产品为中心的农产品运销，农产品推销和产销一体化的营销活动方式。这些营销方式实质上是生产—市场的模式。它适应卖方市场下的农产品营销活动。第四、第五个阶段，由于经济和技术的快速发展，农产品生产已不再是营销活动中的主要问题，顾客的需求，尤其是顾客需求的个性化，使农产品营销活动必须以顾客需求为出发点和终点。农产品营销渠道的设计形成了市场—生产的模式。该模式不仅体现买方农产品市场的需要，也满足在卖方市场下生活水平日益提高的顾客差异需求。

三、农产品营销渠道的发展趋势

随着农产品市场营销理论的发展，从以农产品生产为中心，到以农产品为中心的营销观念，发展到顾客需求导向和关系营销的观念，农产品营销渠道的发展呈现出新的发展趋势。

1. 农产品渠道结构短化。在新经济和网络经济背景下，顾客的需求日益个性化，顾客对农产品营销渠道过程参入程度越来越高，信息技术为异地交易提供了物质基础，便利的交通运输大大提高了农产品物流的速度。顾客可以在市场上根据需要购买自己的农产品。如美国，78.5%的农产品通过"生产地—配送中心—超市、连锁店—消费者"的渠道通路完成其分销过程。只有20%的农产品通过"生产者—批发市场—销售渠道"的传统农产品营销渠道。农民的集贸市场只占1.5%。这种渠道环节少、物流快、成本低、效率高的渠道结构已在全球形成发展趋势。

2. 渠道系统的一体化。渠道系统的一体化分为垂直一体化，水平一体化和渠道集成化。垂直一体化（verticl marketing system）是由生产者和中间商组成的一种合体。以生产为中心的垂直一体化称之为向上垂直一体化。以中间商为中心的垂直一体化称之为向下垂直一体化。如我国："公司+基地+农户"是一种典型以生产者为中心的垂直一体化。水平一体化（horizontal marketing system）是由两个或两个以上渠道成员利用各自优势联合开拓农产品市场机会。如可口可乐公司与雀巢公司提供的品牌，共同成功开发出国际饮料咖啡。渠道集成化，也称多渠道化（multi channel marketing），是指同时运用两个或两个以上的营销渠道通路进入某一细分市场，如农业综合商社等。

3. 渠道内部关系从交易关系向合作联盟发展。传统的农产品营销渠道成员间，因目标不同而在运作过程也具有差异性，造成一种不一致的痛苦关系。目标不同而操作过程相同，又易产生一种误解关系。目标相同，过程不同，从而造成一种在管理过程中的错误关系。随着农产品市场营销竞争的激烈，这种矛盾关系必然会影响各成员的共同利益，从20世纪80年代开始，逐渐建立起在交易关系基础上的合作关系、在合作关系基础上的伙伴关系和在伙伴关系基础上的联盟关系。

参考文献

[1] 菲利普·科特勒. 营销管理 [M]. 新千年版·第十版. 北京：中国人民大学出版社，2001.
[2] 劳伦斯·C·弗里德曼，蒂莫西·R·弗瑞. 创建销售渠道优势 [M]. 北京：中国标准出版社，2003.
[3] 李飞. 分销通路设计——商品分销体系建立与创新 [M]. 北京：中国时代经济出版社，2002.
[4] Kohls B. Marketing of agricultural products [M]. Macmillan：Macmillan Publishing Company，1990.
[5] Stern L W, Elanary Al. Marketing channels [M]. 7th ed. Upper Sacidle River：Prentice Hall，1996.

On the Historical Change and Development Trend of the Marketing Channels of Agricultural Products

▲Sun Jian, Li Chong-guang (*Management Department*, *School of Humanity and Law*, *Wuhan*, *Hubei*, *430070*, *China*)

Abstract：This paper defined the marketing channls of agricultural products, divided the development of the marketing channels of the agricultural products into five stages, analyzed the features of and the reasons for the historical change, and explored the new developing trend of the marketing channels of agricultural products.

Key Words：marketing channel of the agricultural products；change；trend

农产品供应链整合的困境与突破*

▲纪良纲　刘东英　郭　娜（河北经贸大学，河北石家庄　050061）

> **摘　要**：推进我国农产品供应链发展的当务之急是进行农产品供应链整合，针对这个问题，理论研究与实践探索都存在困境，具体表现为理论认识与实践进展脱节，理论不能有效指导实践，实践中的问题找不到解决途径。引入"狭义农产品供应链"概念，以供应链增值能力为评估标准，构建组织整合、信息整合、资源整合的理论研究框架，在实践中识别可整合的供应链，推动真正具有增值能力的供应链形成，有助于取得农产品供应链整合上的突破性进展。
>
> **关键词**：狭义农产品供应链；供应链整合；供应链增值能力；组织整合；信息整合；资源整合

农产品供应链要获得增值，也应和制造业供应链一样，必须在三个方面作出努力：一是建立长期、稳定的战略合作伙伴关系，谋求交易成本的降低；二是保证现代信息技术在供应链上无障碍使用，将时间成本和空间成本降到最低；三是持续提高物流作业质量，提升产品的客户价值。这既是农产品供应链理论研究应该具有的基本认识，也是农产品供应链整合的实践过程中相互支撑、不可偏废的三个基本点。本文将以此反观农产品供应链的理论研究与实践现状，梳理农产品供应链整合的困境，并努力寻求突破的途径。

一、农产品供应链整合的理论困境

在应用经济学领域，好的理论研究应该能对实践起指导作用，并能伴随实践进展不断丰富、提升。我国针对农产品供应链的研究始于1999年，之后国内学者从不同角度对农产品供应链进行了研究。经过十几年的积累、充实和完善，在农产品供应链的内涵、运作模式、组织结构、资产分布、信息管理以及整体优化等方面形成了一系列研究成果，在一些相关问题上也已基本达成共识。但是，根据我们的实地调查发现，在农产品供应链理论研究不断深入的同时，其实践并未随之推进，即理论研究止于研究，并未真正指导实践，理论与实践出现脱节。

---

* 本文原刊载于《北京工商大学学报（社会科学版）》2015年第1期。基金项目：国家软科学项目"农产品供应链整合及其对策研究"（2013GXS4D104）；河北省社会科学基金项目"小农户接入农产品供应链的意愿与途径"（HB14GL054）；京津冀协同创新中心招标项目"小农户接入农产品供应链的制度创新"（2014ZBXM01）。

(一) 对于农产品供应链的认识局限于"广义农产品供应链"

"广义农产品供应链"的概念是我们针对当前过于泛化的农产品供应链研究而提出来的，主要是指农产品从生产领域向消费领域转移过程中，由不同流通环节构成的首尾相接的长链，即流通链。其只具有链的外在形式，而缺乏供应链的核心内涵。在理论研究领域，将流通链作为供应链研究的成果不在少数，尽管加进来一些供应链的元素，但是很难实现供应链增值。在研究过程中，本文采用问卷调查和面对面访谈两种形式对河北省青县、定州市、新乐市、藁城市、栾城县、晋州市、辛集市、正定县、赵县等地的各类农产品流通主体进行了调研，下文中的相关结论均来自对问卷数据和访谈材料的整理。在问卷调查中，90%以上的被调查者对于农产品供应链缺乏认识，有的甚至没听说过供应链，而问卷中的一些题目恰恰是直接应用了供应链及一些相关术语，才导致被调查者不知所云，随意勾画选项。进一步访谈获知，这些被调查者对农产品流通中由不同环节组建的流通链比较熟悉，即本文界定的"广义农产品供应链"，能够理解流通链在农产品从生产领域向消费领域转移过程中发挥的重要作用，大致了解流通链的结构，也基本明确自身及交易伙伴在流通链中所处的位置，由此可见，当前在我国农产品流通中，许多农产品流通主体对供应链的认识仅仅局限于"广义农产品供应链"。

(二) 实践者接受真正意义上的农产品供应链存在困难

鉴于多数流通主体对真正意义上的农产品供应链不了解，本文在问卷调查的基础上进行了深入访谈。首先向被调查者解释了真正意义上的农产品供应链是什么，具备什么特征，以及加入供应链对参与者的好处等，在此基础上，了解被调查者参与供应链的意向。结果显示，在有利益的预期之下，几乎所有被调查者都愿意成为农产品供应链的一员。但当得知建立真正的农产品供应链需要具备的条件以及作为参与者应付出的努力时，例如，和其他供应链成员共建信息系统，为建立固定的交易关系而在建设冷库、购置质量检测设备及分拣包装生产线等方面进行特定投资，为合作伙伴提供技术支持及资金援助，执行合作伙伴提供的技术标准等，被调查者中的大多数表示不愿意接受这些条件。联系被调查者的特征发现，其主要原因在于，这些被调查者普遍受教育程度较低，缺少资本积累和资金来源，几乎没有类似的成功经验，因而更注重短期利益，不习惯看到收益的事先投入。

(三) 具有增值能力的农产品供应链在实践中几乎不存在

由于当前许多农产品流通主体接受真正意义上的农产品供应链存在困难，导致现实中具有增值能力的农产品供应链几乎不存在。本文在对流通主体参与农产品供应链的意愿进行调查之后，选择了蔬菜、水果、鸡蛋、猪肉等几种有代表性的农产品，从其供应源头开始对流通过程进行追踪，发现不同流通主体间关系松散、信息不畅，不具备构成供应链的基本条件。与此同时，尽管在许多相关研究中都对我国农产品供应链的现状、存在问题进行了分析，但通读这些文献后会发现，实际上这些文献中分析的仅是广义的农产品供应链，而不是真正意义上的农产品供应链。一方面，从农产品流通的整个过程看，虽然由于各个环节的买卖关系存在着一个个的链条，但是这些链条在组织化程度、资源配置以及信息化建设等方面不能严格满足农产品供应链的要求。另一方面，尽管有些文献中提到一些流通主体之间建立了固定的交易关系，能够共享资源和信息，具备了农产品供应链的特征，但是深入分析后会发现，这些文献仅仅是试图通过对农产品流通中的一些特定环节的分析对供应链进行描述。显然，对特定环节的分析不能代表整个链条。

二、农产品供应链整合的现实困境

由上文可见，农产品供应链的理论研究还没有找到与中国农产品流通实际发展阶段的有效结合点，没有找到抛开农产品流通的差异性而利用供应链管理对其效率提升作出指导的一般理论框架。这种理论与实践的脱节既是理论研究的困境，也是实践在困难中摸索的一个表现。从"广义农产品供应链"向真正具有增值能力的供应链整合，在现实中的困境主要表现在以下方面。

（一）主体组织化程度较低，难以结成有效的供应链合作伙伴

组织化程度低是我国当前农产品流通主体的显著特征。农产品供应链理论，从节点的角度看，主要分析的是各主体的组织化程度，即农产品最初供应者、中间环节以及零售终端的组织化程度。农产品最初供应者主要是针对农户和专业合作社而言的，小规模生产、分散经营的农户组织化程度非常低。虽然加入专业合作社是提高农户组织化程度的有效途径，但是当前我国的农民专业合作社还处于初级阶段，一般规模较小、功能较弱，大多数属于松散型的联合，与发达国家的农民专业合作社相比，其组织化程度相对较低。农产品流通的中间环节主要涉及农产品加工企业和各类批发商。近年来，我国农产品加工的比重不断上升，农产品加工业发展较快，但相当一部分农产品加工企业规模较小、实力弱、组织化程度较低，导致其经营粗放、资源综合利用低、产品质量较差。就批发商而言，除了产地批发市场、中转地批发市场及销地批发市场中一些规模较大、运作规范的大型批发商组织化程度较高外，大多数中小型批发商的组织化程度均较低，经营效率低下。以北京新发地为例，该市场内注册为公司的批发商和配送商不到总商户的10%（贾敬敦等，2013），其他批发市场的情况也类似。由此可见，农产品批发商的整体组织化程度仍旧处于较低的状态。在农产品零售终端，除了规模较大的超级市场和一些采取连锁经营模式的农产品专营店组织化程度相对较高外，农贸市场、早市以及定期集市中为数众多的小摊贩组织化程度都非常低。由以上分析可以看出，不同节点农产品流通主体的组织化程度存在差异。虽然一些环节存

在组织化程度相对较高的节点企业，但大多数节点企业（或成员）的组织化程度较低。节点主体的组织化程度低，不仅表现为这些主体的自组织能力较差，而且表现为这些主体组织其他成员的能力以及被其他成员组织的能力均较差。

（二）核心主体缺失或者作用不明显

根据供应链的内涵，在供应链的构建过程中，必然存在一个处于核心地位的企业，在组建供应链的过程中承担发起作用，在供应链组建之后其承担领导和带动作用。由于我国对广义的农产品供应链的理解更多地强调流通链的形式，因此，有些文献在分析农产品供应链的模式时，将其分为两类：一类是核心主体缺失、链条分散的供应链模式；另一类是以某一主体为主导的供应链模式。对农产品供应链核心主体作用的分析主要是针对第二类模式而言的。这一模式是围绕核心企业建立起来的，以核心企业与供应商、供应商的供应商乃至一切向前的关系，以及核心企业与分销商、分销商的分销商及一切向后的关系形成的网链结构，各个环节之间结成一致联盟（魏国辰和肖为群，2009）。实践表明，当前我国农产供应链包括以加工企业为核心主体的供应链、以批发商为核心主体的供应链、以超市为核心主体的供应链及以合作社为核心主体的供应链等几种形式。但是，在这几种供应链形式中，核心主体统领、管理、协调整个供应链的作用并不明显，其核心作用并未发挥出来。

（三）断链现象比较普遍

从我国目前农产品流通的过程来看，尽管近年来出现了以"农超对接"、"农餐对接"及网上交易等为代表的绕过了批发环节的新型交易模式，但是绝大多数农产品仍需要通过不同渠道汇集于批发市场，再借助批发市场中批发商的力量进入后向的各个销售环节。可见，以批发商为核心的农产品供应链仍是当前我国农产品流通的最主要形式。但是，对这种农产品供应链形式进行分析就会发现，其运作过程中存在一些问题，其中最为突出的便是以批发商为界的断链问题，这也正是许多学者对这一农产品供应链模式进行研究时普遍关注的问题。

另外，需要强调的一点是，我国农产品供应链的断链现象不仅仅存在于以批发商为核心的农产品供应链中，也不仅仅体现为以批发商为界的断链，这只是最典型的一个表现而已。当前存在的各种形式的农产品供应链，由于主体的组织化程度低、核心主体作用不明显，导致在这些供应链的任何节点上，都有可能存在交易双方的冲突，从而导致断链。因此，当前我国农产品供应链断链现象比较普遍。

（四）运行成本过高，难有增值效果

农产品供应链的运行成本主要包括从供应链的起点到终点所发生的交易成本和物流成本。其中交易成本包括：信息成本、谈判成本、签订和实施契约的成本，以及违约成本等。当前，我国农产品供应链运行成本高是这些具体成本因素共同作用的结果。

1. 信息成本偏高。一方面，由于农产品供应链合作主体复杂多样，且发展不平衡，既有规模较大的企业，也有小作坊式的企业，还有分散的小农户，这就必然导致不同供应链节点主体获取信息、运用信息及处理信息的能力存在较大差距，从而导致交易中的信息不对称。另一方面，由于我国真正意义上的农产品供应链尚不存在，现有的广义农产品供应链中的各个节点企业难以做到将自身利益统一到整个供应链利益之下，一些节点企业（或成员）观念守旧，不与交易伙伴共享信息。由于以上两方面原因，农产品供应链各节点未建立起统一的信息平台，处于供应链核心地位的企业不能对整个供应链的信息进行协调、管理，交易信息、物流信息无法共享。在这种情况下，供应链各个节点主体都需要各自获取所需信息，信息不完全、信息滞后、信息失真的现象经常发生，各节点的信息成本必然提高，从而整个供应链的信息成本被抬高。

2. 交易成本总体偏高。供应链节点企业（或成员）之间建立合作伙伴关系的前提是谈判、签约、实施契约等一系列活动，而合作关系的突然终结多因一方违约所致，因此，可以将这几种关系密切的交易成本放在一起分析。由于建立合作关系的节点企业（或成员）往往在实力上存在差异，尤其是当实力较强的一方具有资源稀缺性特征时，实力相对较弱的一方往往会希望通过与实力强大的一方建立合作关系，以获得稳定的货源或销售渠道。在这种情况下，由于一方对另一方存在依赖，处于劣势的一方通常能够接受占据优势的一方提出的交易条件，交易契约较易达成，因此，谈判成本、签订契约的成本并不高，而造成与契约相关的交易成本总体偏高的原因主要是实施契约的成本及违约成本。从实施契约的成本来看，一旦契约达成，为实施契约，交易双方必然都会产生一系列的成本支出。以"农超对接"为例，签订契约后，连锁超市不仅需要制定各类农产品交易的标准，包括农产品的规格、品相、质量等的标准，而且还要在一些检测含糖量、重金属含量及农药残留的相关检测设备等专用资产上进行投资。除此之外，为使农产品达到超市的要求，有的超市还会派专门的技术人员对合作社进行技术培训或技术指导等。与此同时，专业合作社为执行契约，必须按照超市的要求进行生产，接受技术培训和指导，从而会产生学习成本；而为创造必需的生产条件也要进行专用资产投资；等等。还需要特别指出的一点是，在农产品供应链运行过程中，签订契约的节点企业（或成员）之间也会发生冲突，或者是处于劣势的一方逐渐发展壮大，希望改变在契约关系中处于被动的状态；或者是处于优势的一方过分地实施了渠道权力，而超出了对方的接受范围。一旦冲突发生，交易双方需要进行谈判、调解。若最终双方能够继续合作，则显然增加了契约实施的成本；若最终不能达成一致，契约不能继续，则随之会产生违约成本。从违约成本来看，若契约具有较强的约束力，一旦一方违约，违约方就需要承担违约责任，例如，支付违约金对另一方进行补偿。除此之外，由于双方合作关系的结束，农产品供应链出现断链，这就意味着双方都需要重新寻找合作伙伴，重新组建新的供应链，因此，对于双方而言，都需要重新支付搜寻、谈判、签约等一系列交易费用。若断裂的供应链是生鲜农产品供应链，处于流通状态的生鲜农产品会因供应链的断裂而延长滞留在流通领域的时间，从而腐烂、变质等问题也会随之而来，损耗增大。虽然农产品供应链违约成本相当高，但违约现象还是时有发生。

3. 物流成本偏高。一方面，从供应链整体来看，由于当前农产品供应链组织化程度较低，供应链各个节点企业（或成员）分别采取自营物流的形式，这就需要各节点企业（或成员）在各自的物流建设方面进行投资。相对于整个供应链各环节共建一个物流系统而言，这样不仅会因重复建设而导致资源浪费，而且农产品在从供应链的一个环节进入另一个环节时，也会因不同企业自营物流系统的频繁衔接而延长物流时间，从而增加物流成本。另一方面，从农产品供应链各个节点企业（或成员）来看，由于许多节点企业（或成员）规模较小，其自营物流的专业化程度普遍较低，这也必然导致其物流运营的低效率，从而增加物流成本。而且从农产品供应链物流包含的内容来看，在农产品运输、包装、装卸、搬运、储存、流通加工、配送的过程中，由于我国物流设施、物流技术、物流管理滞后，使得农产品损耗率相当高，物流成本居高不下。

三、农产品供应链整合理论困境的突破思路

（一）引入"狭义农产品供应链"概念

目前，对于农产品供应链的研究过于泛化。查阅中国知网知识文献总库，自2003年开始出现有关农产品供应链研究以来，仅篇名中含有"农产品供应链"词汇的文献就有900多篇，并且还在逐年增加，研究内容涉及系统建立、绩效评价、合约机制、食品安全、运行模式、核心主体等诸多方面。但是如果仔细分析其内容，有个问题就会显现：如果用"农产品流通渠道""农产品流通模式"或者"农产品流通组织"等词汇来替代"农产品供应链"是不是没有什么不妥呢？回答即使不是肯定的，但一定也是含糊的。这一现象说明，当前农产品供应链的研究含有部分文字游戏的意味，是用一个新的词汇来进行老问题的研究，其包含的实际进步意义不明显。其实，农产品供应链的概念完全是套用了制造业供应链的概念。由于制造业供应链管理实践取得了令人瞩目的成就，使人们对同样作为商品的农产品生产和分销过程的优化产生了期待，希望用供应链管理的方法来实现之。但事实是，农产品流通现状过于复杂，参与主体过多且市场能力严重不平衡，鲜销和加工的过程控制完全不同，劳动生产率以及现代化水平差异也交杂其中。显然，如果在不对这些因素加以厘清的情况下作研究，我们就无法期待研究成果具有指导意义。基于这些考虑，本文认为，要在农产品供应链整合的理论研究上取得突破，首先要界定"狭义农产品供应链"的概念，有选择、有针对性、有目的地进行研究。

（二）界定"狭义农产品供应链"的特征

"狭义农产品供应链"除了具备外在的网链结构特征之外，还必须具有真正的增值能力，具体包括四项可识别的内在特征：较高的主体组织化程度、具有能够发挥主导

作用的核心主体、完善的信息网络和高效的资源配置。

1. 较高的主体组织化程度。"狭义农产品供应链"具有稳定性，这种稳定性主要来自于供应链各个成员的相互协调与合作，这就需要较高的主体组织化程度来保证。只有组织化了的主体才能具有与他人长期合作的动机与能力，形成并维护合作信誉。

2. 具有能够发挥主导作用的核心主体。由于供应链的成员是各自独立的利益主体，在追逐各自利益的过程中难免会与交易伙伴存在冲突，从而导致供应链成员的不确定性，影响农产品供应链的稳定性。解决这一问题的关键在于供应链的核心企业必须发挥应有的主导作用，通过协调各个成员之间的关系，使整个供应链上所有成员达成一致，形成稳固的利益联盟。

3. 完善的信息网络。"狭义农产品供应链"应建立在发达的信息系统之上，具有完善的信息网络。在整个农产品供应链中信息传递应畅通无阻，各个供应链成员可借助于各种信息传递方式实现链内信息和链外信息的共享。

4. 高效的资源配置。"狭义农产品供应链"实现了资源的优化配置，这种优化配置既包括物流资源、人力资源、信息资源、实物资产、技术资源、品牌资源及信誉资源等供应链内部资源的优化配置，又包括供应商资源、客户资源、服务资源等供应链外部资源的优化配置，还包括供应链内部资源与外部资源的高效衔接和有机融合。

（三）确立农产品供应链整合研究的一般框架

在引入"狭义农产品供应链"概念之后，可以把农产品供应链整合研究的目的定位于如何获得供应链增值。正如本文开篇所述，农产品供应链要获得增值需要在三个方面作出努力，与此相对应，理论研究上可以通过组织整合、信息整合和资源整合三部分完成。组织整合回答谁和谁结成供应链合作伙伴的问题。做供应链不是做公益，为了实现供应链增值，每个成员均需要具备一些能力，并用这些必备能力对参与农产品流通的所有主体进行筛选，得到"狭义农产品供应链"主体集，这些主体将有可能结成供应链合作伙伴。信息整合回答什么信息需要整合、整合需要什么技术，以及如何实现技术的无障碍使用和信息的顺畅流动等问题。首先是对信息集的确定，其次是对链内信息和链外信息的划分，最后确定技术性整合的关键步骤。资源整合重点回答供应链资源的协调与集约使用问题，特别是物流资源的合理分布和集约使用问题。这三部分研究站在农产品种类之外，忽略农产品鲜销与加工的区别，只回答谁和谁有条件结成供应链合作伙伴，以什么样的方式在链上使用信息技术，如何对物流设施设备进行投资等问题。因为这些具有一般性的答案回答的是根本问题，所以可以作为农产品供应链整合研究的一般理论框架。

四、农产品供应链整合现实困境的突破方向

结合我国当前农产品供应链的发展现状及对"狭义农产品供应链"特征的分析，

要将"广义农产品供应链"整合成"狭义农产品供应链",应首先从改造现有的农产品供应链入手,通过组织整合、信息整合、资源整合,使以加工企业为核心主体的农产品供应链、以批发商为核心主体的农产品供应链、以超市为核心主体的农产品供应链、以合作社为核心主体的农产品供应链等几种主要供应链模式发展成为真正能获得增值的农产品供应链,以减少农产品的损耗,提升农产品流通效率。除此之外,还要积极构建一些具有发展前景的新型模式。目前,可将以下几种供应链模式作为突破方向。

(一) 向以第三方物流企业为核心主体的农产品供应链方向整合

建立基于第三方物流企业的农产品供应链,将以往由各个供应链成员各自承担的物流活动全部以合同方式委托给第三方物流企业,这些供应链成员不需要再配备与物流相关的各种设施,可将全部的人力、物力、财力投入核心业务中,从而增强自身实力。同时,由第三方物流企业统一负责整个供应链的物流,可借助其专业从事物流活动的技术、管理优势,对物流过程进行实时监督和控制,实现整个供应链物流成本的降低、物流时间的缩短和物流效率的提高。另外,能够成为供应链核心主体的第三方物流企业通常拥有高标准的信息平台,借助于该信息平台,第三方物流企业可及时整合供应链各节点企业的信息资源,并使这些信息资源在整个供应链中实现共享,最终降低整个供应链的运作成本。

(二) 向以企业化批发市场为核心主体的农产品供应链方向整合

企业化运作的农产品批发市场不同于传统的农产品批发市场,传统的农产品批发市场只是一个交易场所,不进入农产品供应链,而企业化运作的农产品批发市场则成为一些农产品供应链的成员组织。企业化运作的农产品批发市场是按照现代企业制度"产权明晰、责权明确、政企分开、管理科学"的原则,对批发市场进行股份制改造,使其成为自主经营、自负盈亏、自我约束、自我发展的产权组织(黎东升等,2003)。目前,我国一些大型的农产品批发市场都采取企业化运作的方式。企业化运作的农产品批发市场在信息网络建设、农产品储藏及保鲜设备配置、农产品质量检测等方面明显优于传统的农产品批发市场,这些优势不仅可以为农产品供应链顺畅运行提供保障,而且也使其具备了成为供应链核心主体的条件。具体而言,第一,企业化运作的农产品批发市场一般都建立了高效的信息管理平台,配备了专业人员进行信息搜集和整理,并在信息管理平台上及时发布农产品供应信息、需求信息及价格信息,为农产品供应链上各个成员提供了交易的参考和依据。第二,企业化运作的农产品批发市场通过建立冷库、购置冷藏车及其他物流设施,可减少供应链上生鲜农产品在物流过程中的损耗。第三,企业化运作的农产品批发市场都设有农产品检验、检测中心,配备了专业检测人员和各种检测设备,通过对农药化肥残留、重金属残留进行严格检测,对供应链上农产品的质量进行把关。

(三) 向垂直一体化方式的农产品供应链方向整合

狭义的农产品供应链具有纵向一体化的特征，具体表现为组织内部交易和企业内部交易两种形式。其中，组织内部交易是指在整个供应链条中，从供应源头到销售终端，供应链成员之间通过协议或合同的形式建立合作关系；企业内部交易则是指将整个农产品供应链的运作纳入一个企业内，使之成为企业内部的经营管理活动。目前，大多数农产品供应链属于组织内部交易形式，垂直一体化方式的农产品供应链则属于企业内部交易形式。垂直一体化方式的农产品供应链可以通过两种途径实现：一种途径是将农业生产同农用生产资料的生产和供应，以及农产品加工、销售过程的若干环节纳入一个统一的经营体内，融为一个企业，在该企业内实行统一会计核算、统一经营（江波和吴秀敏，2008），即由供应链条上各个环节的成员共同组建一个企业。另一种途径是供应链上某一节点企业通过前向及后向的业务延伸，将供应链上其他节点的业务内容纳入自己的企业领域，统一经营。比如，一些农产品加工企业自己建立农场或直属生产基地，同时在销售市场建立自己的专营店，实行垂直一体化经营；经营生鲜农产品的大型连锁超市通过建立直属生产基地实行垂直一体化经营；等等。由于在第一种途径中，供应链中不同环节的成员之间关系较难协调，共同组建一个企业难度较大，因此，垂直一体化方式的农产品供应链通过第二种方式构建更易实现。

参考文献

[1] 王圣广，马士华. 供应链的拓展应用研究 [J]. 南开管理评论，1999 (6)：69-72.

[2] 庄晋财，黄群峰. 供应链视角下我国农产品流通体系建设的政策导向与实现模式 [J]. 农业经济问题，2009 (6)：98-103.

[3] 刘瑞涵. 供应链整合运作模式探析——以农产品供应链为例 [J]. 市场营销导刊，2009 (5)：19-23.

[4] 于亦文，赵召华. 农产品供应链风险形成机理研究 [J]. 物流科技，2011 (2)：95-97.

[5] 汪普庆，周德翼，吕志轩. 农产品供应链的组织模式与食品安全 [J]. 农业经济问题，2009 (3)：8-12.

[6] 贾敬敦，张冬科，孔令羽，等. 中国农产品流通产业发展报告 (2013) [M]. 北京：社会科学文献出版社，2013：281.

[7] 魏国辰，肖为群. 基于供应链管理的农产品流通模式研究 [M]. 北京：中国物资出版社，2009.

[8] 陈小静. 基于优质农产品供应链的我国农产品流通体系研究 [J]. 农业经济，2010 (7)：81-82.

[9] 魏毕琴. 论超市的生鲜农产品供应链上主体共生关系 [J]. 消费经济，2011 (2)：57-60.

[10] 胡莲. 基于质量安全的农产品供应链管理及其信息平台研究 [D]. 上海：同济大学，2008.

[11] 张焕勇，浦徐进. 基于渠道权力的生鲜农产品供应链流通模式构建 [J]. 商业研究，2013

(12): 178-183.

[12] 黎东升,刘大集,祁春节. 改革以来我国农产品批发市场发展的现状与对策研究 [J]. 湖北农学院学报, 2003 (12): 448-452.

[13] 江波,吴秀敏. 农产品供应链垂直协作方式的选择——基于资产专用性维度的分析 [J]. 农村经济, 2008 (3): 42-44.

Difficulty and Breakthrough of Agricultural Supply Chain Integration

▲Ji Liang-gang, Liu Dong-ying & Guo Na (*Hebei University of Economics and Business, Shijiazhuang, Hebei 050061, China*)

Abstract: To promote the development of supply chain of agricultural products in China, it is imperative to integrate the supply chain of agricultural products. As to this issue, there is difficulty in both theoretical study and practical exploration, which specifically shows as follows: theoretical knowledge and practical progress disjoint, theory cannot guide the practice effectively, and the problems in practice fail to find the solutions. This paper introduces the concept of "supply chain of agricultural products" in the narrow sense. With the value-added capability of supply chain as evaluation standard, it constructs a theoretical research framework of organization integration, information integration and resource integration in order to identify the supply chain that can be integrated in practice and promote the formation of real value-added supply chain, which can be of help to achieve a breakthrough in supply chain integration of agricultural products.

Key Words: "supply chain of agricultural products" in the narrow sense; supply chain integration; value-added capabili-tyof supply chain; organization integration; information integration; resource integration

基于流通实力的农产品流通模式选择及优化*

▲郭崇义　庞　毅（北京工商大学商学院，北京　10008）

> **摘　要：** 农产品流通主体分为生产环节、批发环节、零售环节、物流仓储环节等四大类，每个环节又包含若干渠道成员。提出农产品流通实力的数量/价格矩阵，将农产品流通主体分为四种类型，并将四种类型与农产品流通渠道成员进行对应。在农产品流通主体组织方式的总体模型的基础上，提出了以实力强的流通主体为核心建立的六种渠道模式，进而选择出我国农产品流通的主导模式。最后，提出我国农产品流通渠道的改进对策。
>
> **关键词：** 农产品；流通主体；流通实力；流通渠道

近年来，我国农产品流通渠道建设发展迅速，各种农产品流通主体都有所发展，多元化的流通主体相互作用，使得我国的农产品流通渠道表现得较为杂乱。企业在选择农产品流通渠道时往往迷失方向，政府在确定发展重点时往往找不到正确的切入点。为解决这个问题，本文基于流通实力差异的视角，来探讨我国农产品流通模式的选择问题。

一、农产品流通主体的类型和功能

农产品流通主体是指参与农产品从生产者到消费者流通过程的企业和个人。可分为生产环节（含农产品加工者）、批发环节、零售环节、物流仓储环节等四大类。

（一）生产环节的流通主体

生产环节的基本功能是从事农产品的生产和加工。我国的农产品生产者包括农户、生产基地和农民专业合作社。农户生产规模小，在农产品流通中的地位低。近些年生产基地和农民专业合作社在我国发展迅速。农业部绿色食品管理办公室和中国绿色食品发展中心大力推进绿色食品标准化生产基地的创建，目前已发布第五批食品标准化

---

* 本文原刊载于《北京工商大学学报（社会科学版）》2009年第4期。基金项目：北京社会科学基金项目"北京大型农产品批发市场交易模式演进研究"（08AbJG216）；北京市教育委员会人文重点项目"北京市农产品流通体系协调机制研究"（SZ2OO810011004）；首都流通业研究基地资助项目。

生产基地名单。各地也在积极发展本区域的生产基地，如安徽省大力发展安全优质农产品标准化生产基地，并将标准化生产基地分为省级、市级和县级三个等级。生产基地和农民专业合作社的功能除了生产外，还强化了营销功能。由于生产规模较大，提高了销售能力。

（二）批发环节的流通主体

批发环节的流通主体分为批发企业、个体批发商、批发市场三大类，其中批发企业和个体批发商合称为批发商。批发商在农产品流通中的主要功能有采购、批发、储存、物流、安全检查等。批发市场是批发商的集聚场所。批发市场在农产品流通中起着非常重要的作用。以北京市为例，改革开放以来，北京市农产品批发市场由小到大、由少到多、由低级到高级得到了长足发展。北京市共有农产品批发市场45个，大型批发市场18个，其中4家入选商务部"双百市场工程"大型农产品批发市场名单，分别是北京顺鑫石门农产品批发市场有限责任公司、北京锦绣大地农副产品批发市场有限责任公司、北京市新发地农产品有限公司和北京八里桥农产品中心批发市场有限公司。

世界上一些发达国家和地区的发展经验表明，尽管超级市场、统一配送、订单农业的快速发展会对农产品批发市场的经销规模产生一些影响，但农产品批发市场仍具有巨大的生命力。批发商或批发市场可进一步划分为产地、中转和销地批发商或批发市场。产地批发商或批发市场位于农产品的生产地，直接从农户收购农产品或通过农户中介组织收购农产品。中转批发商或批发市场分为两种情况：一是从事农产品进出口的代理商；二是将一个大区域的农产品集聚销往其他区域。销地批发商或批发市场位于大中城市，组织货源主要为本地区的零售环节服务。

（三）零售环节的流通主体

零售环节的农产品流通主体主要包括以下几类：农产品交易市场、经营农产品的零售商店、食品服务机构、各种摊贩及无店铺零售。农产品交易市场分为两类：一是综合农产品交易市场，经营多种类型的农产品，如农贸市场；二是专业农产品交易市场，主要经营某一类农产品，如水产品市场、花卉市场。农产品交易市场的主要特点是摊位经营，通过分割出租摊位，给摊贩提供经营场所。农贸市场的经营主体是个体摊贩，个体摊贩通常从农产品批发市场进货，其对农产品的定价随批发价的变动而调整。

经营农产品的零售商店主要有以下几种类型：超级市场、大型超市、生鲜超市、仓储商店、便利店、其他商店。这里将超级市场、大型超市、生鲜超市等几种零售类型统称为超市。超市作为一种现代化的零售类型，其典型特征之一是连锁化发展。随着超市的连锁化发展，其在农产品流通中发挥着越来越重要的作用。据统计，市民从超市、农产品连锁店直接购进的蔬菜、肉食类农产品的比例呈快速上升趋势。这种变革对农产品从生产到销售整个"链条"产生着深刻影响。除了连锁超市外，北京市还存在很多小型的独立商店，如社区菜店。这些商店位于社区，比连锁超市更接近消费者。

有两个区别比较大而且相互竞争的食品零售部门：一是上述的销售农产品的商店；二是食品服务机构。食品服务机构指提供食品服务的机构，如餐饮店、旅馆、娱乐场所、社会机构的后勤部门（学校、医院、工厂）、军队等。这些食品服务机构从批发市场、农贸市场、专门基地采购农产品，经过加工后销售给消费者或机构人员。

摊贩从经营场所划分，可分为两类：一是位于市场的摊贩（如社区菜市场、早市、花卉市场），这些摊贩一般从批发市场采购农产品，经营一种或几种农产品；二是位于各居民社区入口的摊贩如水果摊。如前所述，北京市曾对贩菜贩果的流动摊贩进行了治理整顿，但流动摊贩仍广为存在。

无店铺销售公司采取网上交易、送菜上门等销售形式，具有价格低廉、方便快捷等优点。无店铺销售将成为未来农产品零售的一种新兴形式。

（四）物流仓储环节的流通主体

仓储和物流是保证农产品顺利流通的辅助环节。由于农产品生产和消费的空间分布和时间差，农产品在流通中必然涉及仓储问题。农产品的仓储主要有以下几种情况：第一，由批发商承担所经营农产品的仓储功能；第二，在批发市场里设仓储设施，如锦绣大地农副产品批发市场设有3座大型冷库及2万平方米的仓储区；第三，交由独立的第三方仓储公司进行专业化的仓储；第四，由物流公司提供仓储服务；第五，由农产品生产者（如农户、生产基地）进行销前临时储存。

随着批发市场和连锁超市的发展，物流与配送的重要性得到加强。大型批发商往往实行一条龙服务，即批发、仓储和物流三位一体。近些年，独立的第三方物流配送中心得到很大发展，很多物流公司依附在大型批发市场，就近提供服务。

二、农产品流通主体的流通实力

农产品流通主体的流通实力是一个综合指标，可用规模和价格两个指标进行界定，即流通主体经营的（含生产和流通）农产品数量、销售价格的现状和改变能力。数量大、价格低的流通主体，其流通实力强；数量小、价格高的流通主体，其流通实力低；数量大价格高、数量小而价格低的流通主体，其流通实力介于两者之间（见图1）。

	数量大	数量小
价格高	流通实力中	流通实力弱
价格低	流通实力强	流通实力中

图1 农产品流通主体的流通实力：数量/价格矩阵

利用流通实力的数量/价格矩阵，对上述的农产品流通主体进行归类，得到农产品流通主体的实力强弱表（见表1）。可以看出，流通实力强的流通主体有生产环节的生产基地、农民专业合作社；批发环节的产地批发商或批发市场、中转批发商或批发市场、销地批发商或批发市场；零售环节的"基地直采"的大型连锁超市及物流仓储环节的专业配送中心。流通实力弱的流通主体主要集中在零售环节，有小型超市、食品服务机构、各种摊贩。流通实力居中的流通主体分为两种情况：其一，数量大、价格高的流通主体，如农产品交易市场、非直采的连锁超市；其二，数量小、价格低的流通主体，如农户、无店铺零售商。

对于流通实力强的流通主体，可根据价格和流通量进一步细分。第一，根据价格的相对高低细分出三种情况：价格最低的生产基地、农民专业合作社；价格次低的产地批发商或批发市场、中转批发商或批发市场；价格低的销地批发商或批发市场、专业配送中心、直采的大型连锁超市。第二，根据流通量的高低，可细分出高流通量的流通主体和较高流通量的流通主体，如大型批发市场和小型批发市场、大型生产基地和小型生产基地、大型配送中心和小型配送中心等（见表1）。

表1　　　　　　　　　　　农产品流通主体的实力强弱

数量和价格组合	流通实力	流通主体
数量大、价格低	强	生产基地、农民专业合作社；产地、中转和销地批发商或批发市场；专业配送中心；"基地直采"的大型连锁超市
数量大、价格高	中	农产品交易市场；非直采的连锁超市
数量小、价格低	中	农户；无店铺零售商
数量小、价格高	弱	小型超市；食品服务机构；各种摊贩

以上关于流通实力的数量/价格矩阵（见图1）及农产品流通主体的实力强弱（见表1），为我国农产品流通的渠道选择提供了较好的选择思路。应用思路如下：对于流通实力强的流通主体，可以其为核心建立农产品流通链；对于流通实力弱的流通主体，只能从属于其他流通主体；对于流通实力中的流通主体，可作为农产品流通的补充主体，并向强势主体发展。

三、农产品流通渠道选择：基于流通实力的强弱

（一）农产品流通渠道的总体模型

流通主体在农产品的流通中具有多种组合关系，形成多种流通模式。一个典型的农产品流通渠道是，农户或生产基地—合作社—产地批发商—中转批发商—销地批发商或批发市场—零售商、农贸市场、食品服务机构、农产品加工企业—消费者，物流

商和仓储商贯穿中间。在这个典型的以各种流通主体广泛介入的渠道中，如果跳过某个或某些中间环节，则可以形成不同流通模式。例如，如果没有中间商参与，由生产者直接到消费者，则形成直销的流通模式；如果零售企业直接从生产基地采购，则成为零售企业定点型。将流通主体所有的可能组合整合在一起，形成农产品流通渠道的总体模型（见图2）。

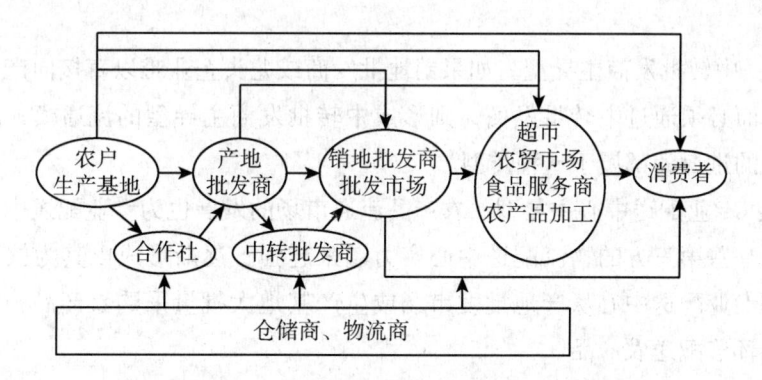

图2　农产品流通主体组织方式的总体模型

（二）以实力强的流通主体为核心建立流通渠道

如前所述，实力强的流通主体主要有生产基地、农民专业合作社、产地批发商或批发市场、中转批发商或批发市场、销地批发商或批发市场、专业配送中心、大型连锁超市。可分别以其为核心建立农产品的流通渠道。核心流通主体在价格决定、农产品组合及流通服务方面起重要作用。核心流通主体利用其强势地位，对其他渠道成员造成压力，形成较为稳定的渠道关系。依托核心流通主体，可打造以下农产品流通模式：

模式1：生产基地、农民专业合作社主导型。如果生产基地或农民专业合作社的实力足够强，可以其为核心建立农产品流通渠道。欧盟的很多国家农业合作组织较为发达，形成较为典型的农民专业合作社主导型的农产品流通渠道。如荷兰农业和园艺合作社在法国和德国分别设有多家销售公司，通过直接与用户签订合同销售产品，分别占领了这两个国家农业与园艺产品50%－70%的市场。

模式2：销地批发市场主导型。如果在农产品流通渠道中，销地批发市场处于核心地位，则把这种模式称为销地批发市场主导型。对于广泛分布的农产品，由于产地批发商较多，彼此之间竞争激烈，难以形成合力，则销地批发商与产地批发商的谈判中，销地批发商居于优势地位。

模式3：龙头企业（连锁超市、农产品加工企业）主导型。在龙头企业主导的农产品流通中，由于龙头企业采购量大，因而增加了与供应商的谈判能力。龙头企业为了降低采购成本，倾向于从原产地直接采购。龙头企业既可以从产地批发商采购，也可以直接在原产地设立专门生产基地，即订单农业。定点基地可以保证龙头企业采购农产品的质量、降低采购成本、提高交易效率。对于采购优势不明显的农产品，龙头企业也从批发市场就近采购。

模式4：产地批发商主导型。如果农产品的地域性较为明显，并且产地批发商垄断了农户，则容易形成产地批发商主导型的流通模式。该模式中，产地批发商处于核心地位，销地批发商一般只能跟产地批发商谈判，难以越过产地批发商而直接从农户采购。

模式5：中转批发商主导型。如果销地批发商或龙头企业难以直接向产地批发商采购农产品，而必须通过中转批发商，则形成中转批发商主导型的流通模式。垄断性的国外农产品的进口商都属于这种类型。

模式6：专业配送中心主导型。农产品流通市场的发展也为专业配送中心的发展提供了空间。一些第三方的物流配送中心实力越来越强。逐渐形成以其为核心的农产品流通链条。专业配送中心从产地批发市场或生产基地大批量采购农产品，然后向实力较弱的零售环节配送农产品。

（三）实力中、弱的流通主体参与渠道

流通实力弱的流通主体有小型超市、食品服务机构和各种摊贩。这些流通主体大多从当地的批发市场甚至农贸市场采购农产品，进货价格较高，没有价格竞争力，但却难以被其他流通主体取代。处于参与者的地位。

流通实力居中的流通主体有农产品交易市场、非直采的连锁超市、农户和无店铺零售商等。这些流通主体是农产品流通渠道的补充成员，从属于主导流通主体，但远期具有向强势地位发展的潜力。如非直采的连锁超市可以联合采购增强实力，也可逐步发展为在农产品基地进行直接采购的连锁超市；农产品交易市场可直接从就近的生产基地采购；无店铺零售商代表未来的发展方向。

（四）我国农产品流通模式的选择

以实力强的流通主体为核心建立的六条流通渠道，涵盖了全球各个国家的渠道现状。目前国际农产品流通渠道的三种主要模式（东亚模式、西欧模式与北美模式）与六条主导渠道有对应关系。如以日本、韩国为代表东亚模式对应于"批发市场主导型"；以法国、德国、荷兰为代表的西欧模式对应于"农民专业合作社主导型"；以美国、加拿大为代表的北美模式对应于"连锁超市主导型"和"配送中心主导型"。

东亚模式、西欧模式与北美模式都具有鲜明的区域特色，符合所在区域的经济发展环境。我国的农产品流通模式不能照搬任何一国的模式，应立足于我国的特殊的经济发展环境和文化环境。我国发展环境的复杂性和区域差异性，要求同时采用多种主导模式。当前我国农产品流通模式的选择结果是：以批发市场主导型和龙头企业主导型为中心，以生产基地、农民专业合作社主导型、产地批发商主导型、中转批发商主导型、专业配送中心主导型等四种类型为辅助的多元化的流通渠道。

四、我国农产品流通渠道优化对策

(一) 流通主体的培育

对于所有农产品流通主体，只要其还有历史存在的必要性就要把其作用最大限度地发挥出来。强势流通主体应继续做大做强，如进一步推进对批发市场的升级改造，扶持专业物流配送服务提供商的发展，鼓励不同品牌超市进行基地联合直采，进一步扩大农民专业合作组织的规模和市场化的运作机制。

批发环节中的运销大户和农村经纪人在农产品流通渠道中起着特殊作用。应加强对这类流通主体的管理，定期组织对运销大户和农村经纪人的培训，并为其提供必要的信息服务。大力发展供销合作社在农产品流通中的作用，利用供销合作社的网络资源，促进农户、标准化基地和农民专业合作社与龙头企业的顺利对接。

农贸市场和社区菜市场在城市农产品流通中起着基础作用。尽管目前对其超市化改造的时机并不成熟，但持续的升级改造还是必需的。

鉴于仓储服务提供商、物流服务提供商发展水平的差异，对其发展方向为：已经现代化的继续做大做强，培育大型仓储、物流企业；对于目前仍落后的服务提供商，要提高管理机械化、自动化和信息化的水平。

(二) 以强势流通主体为核心整合流通链

目前，尽管强势流通主体在农产品流通中发挥着重要作用，但其渠道成员的整合作用发挥不够。应重点发挥主导流通主体在流通链中的利润分配、提供服务、信息沟通、协议流通、伙伴关系建立等方面的作用，打造高效流通体系。一个可行的对策是大力发展协议流通。协议流通是以协议为约束的农产品流通渠道成员之间的持续稳定的合作关系，渠道成员之间利益共享、风险分担。为了实施协议流通方式，主导流通主体应优选渠道成员，寻找规模较大的生产基地、合作组织或产地批发商。并着力打造农产品协议流通服务系统、农产品协议流通供求信息管理系统、农产品协议流通供应链管理系统、农产品协议流通市场分析系统等四个系统。以市场分析系统为例，该系统要求主导流通主体在本企业设计专门的市场分析部门，其职责是搜集国内外市场、供应和需求市场的信息，把握农产品需求量和价格的动态变化规律，对市场需求作出预测，进而指导生产者安排生产。

(三) 进一步发挥政府的调控作用

农产品流通关系到国计民生，不能仅仅依靠市场来调节，必须强化政府的调控作用。第一，建立政府主管部门的合作机制。长期以来，我国农产品的生产环节，主要由农委和农业局等负责，而农产品销售环节，主要由商务局负责，不同部门"各管一段"。而农产品的流通链是一个整体,需要部门之间加强协作。第二,地方政府要制定本区域流通主体的发展重点,并向社会公布这种发展定位。我国幅员辽阔,区域差异显著,不同区域同时期重点发展的流通主体可能有所不同。如在农产品产地,地方政府可能会把标准化基地的建设或产地批发市场建设作为重点发展对象,而在大都市城市,政府则可能会把销地批发市场和连锁超市作为发展重点。如果发展重点发生冲突,则由上级政府负责协调。第三,完善有关农产品流通的政策法规,规范流通主体之间的交易行为。可考虑出台"农产品批发市场交易管理办法"、"农贸市场交易管理办法"、"超市农产品交易管理办法"等政策法规,做到农产品交易有法可依,有政策可遵循。以维护公平交易、保障交易农产品的质量。第四,加大对农产品流通的资金投入。这些资金可用于公益性批发市场的建设补助、农产品流通研究的科研补助等。

参考文献

[1] 丁建香,赫静. 发达国家和地区农产品批发市场发展经验及启示 [J]. 中国经贸导刊, 2007 (17): 43 - 44.

[2] 魏国辰. 对北京市建立国际农产品流通中心的对策研究 [J]. 中国流通经济, 2005 (6): 16 - 19.

[3] 理查德·库尔斯,约瑟夫·乌尔. 农产品市场营销学 [M]. 北京: 清华大学出版社, 2006.

[4] 孙烨. 欧盟农产品流通体制的特征及启示 [J]. 调研世界, 2003 (2): 47 - 48.

Selecting and Optimizing the Circulation Mode of Agricultural Products Based on Circulation Strength

▲Guo Chong-yi & Pang Yi (*Buriners School, Beijing Technology and Business University, Beijing 100048, China*)

Abstract: The principal parts in the circulation of agricultural products can be divided into four sectors: manufacturing, wholesaling, retailing, and logistics & warehousing, each of which also includes several channel members. This paper proposes a quantity-price matrix for the circulation strength of agricultural products, with the principal parts divided into four types which parallel the channel members in the circulation of agricultural products. Based on an overall model of organizational mode for circulation sectors of agricultural products, this paper puts forward six channel modes with a focus on powerful circulation sectors. Then some leading modes can be selected for China. Finally, some suggestions are given to improve the circulation channel for China's agricultural products.

Key Words: agricultural product; principal part in the circulation; circulation strength; circulation channel

基于线上线下融合的农产品流通模式研究*
——农产品O2O框架及趋势

▲汪旭晖　张其林（东北财经大学工商管理学院，辽宁大连　116025）

> **摘　要**：基于线上线下融合的农产品O2O模式可以提高农产品流通效率，对于平抑农产品价格、确保农产品质量安全有着重要的意义。文章构建了农产品O2O的基本框架并分析了其运行机制，确保"引流—转化—消费—反馈—留存"形成完整的闭环，具有一整套信息化系统及数据集成和处理技术的支持以及线上线下有效的协同策略是农产品O2O高效运行的基础。在此基础上对农产品O2O的发展趋势进行了预测：未来农产品O2O的内涵在实践中将不断延伸，并将成为一种多层次、多维度的复合生态体系；基于LBS的移动农产品O2O将占据主流地位；线下资源整合将是未来农产品O2O的重点。政府相关部门应大力支持农产品O2O，为其发展创造良好的政策和体制环境。
>
> **关键词**：农产品O2O；线上线下；流通模式；流通效率

一、引言

农产品流通效率直接决定着农民收入，是"三农"问题的核心（夏春玉，2009）。但是由于小生产与大市场之间的矛盾，以及普遍存在的流通基础设施薄弱、流通成本高和产销衔接不畅等问题，我国农产品流通效率一直比较低下。这不仅加剧了农产品价格波动，导致了"菜贵伤民、菜贱伤农"的怪圈，使"种菜赔"与"买菜贵"同时并存；而且诱发了"甲醛白菜"、"翻新土豆"、"蓝矾韭菜"等诸多农产品质量安全事件。如何平抑农产品价格，保障"舌尖上的安全"已经成为关乎民生的重大工程，也是农产品流通的重点和难点问题。互联网的快速发展为解决农产品流通中的这些突出问题，提高农产品流通效率提供了新的思路（樊西峰，2013）。2013年，国家工商总局发布的《关于加快促进流通产业发展的若干意见》，要求推进网络商品交易平台向农村延伸，同时积极支持农业龙头企业、农产品批发市场建立农产品网上交易市场，开展

---

* 本文原刊载于《北京工商大学学报（社会科学版）》2014年第3期。基金项目：教育部哲学社会科学研究重大课题攻关项目（12JZD025）；辽宁省教育厅科学研究一般项目（W2013199）；大连市科技计划项目（2013D13ZC195）。

农产品网上集中交易活动，实现传统市场升级转型。2014年"中央一号"文件在论及加强农产品市场体系建设时，也明确指出要启动农村流通设施和农产品批发市场信息化提升工程，加强农产品电子商务平台建设。可见，通过网络交易和信息化建设提高农产品流通效率已经成为未来的一个趋势。事实上，近年来生鲜电商已逐渐兴起并进入人们的生活，如顺丰优选、一号生鲜、菜管家、沱沱工社、优菜网等。这些生鲜电商不仅发展迅猛而且经营范围也由"小而精"逐渐转变为"大而全"，几乎所有生鲜品类都有所涉及。2013年年底到2014年年初，天猫和京东也加入了生鲜电商的阵营。有了生鲜电商，农产品就有可能从原产地直发到消费者家中，而且很多绿色无公害蔬菜水果都没有用任何化学试剂进行保存，这不仅可以确保农产品质量安全，而且可以通过减少流通环节提高流通效率。但是在快速发展的背后，配送的速度滞后、损耗严重、缺乏稳定货源、核心盈利模式缺失、消费者信任度不高等一系列问题仍然存在，成为制约生鲜电商进一步发展的瓶颈。生鲜农产品流通过程中，单纯的线下渠道或线上渠道都难以满足消费者的需求。纯电商模式必须有线下店支撑，首先这是由消费者的购物习惯决定的，消费者购买农产品一般都有"挑挑拣拣"的习惯，瓜果蔬菜尤其需要眼见为实；其次线下店能够锁定目标客户群体，解决"最后一公里"的仓储配送问题。一般而言，线下店会以社区店的形式，落地在社区里面或社区外的核心街道，这种终端店铺有提货和展销双重价值，通过网络实现互通，以灵活地协调运营。所以基于线上线下融合的O2O（Online to Offline）模式才能从根本上突破生鲜电商的发展瓶颈，解决农产品流通效率低下的难题。

  O2O是一个连接线上用户和线下商家的多边平台商业模式，将实体经济与线上资源融合在一起，使网络成为实体经济延伸到虚拟世界的渠道。线下商业可以到线上挖掘和吸引客源，而消费者可以在线上筛选商品和服务并完成支付，再到实体店完成消费（徐国虎等，2013）。据统计，2013年中国O2O市场规模为1 193.6亿元。目前，O2O模式被广泛应用于餐饮、娱乐、房地产、汽车租赁、奢侈品等诸多领域，为农产品线上线下融合提供了一个极具价值的指导框架。很多生鲜电商和生鲜超市也已经开始尝试O2O，涉及的农产品多为经过初加工、形成了品牌效应的价值较高的蔬菜、水果、肉类、海鲜、粮油等。但由于是新生事物，农产品O2O的实践还比较混乱，缺乏科学的理论指导。本文拟构建基于线上线下融合的农产品O2O体系框架，并对农产品O2O未来的发展趋势进行探索。这不仅是对农产品流通渠道理论的有益补充，而且对于切实提高农产品流通效率也具有重要现实意义。

二、基于线上线下融合的农产品O2O体系框架

（一）以不同流通主体为核心的农产品O2O模式

  发展农产品O2O的首要目标是要解决流通环节过多、流通成本居高不下这一难题。从现有的农产品流通体系来看，一条完整的农产品流通链应该包括生产者、产地批发

市场或物流中心、加工商、物流商、销地批发市场或物流中心、零售商、消费者等多个流通主体；农产品从田间到餐桌一般要经过产地收购、中间运输、销地批发和终端零售等环节，有的还要经过产地批发、销地一级批发、二级批发等更多的环节。流通的环节越多，农产品流通成本就越高，农产品损耗也越大，这将在无形中抬高农产品价格，造成巨大的资源浪费，使消费者及相关利益者的福利受损。本文所构建的农产品O2O模式（见图1），试图精简流通环节，重新整合农产品流通链条，实现产销间和区域间的高效对接，从而推进农业产业化发展。

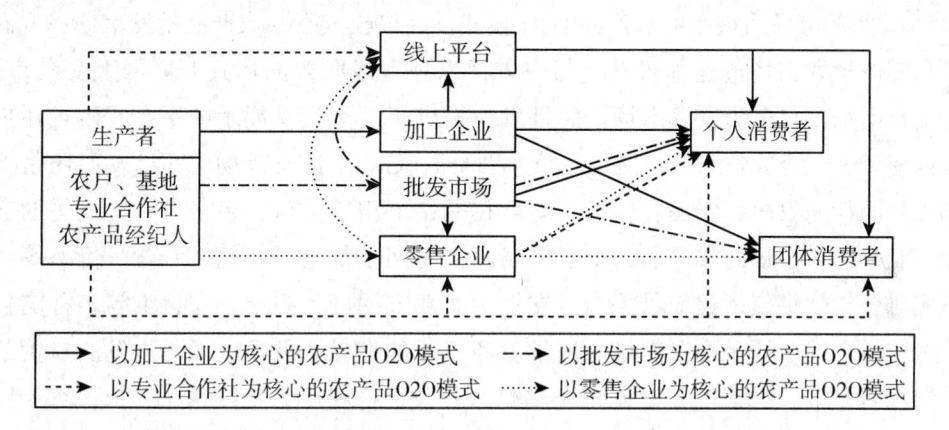

图1 以不同流通主体为核心的农产品O2O模式

依据核心流通主体的不同，可以把农产品O2O模式分为以下几种。

1. 以加工企业为核心的农产品O2O模式。这一模式中的加工企业往往拥有规模化的生鲜加工配送基地、强大的物流能力与销售网络。企业会建立独立的网上交易平台，以图片、视频等形式向消费者展示农产品的外观、包装、生产环节、价格、促销等信息，引导消费者作出决策并完成在线支付。同时加工企业会拥有中央厨房以及线下连锁实体店面，这些实体店往往分布于中央厨房可辐射的周边社区。与加工企业具有长期战略伙伴关系的生产基地、专业合作社会将农产品直接供应到加工企业的中央厨房，经过中央厨房统一分拣、加工，形成半成品或成品后，由加工企业自身的物流系统或第三方物流公司配送至各实体门店。消费者在线上支付以后，可以在距离最近的实体门店提取所购农产品。上海厨易配菜有限公司开创的"厨易时代"就属于这类模式。"厨易时代"选择特定小区，开设实体门店"厨易站"。厨易站配有自主研发的可视化小冷库，用以售卖并贮藏农产品。消费者可以从计算机、手机上浏览"厨易时代"商城订购，上午在网上订购，下午即可在小区厨易站提取所订购的农产品。

2. 以农民专业合作社为核心的农产品O2O模式。在该模式中，农民首先要加入专业合作社成为其中的社员，作为生产者的专业合作社再组织农民进行组织化生产，培育出自己的农产品品牌。有时多个合作社还会组成合作联社，以便于农产品品牌的推广。合作社或合作联社开设O2O电商农产品直销店，个人或团体消费者可以在农产品直销店的网上平台选购农产品，在线达成交易后，合作社或合作联社会通过自身的物流系统或第三方物流配送农产品。比如惠州市广博大种植业专业合作联社就开设了 O2O 电商农产品直销店。在该模式的线下，部分专业合作社可以选择与零售商展开合作，通过"农超对接"等形式减少流通环节；有实力的专业合作社甚至可以整合资金自办超市，并将合作社的产品放在超市销售。例如山东淄博就有一个由 156 家合作社联合建立的超市，该超市于 2009 年正式开业，对合作社的产品全部实行免费进入，采取展销结合、实地与网络结合的方式经营，吸引了全市 156 家农民专业合作社的 358 个品种进入，其中有机食品、绿色食品认证的多达 270 个（黄修杰，2012）。

3. 以批发市场为核心的农产品 O2O 模式。在该模式下，农产品批发市场一方面维持原来实体批发市场的运作模式，另一方面以独立或联盟的形式开办网上交易市场。网上交易市场不仅仅为批发市场内的批发商提供了网上交易展示的平台，而且在更大范围内搭建了一个农户和客户之间的交易平台。无论是批发市场内的批发商还是批发市场以外的任何农户、农民合作社，均可在网站上租赁摊位，租金是一定比例的交易佣金。对于进入市场的农产品，批发市场的交易网站都会对它们的数量、价格等信息进行实时公布，提供远程交易平台，支持买卖双方用网上银行、支付宝等多种支付方式完成交易。对于同一批发市场内的批发商完成的交易，批发市场与批发商自营的物流系统或者其委托的第三方物流将完成配送服务，将农产品直接送达客户；对于同一批发市场以外的销售方达成的交易，可以支付一定服务费委托批发市场的物流系统提供配送服务。北京新发地农产品批发市场就已经开始了 O2O 的尝试，在传统批发市场运营以外，打造了新发地农产品电子商务平台。2013 年年末，北京新发地联手电商巨头京东商城，推出了线上生鲜农产品交易平台，实现了线上线下的融合。

4. 以零售企业为核心的农产品 O2O 模式。本模式中的零售企业包括连锁超市、农贸市场、社区直销店以及农副产品专卖店。同其他模式类似，只是其核心流通主体换成了零售企业。这些零售企业不仅拥有成熟的实体卖场，同时还开展电子商务。比如杭州"王氏水产"的大闸蟹采取了"网上商城+百家实体连锁"的 O2O，同时进行网上销售和实体店营销，且实行线上线下统一价格的原则，消费者可以线上交易，然后就近到"王氏水产"连锁专卖店自行取货。

除了上述几种主要模式以外，还存在以物流企业或运营服务商为核心的农产品 O2O 模式。比如顺丰优选的 O2O 就是以物流企业为核心的 O2O 模式。再比如"农鲜生"的 O2O 模式就是属于以运营服务商为核心的农产品 O2O 模式，消费者可以通过线上"农鲜生"平台下单，订购的生鲜产品将由距离最近的便利店进行配送。线上营销也可以为便利店吸引一定的人流。

（二）农产品 O2O 的运行机制

尽管依据核心流通主体的不同，农产品 O2O 模式可以有多种类型，但是其核心无外乎线上与线下两个基本点，只有实现线上线下的融合和无缝链接，才能取得良好的效果。农产品流通主体在开展 O2O 时，既可以自建网上商城，同线下实体店协同运作；

也可以借助布局全国的第三方平台的巨大流量,迅速推广并带来客户。无论开展 O2O 的农产品流通主体是谁,O2O 整体框架及内在运行机制(见图 2)都有着很多共同点。

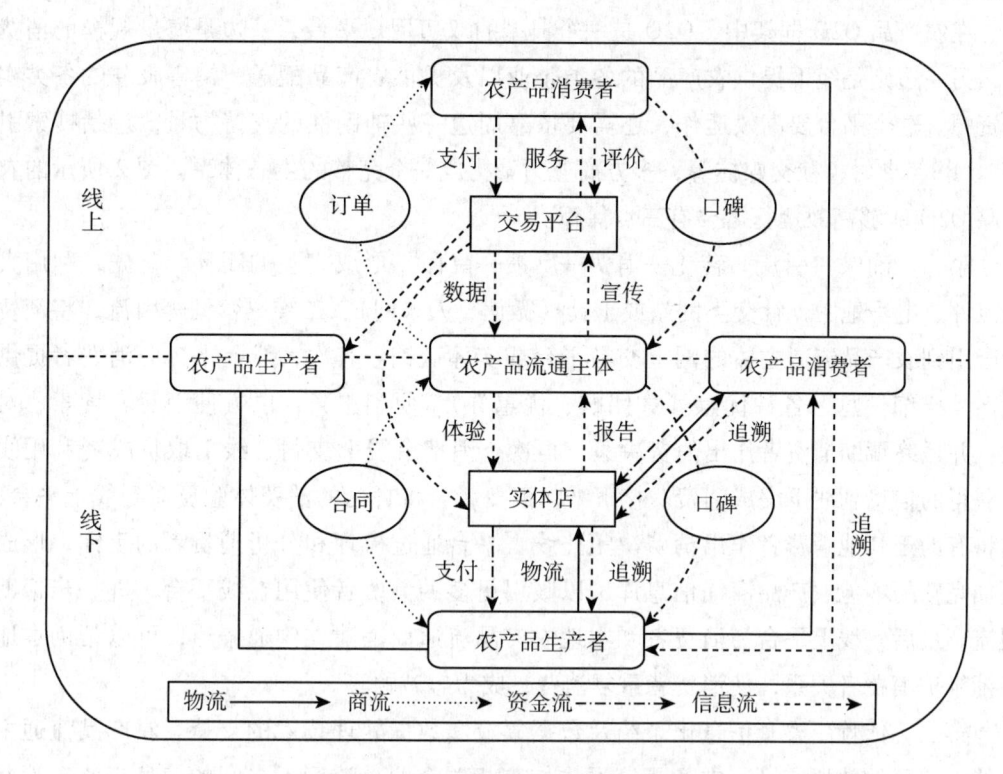

图 2　农产品 O2O 的运作机制

如图 2 所示,农产品生产者一般为农产品基地或农产品品牌商,农产品流通主体既可以是农民专业合作社,亦可以是农产品加工企业、批发市场或者零售企业,也可以是包含上述两个以上环节的一体化企业。农产品消费者既可以是个人,也可以是需要农产品的经济组织,如学校、医院、政府机关等。交易平台是消费者和农产品流通企业在线上进行支付交易的平台,实体店则包括农产品流通主体开办的各类销售终端,如直营店、超市、便利店、专卖店等。

在整个框架中,线上线下两个系统是同时运行的。线上系统以交易平台为核心进行网络营销,汇集了大量的消费者线上交易数据以及用户生成内容,可供农产品生产者和流通企业深入挖掘客户需求,预测市场发展趋势。流通企业在这里发布相关信息,进行产品宣传和品牌推广。消费者则可以在这里享受 O2O 模式所提供的在线服务,通过对比和筛选作出购买决策,生成订单,完成在线支付,待农产品收货后还可以到这里做出评价从而形成网络口碑。线下系统则是以实体店面为核心进行交易,这里展示着丰富的农产品实体,直接面向终端客户,为其提供全方位的购物体验,每隔一定时期上交总部的销售报告也可以为农产品流通企业的决策制定提供现实依据,从而确保系统的正常运行。农产品生产者通过与流通企业签订相关的合同,然后将农产品运输到线下的实体店,一部分用于产品展销,其余的则通过物流配送到线上消费者订单中的指定地点。无论是流通企业实体店面还是消费者都可以通过追溯系统查询农产品生命周期的相关信息，这对于确保农产品质量安全起到了积极作用。

在农产品O2O框架中，O2O是一个典型的双边用户平台，一边是海量规模的消费者，另一边则是线下提供农产品的各类企业以及提供农产品配送、销售服务的各类实体资源。这个平台要高效运作，还需要依靠周边一些辅助性的支持力量，包括搜索引擎、LBS、支付、社交媒体等，多方商业力量构成一个完整的生态体系。图2所示的农产品O2O能够高效运行需要有三点保障。

第一，确保"引流—转化—消费—反馈—留存"形成完整的闭环。首先，利用大众点评、电子地图、社交类网站或工具（微信、人人网）、二维码营销等引流，将消费者吸引到农产品流通主体的网上交易平台或实体店铺。其次，线上平台向消费者提供农产品详细信息、各种优惠（如团购、优惠券）、便利服务，以方便消费者搜索、对比，并最终帮助消费者作出消费决策。再次，消费者线上支付、线下取货或者利用线上获得的信息到线下完成消费。接下来，消费者会将自己的消费体验反馈到线上平台，这将有助于其他消费者作出消费决策。线上平台通过梳理和分析消费者的反馈，形成更加完整的本地农产品商铺信息库，以吸引更多的消费者使用在线平台，进一步帮助引流。最后，线上平台为消费者和本地农产品流通商铺建立沟通渠道，可以帮助本地商铺维护消费者关系，使消费者重复消费，成为忠诚顾客。

第二，依赖一整套信息化系统及数据集成和数据处理技术的支持。农产品流通主体线上线下的数据交换，农产品流通主体与相关企业、消费者之间的信息交流，消费者支付取货的过程，农产品冷链配送过程等都需要依赖于一整套信息化系统。比如厨易时代除了有一套完善的会员系统外，还开发了一套ESL电子价格标签系统。每个20平方米左右的厨易站橱窗内陈列着108种常规商品，配备了冷库保鲜系统，价格均采用电子标签形式，由系统的后台统一控制。消费者在中午12点前下单，后台系统收集订单，并传到中央厨房处理处，之后由冷链车队运送到各个厨易站，消费者可于当日17：00-20：00凭会员卡号到站取货。每个厨易站都配有ipad点菜器，会员直接在ipad里输入卡号及密码，在窗口外即可通过电子点菜系统实现点菜或提货，并不需要进入到站内。除此之外，数据集成和数据处理技术确保了对线上线下数据的采集与挖掘，农产品O2O商家可以依据对消费者购买行为的分析，有针对性地推出增值服务，更好地开展精准营销，更好地维护老客户、发展新客户。

第三，线上线下有效的协同策略。首先是产品协同。虽然很多农产品都可以在线上交易，但是经过一定的流通加工、标准化、规格化、品牌化的农产品线上交易的效果更好，如进口高档水果、精品蔬菜、油粮作物、名优特产等。所以农产品O2O企业要很好地确定线上线下的农产品品类，有选择性地将部分农产品置于线上交易平台，大多数农产品仍然通过线下渠道完成交易。对于热销农产品，应当提升其线上线下的重叠率，让顾客无论是在实体店还是在线上网店均可买到。其次是价格协同。一般来说，在O2O实施初期，为了吸引线上消费者群体，有效应对其他网络竞争对手，线上渠道整体上会采取低价策略，即线上所售农产品的价格与实体店相比而言要低。不过，为了避免线上线下价格体系的紊乱，线上与线下之间的价格差距必须控制在合理的区间范围内。但是随着O2O带来的农产品流通效率提升以及物流成本的降低，线下价格可呈现下降的趋势，渐渐向线上看齐，最终实现线上线下同价。再次是促销协同。对于农产品品类比较丰富的流通主体而言，可以根据不同农产品的市场供求情况确定不同时期的促销品，线上线下淡旺季互补，在不同渠道里开展轮换促销。线下实体店与线上网店可采取不同的促销方式，如实体店主要采用优惠券/卡、现金折让、赠品等传统促销手段，线上网店主要采用团购、抢购、特色商品推荐、特价热卖、返券/送积分等更具互联网特色的促销手段。最后是物流协同。农产品O2O企业对线上线下订单数据集成分析之后，将进行系统的物流配送方案规划，灵活调用自营的物流系统或委托第三方物流公司完成配送服务。消费者线上支付后，即可等待农产品配送上门，或在就近的实体门店提取货物。需要特别说明的是，线上线下协同策略并不是一种彼此孤立的简单集合，而是彼此之间存在着相互支撑、密切联系的有序组合，形成不同渠道之间的密切配合（汪旭晖和张其林，2013）。

三、农产品O2O的发展趋势

（一）农产品O2O的内涵将在实践中不断拓展延伸

农产品O2O并不仅仅代表着从线上到线下，在实践中还衍生出了多种模式。除了线上支付到线下取货（online to offline），线下体验到线上购买（offline to online）以外，还可以是线下营销到线上交易再到线下消费体验（offline to online to offline）。采用这种O2O模式需要农产品流通主体同其他行业展开跨界合作，针对共同的消费主体展开营销。例如开展购买农产品套餐送电影票活动。消费者在实体店面看到这类促销信息后，可以用二维码扫描实体农产品进行在线交易支付，支付完成后，便可获得电影票，在规定时间内前往指定影院观影，享受到更加丰富的消费体验。类似地还有线上营销到线下消费再到线上消费体验（online to offline to online）。消费者先在线上选择好农产品，然后到线下的实体店去完成交易。线上选购的农产品往往会和一些换购券或代金券捆绑，消费者在线下购买农产品的同时，实体店会将交易信息反馈到线上系统，把换购券或代金券充值到消费者的会员账户里，这样消费者就可以继续在线上进行消费体验。当然也还会存在 offline to offline to online 或者 online to online to offline 等多种形式。只要线上和线下能形成一个完整的闭环，都可以成为有效的O2O模式。

（二）农产品O2O将成为一种多层次、多维度的复合生态体系

未来农产品O2O将是一种多层次、多维度的复合生态体系，不断向多元化和纵深化发展。所谓多元化意味着将演变出平台型、外包型、直营型、合作型、区域型、垂直型等多种形态，以及多个不同形态相互融合的新模式。它们之间虽然存在一定程度

的竞争，但更多的是互补与合作，是一种共生共赢关系。所谓纵深化则意味着农产品O2O将更加注重细分化和差异化，未来将出现更多专门针对特定农产品类型的O2O形态，如水产品O2O、鲜花O2O、水果O2O、蔬菜O2O等，这将有助于O2O企业更好地利用有限资源，通过精益化的农产品流通模式，最大限度地提高流通效率。

（三）基于LBS的移动农产品O2O将占据主流地位

随着移动互联网的快速发展，消费者已经进入了SoLoMo（Social + Local + Mobile）时代。SoLoMo消费群是社交消费群，消费者通过各种社交网络连接了起来；也是一个本地消费群，可以应用基于地理位置的本地化服务LBS（Location Based Service）；同时还是一个移动消费群，可以利用各种移动终端（如智能手机和平板电脑等）进行消费活动。几乎所有的"80后"和"90后"以及越来越多的"70后"和"60后"都在加入SoLoMo消费群的队伍，SoLoMo已经成为一种趋势。SoLoMo消费群的一个显著特点就是希望在任何时间、任何地点都能买到自己需要的商品，包括各类农产品，他们把越来越多的工作时间和休闲时间放在了手机微博、微信上。而且随着人们生活节奏的加快、工作压力的增大，到集贸市场、超市买菜往往也成为一种负担。在这样的背景下，基于LBS的移动农产品O2O将有巨大的市场空间。LBS是在地理信息系统（GIS）平台的支持下，利用电信运营商的移动通信网络或外部定位方式（GPS）获得移动终端用户位置信息（地理坐标或大地坐标）后，再向终端用户提供相关服务的一种移动互联网业务（张志杰和吕廷杰，2012）。农产品流通主体可以与应用提供商合作，应用LBS等定位技术，对进入目标位置（地点）范围内的特定人群进行宣传，快速地锁定目标人群，进行精准营销；可以通过短信、二维码等多种方式推送优惠券、代金券及广告信息等方式引流。基于LBS的移动农产品O2O最典型的模式就是"LBS + 社区团购"及"LBS + 本地优惠券"。农产品流通主体将通过团购平台、各类社交媒体发布团购信息，尤其是运用LBS技术将最新团购信息向社区居民推送；附近居民在接受推送信息的同时，可以通过移动社交媒体与企业互动，并查看到企业基本信息、粉丝信息、正在进行的团购、过往团购、精品优惠券以及用户评论等信息。这不仅减少了消费者的搜索成本，也提升了用户体验。而LBS与本地优惠券的结合正好解决了强制消费者接受的问题。消费者可以在任意空闲时间，用移动设备的LBS应用查询，搜索周边的农产品优惠项目，查找选择拟购买的农产品，然后只需手机确认支付，等待送货上门，或者将选定的各类农产品装入自己的移动"菜篮子"，在方便的时候到距离最近的实体店提货即可。

（四）线下资源整合是未来农产品O2O的重点

虽然涉及线上和线下两个基本点，但是农产品O2O的目标是为消费者提供质优、价廉、安全的农产品，无论线上支付如何快捷便利，如果农产品本身质量安全无法保障、配送过程损耗过大，依旧无法达到理想效果。所以对于农产品O2O而言，线下的资源整合尤为重要，这也将成为未来农产品 O2O 发展的一个趋势。一方面，越来越多的农产品 O2O 企业将着力整合前端农业基地，通过大力支持生态订单农业提供最健康的生态农产品，实现社区支持农业（community support agriculture）的基本价值（刘丽伟，2012），或者直接收购、承包农场，以从源头上确保农产品安全。另一方面，重点整合物流资源，自建冷库、发展冷链物流系统的农产品 O2O 企业会急剧增加，以确保农产品物流配送效率，减少流通损耗。

四、促进农产品 O2O 发展的政策建议

（一）加强农产品流通主体的升级改造

农产品 O2O 的发展对于流通主体提出了更高的要求，必须按照建设 O2O 的相关准则加强合作主体的升级改造。要鼓励农产品生产合作社与合作联社的发展，推广使用先进统一的生产技术与作物良种，因地制宜、因时制宜地调整农产品生产规划，促进农产品质量等级化，降低农产品商标注册门槛，引导农产品生产者的规模化、标准化、品牌化经营（纪良刚和刘东英，2011）。丰富农产品流通加工企业的职能，制定统一标准，实施农产品流通加工的流程化改造，建立农产品出厂的质量标准，推动农产品流通加工企业前向一体化与后向一体化的战略实施，引导农产品加工企业在流通过程中实施闭环管理。强化农产品批发市场的标准化建设，有效规划农产品的交易展示，提升检测、信息、安全、结算等系统，引导农产品批发市场的规范化发展与超市化改造。确定一批农产品零售企业作为重点企业予以扶持培育，在项目、政策、资金等方面给予倾斜，推动农产品零售企业的连锁化经营，同时利用新建、改建、兼并、合作等多种形式，优化、整合现有的社区商店，建立完善的农产品零售终端配送体系，引导农产品零售企业不断扩大辐射范围。

（二）加强农产品流通过程中的信息化建设

农产品 O2O 有效发展的关键在于消除流通过程中的信息不对称，降低消费者的时间成本，因而加强信息化建设在农产品流通过程中的作用显得尤为重要（周树华等，2011）。要引入最新的物联网技术，对农产品流通过程中的信息进行实时的采集、传输和处理，实现农产品信息与农产品流通信息系统的非接触式交互与处理，提高农产品流通信息化的管理能力，实现农产品流通信息及时、快速、高效的共享与交换。建设辐射全国的农产品网络交易平台，将符合标准的流通主体纳入其中，同时也积极鼓励流通主体自建网络交易平台，完善农产品网络交易体系。强化农产品零售终端的信息采集与输出，推广条码技术与二维码技术在农产品零售中的运用，方便消费者的查询、下单、移动支付以及网上评价。

（三）完善农产品冷链物流体系

农产品 O2O 有效发展的最大障碍在于流通过程中的产品损耗，它与食品安全、价

格虚高等问题息息相关，所以完善农产品流通过程中的冷链物流体系以降低产品损耗势在必行。第一，根据农产品的价值、易腐性以及消费者可接受的价格水平等因素筛选出具备冷链应用可行性的农产品类型，并确定不同类型农产品应用的优先级顺序，逐步推进农产品冷链物流体系建设。第二，成立专项基金建设农产品冷链物流体系，建立完善的农产品冷链物流信息公共平台，同时采用财税优惠政策鼓励农产品批发市场、农产品物流中心、零售企业应用冷链物流技术，对农产品冷链物流企业实行财政补贴与贷款优惠。第三，建立冷链物流运作标准体系，包括农产品原料采集、分拣加工与包装、冷却冷冻、冷库仓储、包装标识、冷藏运输、批发配送、分销零售等环节的保鲜技术和制冷保温技术标准，以及冷链各环节的能耗与效率标准和最佳作业操作标准等。第四，推动农产品冷链物流体系与农产品网络交易平台的无缝对接，优化农产品配送路线，提高消费者选择物流配送时的自主权。

（四）建立健全农产品流通过程中的质量追溯体系

农产品 O2O 有效发展的强力支撑在于健全的质量追溯体系。它不仅对于消费者建立线上购物信心、丰富线下购物体验具有重要的促进作用，而且对于扫除农产品流通过程中的产品损耗这一障碍也具有巨大的推动作用。因此，建立各环节有效衔接、追溯过程协调、追溯链条完整、追溯信息供给高效的产品质量追溯体系至关重要（费威，2013）。首先，政府出资建立专门的农产品质量追溯系统，吸引流通主体免费加入，减少流通主体的经营成本以及可能导致的产品价格升高等问题。其次，按照统一要求对追溯资源进行协调整合，借助条码自动识别和 EPC 编码等技术进行数据收集，将农产品生产过程中的相关数据整理到质量追溯平台，建立以 GIS 农田地理信息系统和二维码技术为依托的生产履历中心。再次，鼓励农产品加工企业、批发企业、物流企业、零售企业等加入质量追溯系统，利用物联网技术打通农产品物流配送体系与质量追溯体系的联系渠道，利用产品的 EPC 编码实时更新农产品流通信息，实现对农产品在流通全过程中的跟踪定位。最后，利用互联网技术特别是移动互联网技术，为消费者提供二维码查询、网络查询、超市触摸屏查询等多种方便快捷的质量追溯信息的查询方式，提高消费者对质量追溯体系的应用，使农产品质量追溯体系的建设由"供给推动"变为"需求推动"，提高质量追溯体系的建设效率。

参考文献

[1] 夏春玉. 中国农村流通体制改革研究 [M]. 北京：经济科学出版社，2009.

[2] 樊西峰. 鲜活农产品流通电子商务模式构想 [J]. 中国流通经济，2013（4）：85 – 90.

[3] 徐国虎，孙凌，许芳. 基于大数据的线上线下电商用户数据挖掘研究 [J]. 中南民族大学学报（自然科学版），2013（2）：100 – 105.

[4] 黄修杰. 基于农民专业合作社的农产品流通模式研究——以广东省为例 [J]. 南方农业学报，2012（7）：1071 – 1074.

[5] 汪旭晖,张其林. 多渠道零售商线上线下营销协同研究 [J]. 商业经济与管理,2013 (9):37 – 47.

[6] 张志杰,吕廷杰. 移动 LBS 用户接受模型的实证研究 [J]. 北京邮电大学学报 (社会科学版),2012 (1):56 – 61.

[7] 刘丽伟. 我国发展社区支持农业的多功能价值及路径选择 [J]. 学术交流,2012 (9):100 – 103.

[8] 纪良刚,刘东英. 农产品流通的关键问题与解决思路 [J]. 中国流通经济,2011 (7):18 – 20.

[9] 周树华,张正洋,张艺华. 构建连锁超市生鲜农产品供应链的信息管理体系探讨 [J]. 管理世界,2011 (3):1 – 6.

[10] 杨钧. 中国农产品冷链物流发展模式研究 [J]. 河南农业大学学报,2013 (2):222 – 226.

[11] 冯华,何佳莉,刘洋. 供应链物流能力绩效评价体系的调研分析 [J]. 中南财经政法大学学报,2014 (1):113 – 118.

[12] 费威. 供应链生产、流通和消费利益博弈及其农产品质量安全 [J]. 改革,2013 (10):94 – 101.

Study on Distribution Mode of Agricultural Products Based on Online and Offline Integration: Framework and Trend of Agricultural Products O2O

▲Wang Xu-hui & Zhang Qi-lin (*School of Business Administration, Dongbei University of Finance and Economics, Dalian, Liaoning 116025, China*)

Abstract: O2O mode of agricultural products based on online and offline integration will improve the efficiency of agricultural product distribution, which will be of great importance to stabilize the prices of agricultural products and ensure the quality and safety of agricultural products. In this paper, the authors establish a fundamental framework of agricultural products O2O, and analyze its operating mechanism. An integrated closed loop system, the supports of information-based system as well as data integration and processing technology, effective synergy strategies between online and offline, are the foundation of agricultural products O2O. On that basis, this paper predicts the development trend of agricultural products O2O. The connotation of agricultural-products O2O is extending in practice; agricultural products O2O will become compound ecological system with multi-dimensions; mobile O2O of agricultural products based on LBS will occupy the mainstream position; integration of offline resources will be the focus of agricultural products O2O. Government should support strongly the agricultural products O2O and create a good policy and institutional environment for its development

Key Words: agricultural products O2O; online and offline; distribution efficiency

第四部分

全渠道

论网络营销的基本模式*

▲韩　耀　张春法　刘　宁（南京经济学院，江苏南京　210003）

> **摘　要**：在传统营销的理论框架中，企业与环境之间存在着明确的界限。环境是不可控的，营销管理的本质就在于综合运用各种可控的市场营销因素，实现企业与环境的动态平衡。但是，在互联网所架构的虚拟世界中，企业的营销格局正在发生着极为深刻的变革，要适应这种革命，就需要在理论上对网络背景下的营销模式作出新的解释。
>
> **关键词**：虚拟企业；网络营销；营销模式

一、传统营销理论的内在逻辑

营销理论与营销模式的变革，与市场营销理论的源起一样，有其深刻的历史根源与逻辑基础。追溯现代营销的发展史，不难发现，市场营销组合以及在此基础上形成的4P's模式，是具有划时代意义的理论创新，这一创新早已在世界范围内，在理论与实践两个层面上得到了普遍认同。而这一模式的价值或者生命力，来源于其坚实的逻辑基础。关于营销理论以及运作模式的研究，不能偏离其内在的逻辑。否则，我们就难以认清本质，从而无法得出合乎逻辑的科学结论。

经典营销理论的客观经济基础是供大于求的买方市场格局，而其逻辑起点则是关于可控和不可控因素的区分。20世纪50年代初，哈佛大学教授博登（Bolden）界定了可控和不可控营销因素的区别，最早提出了市场营销组合理论，奠定了现代营销的理论基础。60年代，E.J.麦卡锡完成了对可控因素的分类，在他那里，所有可控的营销因素被划分为四大类，即产品（product）、价格（price）、地点（place）与促销（promotion），首次提出了具有深远影响的4P组合模式。麦卡锡之后，菲利普·科特勒进一步完善了市场营销理论的基本构架。科特勒不仅发展了一个6P组合，在4P基础上，他引进了两个新的组合因素，即政治权力（political power）和公众关系（public relations），构建了一个被他称之为"大市场营销"的6P's组合模式。更进一步区分了营销

---

* 本文原刊载于《北京工商大学学报（社会科学版）》2003年第1期。基金项目：江苏省哲学社会科学研究"十五"规划基金项目"江苏发展电子商务对策研究"（E3 – 022）。

组合的两个不同层次，即战略性 4P 组合和策略性 6P 组合。他指出，6P's 是一种策略性组合，它的运行必须有相应的战略基础。支持 6P's 的也是一个组合模式，是由探查（probing）、分割（partitioning）、优先（prioritizing）及定位（positioning）所组成的整体，构成了一个新的 4P's 模式，这是一个与 6P's 相匹配的战略性组合。至此，现代营销的理论臻于完善。

在经典的营销理论中，环境是不可控的，具有强制性。并且，由于环境是企业营销系统以外的一切存在，因而环境是企业生存、发展的唯一空间，营销管理的根本任务是实现企业与不可控环境的动态平衡。而与环境相对应的，是众多可控的市场营销因素。这样，运用这些因素，并且从总体上把握各类可控因素，藉此来适应不可控的外在环境，就成为逻辑上必然的而且是唯一的结果。E. J. 麦卡锡、菲利普·科特勒等许多学者很好地发展了博登的思想，使现代营销的理论体系及其内涵不断趋向于完整、丰富和完善，为现代营销理论的发展做出了巨大贡献。博登之后的众多新的理论、方法、模式，包括 4C 模式，即综合了欲望与需求（consumer's wants and needs）、成本（cost to satisfy wants and needs）、便利（convenience to buy）及沟通 communication）等四因素的组合模式，大多建立在运用可控因素以适应不可控环境这一逻辑基础之上。

二、网络背景下的营销格局及其影响

在传统营销理论中，可控因素与不可控因素有着十分明晰的界限。营销管理的本质就是综合运用企业可控的各种因素，以实现与不可控因素，或者外部环境的动态协调。但是，在互联网背景下，这一逻辑基础已经发生了许多重大的变革，主要表现在以下几个方面。

第一，企业与消费者的关系。在传统经济条件下，企业虽然重视对消费者的研究，但这种研究的基础是抽样调查，企业实际上根本无从了解每一个消费者的需求。绝大部分企业是在市场细分的模式下，实施所谓的目标市场营销，发展相应的市场营销组合。所以，企业根本不可能适应每一个消费者的欲望和利益。绝大部分消费者只能在企业已经生产出来的产品和服务中作出选择，这样的选择无论如何都不可能是一个主动过程。因而，传统经济并不支持消费者的主动地位，传统营销是"企业营销"，消费者实际上被排除在营销主体以外，只是作为企业的营销对象而存在。

而在虚拟的网络空间，互联网的现代化信息技术构筑了直接的互动环境，借助互联网无时不在的高速信息通道，消费者能够面对全球范围内所有可能的潜在供应商，与之进行"一对一"的交互式信息沟通，历史上第一次享有了完全的选择空间和选择机会，消费者的意愿、利益和偏好真正成为了企业营销活动的中心。在这种背景下，消费者的主动地位不仅得到确立，而且，他们已经介入到了企业的营销实践中，消费者不再只是单纯意义上的顾客，而是作为营销活动的参与者，与企业一起，共同构成了市场营销的主体。既然网络背景下的市场营销已经成为企业与消费者共同执行的行为过程,那么,仍然将顾客视作外在环境因素的判断,在逻辑上就失去了合理的基础。

第二,企业间的相互关系。在网络背景下,企业是一种职能被虚拟化了的存在。虚拟企业只执行自己拥有优势的职能,而非优势职能则通过业务外包的形式,交由其他专门化的组织或机构执行,企业奉行的是外部整合职能的运作模式。供应链上的所有企业更像是一个紧密合作的整体,顾客价值最大化是它们唯一和共同的追求,被传统营销理论界定为微观环境力量的供应商、营销服务机构等,在一个更为广阔的空间,具有了相当程度的"内部"属性,它们与企业一起,共同构成营销活动的主体,而不纯粹是某种意义上的环境存在。

第三,企业与宏观环境力量之间的关系。菲利普·科特勒将政治权力作为营销组合因素来对待,实际上已经揭示了这样的一个事实,即企业与宏观环境的界限并不是恒定不变的,而这种非恒定状态,在网络空间被进一步放大,这在技术领域的表现尤为明显。互联网是一个标准化的体系,众多的技术标准是互联网赖以正常运行的必要保障。而标准的每一次发展和完善,都有企业的积极贡献,如微软的视窗系列,就是企业参与规则制定的典型。在专业化实施优势职能的前提下,许多企业都有参与的机会和可能。当某种技术或者模式为互联网所认可,成为虚拟世界共有的标准,我们将很难将其作可控与不可控的区分。

总之,互联网改变了企业与消费者、企业与企业的相互关系,使得传统经济中企业可控因素与不可控因素的边界趋于模糊。在这种背景下,运用可控因素以适应不可控因素的逻辑,已不再具备坚实的实践基础。只有突破这一局限,透过一个新的视角,才有可能寻找到适合虚拟企业的营销模式。

应当承认,在互联网和网络营销环境下,仍然存在着大量影响营销活动和营销绩效的因素。这些因素虽然不易作可控或者不可控的区分,但它们无一例外的都是客观的存在。值得注意的是,其中的某些因素,不仅对企业有着不容忽视的重大意义,同时也可以被企业加以充分的运用。例如,顾客的信任,从来都对企业有着极端重要的意义。尽管企业并不能"控制"这种信任,但企业完全能够通过各种手段赢得这种信任,维持并发展这种信任,藉此来实现企业对自身利益的追求。

三、网络背景下的营销管理模式

基于互联网的网络营销,使得传统经济中企业可控因素与不可控因素的边界趋于模糊。在这种背景下,运用可控因素以适应不可控因素的逻辑,已经不能引导我们。我们认为,在互联网与网络营销框架下,营销管理的核心任务是寻找各种能为企业运用的因素,并通过对这些因素的有机整合,合理地规划企业的营销活动。由可控因素到可运用因素的转化,是互联网和网络营销带来的变革。在网络背景下,对虚拟企业的营销活动有重大影响,并能为企业所运用的因素,大致包括下述四个主要方面。它们的整合,构成了网络背景下市场营销的运作模式。

1. 个性（individuality）。个性发展是个人发展的核心内容，而人的发展又是社会进步的重要标尺。因而，人的个性发展，从来都与社会的发展紧密相关。经济发展水平和社会文明程度愈高，人的个性发展就越容易受到社会的认可与重视，当然，个人也就越能得到多元化的发展。在现代企业的营销实践中，消费者的个性从来都是企业细分市场的重要依据。有鉴于此，一些企业十分重视消费者的个性化需求，他们采取拟人化的手法，赋予某种品牌以特定的个性，藉此迎合消费者富有个性的需求。而追求个性化的消费模式，必须以相应的客观条件作为支持。这些条件主要表现在两个方面：一个是金钱，另一个则是闲暇。网上购物节省了消费者的信息成本，省却了来回于购物场所的费用支出；网络还使得消费者能以相对低廉的价格，购买适合他们需要的产品或者服务。而且，网络无时不在的特性，使消费者能在任何他认为方便的时间，毫无束缚地采取购买行动。在线购买的新型模式，在相当程度上削弱了金钱与时间约束对消费者的影响，满足消费者的个性化需求，将成为企业营销的核心目标。

2. 信任（trust）。在线购买是一种超越习惯的行为模式，尽管网络为消费者提供了更为便利、经济的选择路径，和更为充分的选择机会，但网上购物仍然是一种风险性的行为。在实际取得产品以前，消费者对所购产品没有任何直观的感受。传统经济体系中，人们用于事先检验产品质量、性能或效用的一切惯用手段，在网络营销框架下，没有任何用武之地。如果不是对产品，或者供应商有足够的信任，如果不是因为确信自己的选择是最佳，消费者不会贸然采取网上购买的行为。

消费者的信任，是虚拟企业最可宝贵的一项财富。因为，这种情感能够有效地消除他们的风险，帮助他们确立购买信心。在互联网所架构的虚拟世界，消费者缺乏用以判断购买决策恰当与否的直观标准，因而，与企业相互之间的信任，对消费者的购买行为将产生举足轻重的影响。

3. 成本（cost）。互联网与网络营销模式，为生产者架设了与消费者直接联结的通道。在网络世界，企业可以越过中间商，与最终消费者进行面对面的双向沟通。网络所构建的直接渠道，不仅为在线顾客带来了莫大的便利，同时也大大节约了企业用于渠道管理方面的费用支出，为虚拟企业的低成本运营，准备了充分的基础。

在网络空间存在的企业，只需行使具有优势地位的职能，其他职能完全可以由别的独立企业执行。借助于外部交易的途径，虚拟企业即能完成对企业职能的整合。职能的虚拟化，造就了众多专门从事某种业务的企业，而专门化经营又给这些企业带来了降低成本的好处。这样，在互联网与网络营销模式下，虚拟企业能够迅速地完成对供应者的选择，以最低廉的价格获取最具专业化、同时也是最好的服务。这也使得企业可以在任何时候，以最低的成本支出，向在线顾客提供质量最佳、性能最优的产品或劳务。

4. 信息（information）。在传统经济格局下，企业期望与消费者沟通的许多重要信息，只能采取单向传递的方式，其中存在着"时滞"现象。单向信息沟通的不足之处，在于不能及时了解受众的反应。因而，企业无法依据受众的反应，恰当地调整自己的行为，以改善信息沟通的效果。

互联网构筑了实时的信息传播方式，彻底消除了交易双方的地域间隔，极大地弱化了由于实际空间差距所带来的影响。而且，这种沟通采取了"面对面"的方式。网络背景下的信息沟通，包括网络广告，都是交互式的。在传递信息的同时，企业就能直接面对顾客可能的各种反应，判断对方的好恶，推测其行为趋向。由此，企业就可以及时了解顾客的需求状况与需求特征，并迅速采取具有针对性的行动，迎合他们的要求。

基于互联网的网络营销模式，不只对企业的信息沟通产生了极为深刻的影响，更为重要的是，它还使信息的意义进一步凸显出来，信息已真正成为企业最宝贵的一项资源。在虚拟的网络空间，只有拥有必要的信息优势，致力于架设与供应商、中介服务组织、消费者以及政府进行高效沟通的信息桥梁，才有可能迅速捕捉一切有利的机会，改善企业的营销活动，寻找到实现企业目标的最佳路径。

参考文献

［1］菲利普·科特勒. 营销管理分析、计划、执行与控制［M］. 第 8 版. 梅汝和，梅清豪，张桁，译. 上海：上海人民出版社，1998.

［2］姜旭平. 电子商贸与网络营销［M］. 北京：清华大学出版社，1997.

［3］孔伟成，陈永芬. 网络营销［M］. 北京：高等教育出版社，2002.

On the Basic Models of Online Marketing

▲Han Yao, Zhang Chun-fa, Liu Ning (*Nanjing College of Economics, Nanjing, Jiangsu, 210003, China*)

Abstract: In the theoretical framework of traditional marketing, there exists a clear boundary between the enterprise and the environment. Environment is not controllable, and the nature of marketing management is to use various controllable marketing factors comprehensively to realize the dynamic balance between the enterprise and the environment. However, in the virtual world constructed online, enterprises' marketing patterns are undergoing profound changes. To adapt to such revolution, scholars need to present new theoretical explanation for the marketing model under the internet background.

Key Words: virtual enterprise; online marketing; marketing model

传统零售商"优势触网"的条件与权变策略*

▲李桂华　刘　铁（南开大学商学院，天津　300071）

> **摘　要**：面对网络零售对实体零售渠道的销售额冲击，传统零售商纷纷触网，寻求线上和线下销售融合发展的渠道。这种发展不仅是要触网，更要在触网的同时实现整合优势，即"优势触网"。从优势获取和维持的角度来分析，成功触网的时机与条件影响因素主要集中在环境机会、业态特征、战略优势基础等方面。不同企业的触网模式、策略应有所区别，并以外部环境特征和企业具体条件为权变因素，合理的触网选择是寻求业态策略与环境条件的匹配。
>
> **关键词**：网络零售；线上线下融合；触网条件；权变策略

根据《中国网上购物消费者调查报告 2011》显示，我国网上购物持续高速发展，2010 年我国网购金额达到了 4 980 亿元，比 2009 年增长 86.5%，占到了我国社会商品零售总额的 3.2%。2010 年有 1.85 亿用户至少有一次网购经历，占到了全部网民数的 40.6%。预计 2011 年我国网购市场规模将达到 8 900 亿元（见图 1）。

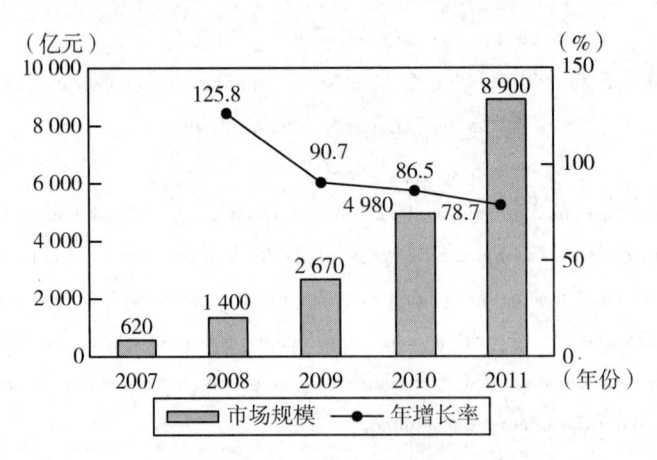

图 1　中国网上零售整体市场规模与增长

资料来源：《中国网上购物消费者调查报告 2011》，正望咨询，2011 - 05 - 04。

---

* 本文原刊载于《北京工商大学学报（社会科学版）》2011 年第 5 期。

面对来势汹汹的网络零售，传统零售商纷纷触网，寻求线上和线下销售融合发展的渠道。根据中国连锁经营协会的统计，在2009年中国连锁百强企业中，共有31家企业（截至2010年5月底）开展了网络零售。从美国市场看，网络零售排名前10位中有一多半是实体连锁企业运营的B2C网站。2010年英国网上零售企业中，访问量前10家企业中，也有6家开设了实体店。

从欧美传统零售商的触网情况来看，传统零售商虽然起步晚于纯粹网络零售商，但凭借其品牌和资源优势迅速占据有利地位。而我国传统零售商在实现网络渠道和传统渠道融合的过程中，发展缓慢；网络销售占整体销售的份额普遍偏低；在网络销售上较纯网络零售企业仍处于明显劣势（见表1），2010年在30个城市网购整体市场份额中，排名靠前的企业均为纯网购起家，这与欧美国家的传统零售商网络销售的扩展情况形成了鲜明的对比。对国内的一些零售商而言，虽然触网了，但是没有得到应得的利益，甚至弄不好反受其累，这样的线上渠道融合肯定不是店铺零售商想要的。现实利益的要求是要在触网的同时实现线上线下的整合优势，即传统零售商要的是"优势触网"。而已经开始进行网络零售探索的部分店铺零售商也确实在现阶段遇到了一些操作的困难。比如，线上线下的分销冲突、网售靠低价竞争的单一模式以及缺乏战略整合等。

这些问题使得触网的传统零售商并没有因为融合了网络销售模式而比其他竞争对手（如线下销售的竞争对手和纯网店的实体渗透）占有优势。从零售企业经营的长期趋势来看，竞争优势才是竞争性市场中企业绩效的核心，有必要从优势获取和维持的角度，为这些传统零售商厘清要不要发展、何时发展和如何发展网络零售的问题。

表1　　　　　　　　部分地区零售网站市场份额　　　　　　　　　　（%）

	京沪穗深	东部城市	中部城市	西部城市	30个城市总体	全国
淘宝	62.2	76.0	70.1	80.1	70.8	74.2
京东商城	7.8	2.7	2.1	2.6	4.3	2.8
拍拍	1.9	3.4	6.3	3.4	3.4	4.2
当当	2.8	1.4	2.0	1.4	2.0	0.6
卓越	2.1	0.9	1.2	1.2	1.4	0.5
凡客	1.9	0.9	1.3	1.0	1.3	0.5
麦网	1.0	0.5	0.3	0.2	0.6	0.2
其他购物网站	20.3	14.2	16.7	10.1	16.2	17.0
合计	100.0	100.0	100.0	100.0	100.0	100.0

资料来源：《中国网上购物消费者调查报告2011》，正望咨询，2011-05-04。

一、传统零售商发展网络零售的时机与条件

目前，网络零售渠道已经表现出对实体店销售份额的冲击，网络零售的发展和份

额增长已成必然趋势。但是，对于具体的店铺零售商而言，进入竞争性增长的市场中，如果没有优势，企业并不会因为整体市场的增长而前途光明。我国企业曾经面临过类似的市场环境。比如，20 世纪 90 年代初期的多元化风潮，90 年代中期的连锁和特许风潮，2000 年左右的网站建设风潮，虽然当时我们都认同多元化、网络经济等会成为市场发展的必然趋势，也有很多企业不分时宜地做多元化、搞连锁，建立自己的网站，但是，多数因为跟风冒进而成为竞争对手的垫脚石。

像多元化需要一定的实施条件一样，实体店实施网售同样需要条件，不具备条件的零售商应当慎重，通过发展创造时机，再考虑网售的可能性。具体而言，优势触网的条件应当包括六个部分。

1. 业态优势与经济周期或经济环境的契合。经济的周期性发展、消费需求的变化和零售业本身的竞争，推动了零售业态的演进。每一种零售业态的繁荣都有赖于一定的环境。零售商必须根据零售业的发展规律和现实情况来选择经营形式，是否选择以及何时选择拓展网售业务当然也要依据规律和现实。比如，根据零售轮转、商品攀升、自然选择、手风琴理论等零售业的发展规律，网络零售应当首先以低价、低毛利、低成本和货品、服务单一的形式出现，在竞争发展到一定阶段后，会出现商品攀升和服务提高，成本、毛利和价格也会随之上升，当高水平综合经营普及以后，会有竞争对手为满足个性化需求而发展目标集聚战略。到企业间产品、服务高水平同质化以后，网售竞争会重新回归成本方面，但不会回归原点，而是上了一个新的台阶。每一阶段的演化都受到社会经济环境的影响，一些特殊条件会成为演化的催化剂，比如经济危机造成的购买力降低往往会成为轮转的开始。

那么，在网售市场表现为以低价需求为主时，可能正是成本领先的零售商触网的最佳时机；而当市场对差异化、个性化服务的需求大量增加时，也就是差异化零售商自建零售网站的好时机。所以，对于不同类型的店铺零售商，应从市场发展趋势的角度去分析自己最合适的切入时机，当然要在时机到来前准备好进入网购市场所必需的条件，因此，一些大型差异化零售商也已经开始利用知名 B2C 平台进行网售的探索，以便积累经验。从理论上来讲，每一种零售商都可以在网售阶段演化过程中找到最有利于发挥优势的时机和切入点。

2. 新增网络销售业务的投资额相对于企业整体销售额的比重应该较低。网络销售应该尽量将店铺零售中的优势资源和能力在网络零售渠道中实现共享，并以一个最小比例的投资额实现两种渠道的融合。这样，一方面有利于在新渠道中的业务扩展，另一方面也大大降低了经济风险。同时，也容易做到新增销售额超过新渠道拓展成本，进而在进入网售市场初期就实现盈利。比如，对于中小型零售商来讲，如果自建购物网站的话，由于品牌等资源优势的限制，新增销售规模有限，而新增网站建设成本会比较高，新增成本占整个销售额的比例也会比较高，这样极容易形成新投资长期侵吞原店铺零售利润的情况，这样投资风险不仅出现在网售中，甚至原有店铺零售业务也会受到牵连。相比之下，中小型零售商就不如寻求与知名 B2C 网站合作或在 C2C 平台

（如淘宝）上建立网店来的划算。而大型零售商由于销售额比较大，同等比例的预期网络销售额就很可观，这就为其自建零售网站提供了条件。达到同样的网售功能，其新增投资占整个销售额的比重就会比较低，风险和财务负担就比较轻，而且，在品牌等容易产生规模经济效应的资源方面，大型零售商也往往存在既有优势，这使得内建零售网站可能更适合成为大型零售商的最终目标模式。所以，不同类型的店铺零售商在发展网售的过程中，应采取不同的形式，以使为实现网售功能而新增的投资负担降到最小。

3. 对于内建网站的店铺零售商而言，企业最好呈现业态多元化特征。如果企业所涉及的传统零售业态不止一种，那么，一方面，企业所建立的网络销售渠道可以在不同业态间共享，以便分摊成本；另一方面，不同业态的竞争优势也有所不同，零售组合对不同的网购消费者适应性不同，多业态为店铺零售商提供了网售策略更多的选择性，使线上线下融合可以进行更多尝试，也更容易成功。比如，某零售集团拥有连锁百货商店、连锁超市和连锁便利店。那么，如果该零售集团建立了零售网站，该网站将能够适应网购消费者的多种需求。如果市场关注低价，则可以使超市先触网；如果市场开始关注便利性，则可以使便利店触网；如果市场开始关注差异化，则可以使百货店触网。这样，既有利于分摊成本，也大大降低了网售投资的风险，同时，提高了企业对网售市场的适应性。

4. 网售对公司的店售主流顾客来说相对不那么重要。现在很多零售商担心或已经面临线上线下的渠道冲突。比如，由于网售商品展示、人工服务等成本比店售低，一旦相同商品实施网售，会造成对店售销售额的冲击，使零售商得了芝麻丢了西瓜。学者李飞认为，这一问题可以通过使开设的网店与实体店铺形成一定的差异来实现，如目标顾客选择的差异和经营商品的差异。但是前提是这种差异是存在的。比如，顾客群的区分，网购奢侈品顾客根本不会进行价格相对较高的实体店采购；而实体店的忠实顾客更看重的是服务和店铺环境品位，对价格不敏感，这种差异才会发挥实际效果。产品差异也是如此，现在很多公司从供应商处订购所谓的"网货"，专门用来投放到网上销售中，以免造成渠道冲突，前提也是实体店的顾客不会或不屑于采购网货。总之，就是要求网售对原实体店的主流顾客相对是次要的、不具有竞争力的采购渠道，这样，才可以避免渠道冲突。

5. 网购客户的分散程度较低，网售能获得密度经济性。网购顾客在需求、销售所需流程等方面应当尽量集中，比如，呈现帕累托定律特征，这样，网售业务流程和商品组织才能进行标准化优化，各种网售运营费用才能由于业务的集中和重复而减少。现在有些服装类网店，一次销售商品退货率高达30%，先不究其原因，试想如果退货顾客千奇百怪，需求、商品处理流程都呈分散状态，那么，退货成本就可以使企业无利可图。因此，虽然网售顾客可以在地域上呈现分散状态，但是在需求上所涉及的业务流程方面应该处于集中状态。这也是网售在大多数国家首先从图书、电子数码产品开始延伸的原因，主要就是因为这些产品在需求表现方面、在处理和销售流程等方面都很集中。因此,像在实体店中经营一样,网上销售也不要试图满足所有顾客的所有需求,必须明确定位目标市场,以获得密度经济性。

6. 针对目标细分市场的独特优势。根据中国电子商务联盟《中国网上零售调查报告 2010》的分析,从长期来看(虽然这一过程可能很漫长),零售业未来的总体发展趋势将是"线上交易线下体验,虚拟经济将逐步主导并控制实体经济"。因此,面对未来零售市场中网店进行实体渗透的竞争,传统零售商必须具有或建立相对于目标市场的独特优势才能与之抗衡。

从长期趋势来看,传统零售商拓展网络销售渠道和网店进行实体渗透必然殊途同归,就是实现线上和线下渠道的融合,而这一融合的最终模式将是对日用品的网上销售和对选购品的线下服务、体验、提点和线上交易。很显然,传统零售商在这一演变中突出的先天优势是良好的信誉带来的日用品购买者的信任和为选购品购买者提供的服务(包括销售展示、退换货等);而网购用户在这些方面的具体需求满足流程和线下销售是不完全一样的,这就要求传统零售商率先适应线上线下分工的需要,制定两种渠道融合完成一项交易的销售模式,并依据目标市场的独特需求调整线上线下相关资源配置。而信誉较差、资源和流程未针对细分市场要求的融合模式进行优化的店铺零售商,要挖掘线上线下融合优势恐怕比较难。

二、传统零售商发展网络零售的权变策略

对照前面的分析,传统零售商在发展网络销售的过程中,要考虑自身的内外部条件,采取对应的发展模式。为直观呈现企业策略和环境条件的对应关系,我们将前述影响网售优势的诸条件因素按照因果关系进行分类,以企业具体特征为自变量,以可以采取的触网策略为因变量,建立权变模型来考察。

1. 触网策略。
(1)基本触网模式。
① 自建零售网站。零售商不依托第三方交易平台而选择企业内建零售网站的形式。其投资成本、技术要求较高,网站知名度扩展较难,但有利于控制。
② 利用第三方 B2C 或 C2C 平台。零售商自己不经营网站,而采取在第三方交易平台上建立网店的形式。其投资成本较低,技术和管理需求也相对较低,可以利用第三方平台的知名度和信誉,但不利于控制。
(2)具体触网策略。
① 触网目标。由于不同演变阶段网售竞争的主流需求不同,因此,不同零售商的不同时期触网目标应该有所区别,主要分为销售和形象展示、发展顾客关系等。即触网是以即时销售增长为目标,还是以培育未来增长为目标。
② 价格控制、商品控制。主要考察是否进行线上线下区别定价以及是否使用不同商品进行线上线下交易。比如使用网货线上低价交易;使用正规品线下高价交易。线

上线下一致为不控制,不一致为控制。在表 2 中,未标出为不控制。

③ 合作网站甄别。鉴于第三方 B2C、C2C 平台在信誉、形象、合作和利用难度上的差别,应将两者区别对待。

④ 便利化取向与个性化取向。在从低价竞争向高阶段竞争发展中,是朝向便利取向发展,突出普遍服务;还是朝向个性化取向发展突出高差异的个人化服务。

⑤ 信誉认证。指入网后,零售商是靠自己企业建立信誉,还是谋求第三方对信誉进行认证。

⑥ 线上线下融合方式。主要考察线上线下的分工,分为横向和纵向。横向为线上线下销售职能相似,网店与实体店倾向于替代竞争关系;纵向为线上交易、线下服务的形式,网店与实体店为合作关系。

2. 权变因素。

(1) 策略时期。结合前文的网络零售竞争演变阶段特征预测,不同阶段进入策略应有所区别,因此,将入网环境分为现在就进入的短期环境和未来长期环境。

(2) 基本战略。主要考虑低成本和差异化两种基本战略,并单独考虑零售集团的多元化和现在已大量存在的社区便利店两种特殊情形。

(3) 单体规模状况。这个因素的区分并没有使用营业面积等绝对的数量指标,而是从零售商经营的相对优势地位来考察,即将处在所在地区或业态中营业面积较大,投资较多,经营有实力,设施相对完善,信誉相对较好,综合素质较高的实体店铺归为大型一类;反之,归为小型一类。因此,此处的规模状况代表了经营的综合情况。

(4) 单体发展还是连锁发展。这个因素主要考虑投资能力和物流网点完善的可能性及配送能力对网售的影响,在这里只分为单体和连锁两类。

3. 业态策略与环境条件的权变匹配。依据不同业态零售商自身的特征和目前及未来市场环境,为各种业态选择适宜的网售发展策略(见表 2)。

表 2 传统零售商优势触网策略

战略	大型		小型	
	长期	短期	长期	短期
低成本	自建网售渠道,网售逐渐取代店售,或发展便利取向的网售	率先利用 B2C 平台;如连锁,应尽快自建网售渠道;销售增长;横向	利用 B2C 或 C2C 平台;如连锁,发展便利取向的区域网售;横向	B2C、C2C 平台;第三方信誉认证;销售增长;横向
差异化	自建网售渠道;线上交易、线下服务的融合;人性化网售设计、关系营销;纵向	寻求知名 B2C 合作;以品牌、时尚、形象展示和与顾客沟通、发展关系为主;纵向	利用 B2C 或 C2C 平台,如连锁,发展线上交易线下服务的模式,注重个性化营销;纵向	B2C、C2C 平台、第三方信誉认证;销售增长;控制;横向

（1）大型零售商。我国网络零售现阶段竞争已经从三低开始向商品攀升和服务提高演化。但是考虑到次贷危机后全球经济环境和我国目前的通胀压力，低价仍可能是网购未来一段时间的主要优势；而伴随全球经济环境的好转和通胀的改善，一旦网购消费者购买力得到提升，网络零售必然向高级阶段演化，低价将被更多更高水平的服务取代而成为消费者主流需求。因此，大型差异化零售商和成本领先零售商的触网时机条件是不同的，策略也应有所不同。

① 大型成本领先零售商。现阶段宜利用第三方 B2C 平台，如连锁，应尽快自建网售渠道。发展目标是自建网售渠道，并随着网售市场发展逐渐增大网售份额，最终网售取代店售或连锁，逐渐发展便利取向的网售。

对于具有低价优势的店铺零售商，现在正是进入网售市场的好时机。市场运作的实际情况也说明了这一点。比如，目前在国内成功进行线上线下零售融合的典型企业以在传统市场中具备低价优势的居多。如以每日低价著称的沃尔玛，服务和品牌成本支出较少的企业成为团购供应大军的主流也说明了这一点。但是，随着网购群体从低价需求者向便利需求者的扩散与转移，企业也应当关注这部分市场而采取便利取向的策略。

② 大型差异化零售商。现阶段先利用知名第三方 B2C 与网购用户接触，开展线上线下的纵向合作，随市场发展，寻求自建网售平台，逐渐实现线上交易，线下服务的融合模式，并关注人性化的网售流程设计和注重关系营销。

差异化经营的企业在现阶段往往面临线上线下的渠道冲突，实际上也是阶段演化进程没有发展到高级阶段造成的，而欧美国家的差异化经营者则已进入实质的线上线下融合阶段，这也是因为其竞争演化阶段与我国不同。所以，目前的差异化经营者主要应将网售视为品牌、时尚、形象展示和建立与顾客沟通的辅助措施。而采用低价网货触网的形式，可能会损失建立已久的差异化形象，不利于长期优势的获取，不建议采用。所以，此处没有"控制"特征的策略。

（2）小型零售商。由于小型实体店零售商原有的经营商圈范围有限，现有经营的信誉也可能受限，因此，在具体策略上可以与大型零售商稍有不同；同时，由于小型零售商的投资能力有限，因此，策略中以利用第三方平台为主；因为连锁可以提高小型零售商的知名度和投资能力，所以，对于连锁的小型商铺，策略稍加调整。

① 小型差异集中零售商。现阶段利用 B2C 或 C2C 平台，注意网售商品和价格控制（如利用"网货"），争取第三方信誉认证；如连锁，未来应采取线上交易线下服务的模式，注重个性化营销，未来线上线下分工以纵向为好。

这里与大型差异化零售商的明显差别在于"控制"、平台和信誉建立方式和入网目标的不同，这主要是因为，小型零售商入网后，因"控制"导致的对原有声誉的影响会小得多。同时，差异化是目前非网售市场主流，因此即便是小型连锁零售商也不宜投资自建网站，而应以利用第三方平台为主。信誉方面，小型店铺服务难有信誉的长时间积淀，因此还是以第三方认证为主。入网目标方面，也是因为"控制"对信誉的影响与大型店铺不同，因此可以在短期内以网络销售增长为目标。但长期目标应是等待需求向高级阶段发展，并积蓄个性化服务能力。

② 小型成本集中零售商。利用 B2C 或 C2C 平台，第三方信誉认证，以网售份额增长为目标。如连锁发展，未来目标模式为自建便利取向的区域网售渠道。

这里的重点在于考虑到网购需求正在从低价向便利和服务改善转变，对成本竞争者来说，便利是适合低成本、标准化增加差异的来源，对连锁企业更是如此。所以，连锁企业可以考虑发展便利取向的区域网售。

③ 便利取向零售商。对已经在店铺销售中采取便利取向的零售商来说，现阶段可以利用地区团购网站等 B2C 平台，努力争取第三方信誉认证；如连锁，应考虑自建网络，并结合电话销售、目录销售等模式，顺应市场下一阶段的需求变化，使已有的便利优势进一步发挥。

（3）业态多元化零售商。可根据具体业态经营单位的条件在前面几个策略中作相应选择。如果现在就有低价优势的业态，则短期策略亦可以是自建网站，因多元化业态的零售商可以使现在建立起来的网售渠道在以后多种业态切入时机成熟时相继入网分摊成本，所以，投资风险相对较低。即便现在没有低价优势的业态，长期策略也应是自建网售渠道，以满足多元化机会需求。

三、关键策略选择的分析

1. 在短期策略中，除大型连锁成本领先零售商外，以利用第三方 B2C、C2C 平台为主。这是因为，目前网购用户中，还是以低价需求居多，以低价、低毛利、低成本运行的网售业态更容易成功。那么，要自建网售平台，首先要求企业有实力，能承受建设网售渠道的成本，并且这个成本应该有大量的销售额可以分摊，这要求企业销售规模要大，即应是大型零售商。同时，企业应该有三低（低价、低毛利、低成本）模式运行的经验和技能，这两个方面的要求大型成本领先零售商都可以满足。

另外，从目前网购市场份额的占有情况来看，任何企业自建网站都很难在短时间内和已发展多年的 B2C、C2C 网站的知名度和声誉相提并论。根据《中国网上购物消费者调查报告 2011》的数据，淘宝一个网站的零售份额就占到网上零售份额的 70% 以上，而 B2C、C2C 网站合计的市场份额更是高达 90% 以上。购物网站品牌提及率调查显示，淘宝的主动提及率达到 99.2%，第一提及率达到 86.8%。在这种情况下，利用淘宝等 C2C 平台和一些 B2C 平台进入网购市场积累经验可能更加现实。而且，对于大型零售商而言，现在推出差异化策略可能还不具备市场条件。因此，短期策略还是以利用第三方 B2C、C2C 平台为主。

2. 零售商应当逐渐发展便利取向的网上零售或个性化的网上关系营销。《中国网上购物消费者调查报告 2011》显示，方便超过了价格便宜成为网购的最大优势，而商品质量和物流是顾客反映最为集中的问题。从这个结果来看，对于目前以价格取胜的低成本零售商而言，单纯依靠"网货"调整线上线下冲突的策略无法持续发挥作用，而便利取向的网售策略将成为发展趋势，连锁零售商应当发挥物流和网点优势，满足这一需求。

同时，对于差异化的零售商而言，应当逐渐发展和关注个性化、以 CRM 为基础的网售策略。并在实体店和网店渠道融合中逐渐实现线上交易、线下服务的模式，对关键顾客群进行优化选择，利用帕累托比率关注个人化、人性化销售和服务，摆脱网售走低价模式的困扰。这方面，日本三友百货进行了有益的探索。三友百货依据日本老龄化的趋势，在网售过程中，建立了专门的老年人网购流程，设计了便于老年人操作的语音控制网页系统，同时把网售和电话订货、目录销售结合起来，为行动不便的老年人提供了便利的购物渠道，并为关键顾客提供符合个人需求特征的一揽子购物选择，用人性化的服务降低顾客对低价的关注，使网售同样获得了差异化的溢价。

在目前刚刚兴起的微博营销也会起到同样的效果，通过分析个体顾客需求特征，建立与顾客的网络社会联系，获取顾客资源，并发展顾客关系，对于差异化零售商，尤其是小型差异化零售商而言，一方面提供了发展网售的优势路径；另一方面要求企业要培养相关的营销分析技术和顾客沟通技术，相信未来的差异化网售市场将是以技术技能换取溢价的发展模式。

3. 传统零售商触网应注重网络环境中的信誉建立和维护或进行第三方信誉认证。虽然有学者指出，与纯网店不同的是，传统商店通常都直接面向最终消费者，要求企业重视自身形象的塑造，因而比较容易赢得顾客的信赖，不像纯网店，消费者对它缺乏必要的认知途径，很难在短时期内产生信任。因此，传统零售商开展线上线下的双渠道零售，企业不仅可以利用实体商店的信誉，增强顾客的安全感和购买信心，更能够借助网络获得相对广阔的市场空间。但是，由于网络空间的广阔性，顾客范围容易超越原有实体店顾客群，对于新顾客而言，传统零售商进行网上销售的信誉同纯网店没有多少区别，因此，对希望扩展市场空间（而非替代）的触网实体零售商而言，在网络中发展信誉或进行第三方信誉认证是非常重要的。

Ray L. Benedicktus, Michael K. Brady 等人的实证研究也表明，网络上的提示信息将传递诚信资讯并影响购买意图，不管是对消费者熟悉的还是不熟悉的品牌，也无论是对线上线下双渠道的公司还是纯网售公司，都是如此。相比之下，实体店的存在与否和品牌的熟悉与否对信任的影响都是非常小的。而单独的正面提示信息对缓冲活跃的广泛的网络怀疑信息并不有效，必须把高评价的提示信息和品牌熟悉度结合起来才能解决这个问题。因此，传统零售商不能期望线下建立的品牌信誉自然传递到网售中，而应当注意网络上的信誉认证（积极诚信提示信息）和关注品牌在网络上的知名度扩展及维护。

四、结束语

从市场现实情况来看，网络销售市场必然和传统市场一样会呈现特点迥异的演变阶段，每一阶段的主流需求和竞争决定了传统业态触网的环境，而不同类型的传统零售商有自己独特的业态优势和不足之处，在适应不同网购需求的能力上也不同。这导致了既有和可创造的优势与网售市场的匹配只能是权变的。对传统零售商来说，掌握市场变化的动向和选准切入网售的机会窗口，使触网策略能够达到自身优势和环境条件的完美匹配，这才是理想的。

参考文献

[1] 正望咨询. 中国网上购物消费者调查报告 2011 [R]. 北京：北京正望咨询有限公司，2011.

[2] 中国连锁经营协会. 传统零售企业开展网络零售业务研究报告 [R]. 北京：中国连锁经营协会，2010.

[3] 李飞. 中国零售业发展的八大矛盾及解决思路 [J] 北京工商大学学报（社会科学版），2011 (1)：1-6.

[4] 中国电子商务联盟. 中国网上零售调查报告 2010 [R]. 北京：亿邦动力，2010.

[5] 张春法，韩耀. 传统零售业的电子商务导入及网络营销战略 [J]. 经济问题，2005 (12)：76-78.

[6] Benedicktus R L, Brady M K, Darke P R, et al. Conveying trustworthiness to online consumers: reactions to consensus, physical store presence, brand familiarity, and generalized suspicion [J]. Journal of retailing, 2010, 86 (4): 322-335.

Requirements and Adaptable Tactics for Traditional Retailers to Touch Online Distribution

▲Li Gui-hua & Liu Tie (*Business School, Nankai University, Tianjin 300071, China*)

Abstract: Facing the impact of online retailing sales upon the physical presence, traditional retailers are in a rush to touch the online channel and explore an integrated development of online and offline channels. Such development not only requires the touch with online transactions but also realize the integration advantage, i. e. to obtain a superior position. From the perspective of gaining and maintaining advantages, the influential factors of opportunities and requirements for the traditional retailers to enter the online retail market mainly include some aspects such as circumstances, industry characteristics, and strategic advantage foundation. Various basic modes and specific tactics would be suitable for different enterprises, with the external circumstances and specific condition of an enterprise as the adaptation factors, a rational choice for traditional retailers to touch online distribution is to make the tactics match the circumstances and conditions.

Key Words: online retailing, fusion of online and offline channel, requirement, adaptable tactic

传统零售商实体零售和网络零售业务协同发展模式研究*

▲刘文纲 郭立海（1. 北京工商大学商学院，北京 100048；2. 石家庄金刚集团，河北石家庄 052165）

> **摘 要**：随着经济社会的发展，传统零售商开展网络零售业务成为大势所趋，但如何实现网络零售业务与实体零售业务的协同发展成为困扰企业决策者的关键问题。两种业务协同发展的本质是资源共享，可选择的协同发展模式有相互补充、相互独立、相互融合等类型。传统零售商在选择协同发展模式时，必须考虑原有零售业态、自身资源条件及市场需求变化趋势等因素。相互融合的发展模式主要适用于采用"自营"模式的专业连锁零售商。
>
> **关键词**：实体零售；网络零售；协同发展模式；零售业态

近年来，我国网络零售市场迅猛发展，网络零售额占社会商品零售总额的比重持续快速增长。面对来势汹汹的网络零售，传统零售商纷纷"触网"，即开展网络零售业务，并积极寻求线上和线下零售业务的协同发展。中国连锁经营协会发布的《传统零售商开展网络零售研究报告2012》显示，截至2012年6月底，全国共有59家百强零售企业开展了网络零售业务，其中包括苏宁电器、国美电器、银泰百货、百联集团、天虹商场、金海马家居等知名企业。

但从目前我国的实际情况看，开展网络零售业务的主体仍是纯网络零售商，传统零售商的网络零售业务发展缓慢，其网络零售业务的竞争力较纯网络零售商仍处于一定的劣势。《传统零售商开展网络零售研究报告2012》也显示，传统零售商网店开办速度在下降，这种态势与传统零售商对网络零售持有的谨慎态度及对线上线下业务冲突的担心直接相关。从欧美国家的情况看，传统零售商开展网络零售业务虽然起步晚于纯网络零售商，但凭借其品牌影响力和资源优势迅速占据了主导地位。

为什么会出现这样的局面？我国传统零售商是否不具备实现线上与线下业务协同发展的条件？或者，实体零售商还没有找到实现线上与线下业务协同发展的路径？或者，在网络零售的竞争挤压下，实体零售业务本身已经失去了生存空间？这些问题值

---

* 本文原刊载于《北京工商大学学报（社会科学版）》2013年第4期。基金项目：教育部人文社会科学基金项目"企业跨国并购中的品牌资源整合研究"（10YJA630100）；北京市教育委员会人文社会科学重点项目"北京零售企业自有品牌战略研究"（SZ201310011004）。

得我们探究，并为传统零售商作出有关开展网络零售业务的战略决策提供参考依据。本文将以大型的传统零售商为主要讨论对象，围绕实体零售与网络零售业务实现协同发展的模式展开讨论。

一、实体零售与网络零售业务协同发展的实质

对于任何企业来说，实现两种以上业务协同发展的核心是战略资源的共享，以此提高资源的利用效率并降低企业经营成本。对于传统零售商来说，实体零售和网络零售两种业务的协同发展必须基于战略资源的共享，即传统实体零售商在长期从事实体零售业务过程中，所形成的优势资源要能够在发展网络零售业务中实现共享。或者在开展网络零售业务过程中形成的优势资源也能够在实体零售业务中得到利用。例如，苏宁云商利用其在长期从事实体零售业务过程中所形成的、稳定的供应商关系和强大的品牌影响力，开展网络零售业务并在较短时间内取得了不错的业绩。再如，银泰百货在西安举办大型活动，其网上商城——银泰网将线上注册的所有西安的会员筛选出来，进行精准的活动推广，达到了很好的宣传效果。

相比纯网络零售商而言，具备一定规模和实力的传统实体零售商往往在以下几个方面具有优势：相对稳定的供应商关系、深厚的商品管理能力、周到的售后服务能力、强大的品牌影响力和庞大的会员顾客资源等。不论是实体零售还是网络零售，采购、商品管理、物流、售后服务和客户管理都是重要的价值链环节或竞争力驱动因素。因此，如果传统零售商的这些优势资源能够在开展网络零售业务中实现共享，那么实现两种业务的协同发展就成为可能。换言之，在发展网络零售业务过程中，如果不能实现优势资源的共享，甚至导致资源配置的分散，那么两种业务的协同发展也就难以实现了。

对于零售企业来说，资源共享的程度与企业的零售业态结构及其关联性有密切关系。其实，现实中许多实体零售商早已开展了多业态经营，且在一定程度上实现了协同发展。譬如物美集团既发展大型超市，又发展便利店。由于超市和便利店两种业态所经营的商品种类有较大的重叠性，因此，这两种实体零售业态的资源共享相对容易实现。如果物美集团发展百货业态的话，百货业态与超市和便利店之间实现资源共享的难度相对要大，因为百货业态与超市或便利店在商品组合管理、供应链等方面的关联性较弱。

此外，合理的组织架构和运行机制（见图1）是实现资源共享和多业务协同发展的基本保证。当传统零售商开展网络零售业务时，要根据网络零售的业务定位，对企业原有的组织架构和运行机制作出必要的调整，否则两种业务间的资源共享和协同发展难以实现。其中，运行机制的调整涉及供应商关系、商品定价、促销、客户服务、物流配送等多个方面。

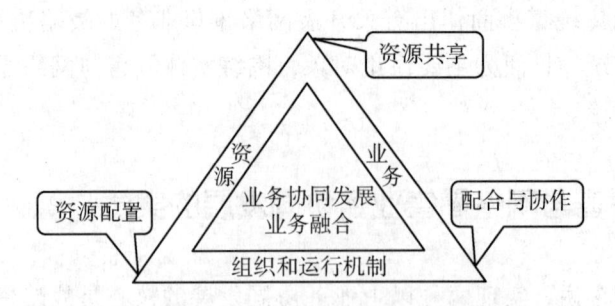

图 1　零售企业多业务协同发展框架

二、实体零售与网络零售业务协同发展模式

根据零售功能配置和营销战略部署两方面，可以将传统零售商实现实体零售和网络零售协调发展的模式分为三种：相互补充、相互独立和相互融合。在不同模式下，不仅网络零售业务所承担的零售功能会有所不同，而且在目标市场、商品组合以及营销组合策略的选择上也会有所不同（见表1）。

表 1　传统零售商实体零售与网络零售协同发展的三种模式比较

协同发展模式	零售功能配置	目标市场	商品组合	营销组合	实　例
相互补充	全部/协作	不同	相同	同品同价	苏宁云商
相互独立	全部/独立	不同	不同	不同	银泰百货
相互融合	分工/协作	相同	相同	统一	金海马

1. 相互补充模式。该模式是指实体零售和网络零售在各自完成所有零售功能的前提下，将相同的商品（组合）分别销售给不同的顾客群体。在该模式下，传统零售商的实体零售渠道和网络零售渠道分别完成所有的零售功能，包括信息传递、销售服务、收款和送货等，以增加商品的销售量。苏宁云商目前推行的就是相互补充模式。

在该模式下，尽管实体零售渠道和网络零售渠道均须完成所有的零售功能，但因两种渠道所经营的商品相同，因此两种业务在某些零售功能上可以实现相互支持或协作，例如商品信息传递（促销）、退换货服务等。

在该模式下，两种渠道针对的目标顾客群体可能不同，但这种不同主要指的是顾客购买习惯的不同，即有的顾客仍习惯到实体店购物，有的顾客则习惯于网络购物（追求便利性），但他们对商品本身的需求不存在明显差异。因此，在该模式下，两种渠道应尽可能采取相同的价格策略，即线上线下同品同价。例如，在2012年年底，苏宁电器对外宣称，公司将从2013年开始在北京、上海等一线城市市场实行线上线下同品同价，并从一线城市逐步延伸至二三线城市。

在开展网络零售的初期，零售商可能仅把网络零售作为实体零售业务的补充。在这种情况下，网络零售发挥的作用主要是企业形象展示和顾客沟通，而其他方面的功能相对较弱。

2. 相互独立发展模式。在该模式下，传统零售商将网络零售定位于独立的渠道，即实体零售和网络零售分别完成零售的所有功能。在该模式下，如何避免两种渠道的内部冲突成为决策者必须重视的问题。现实中，许多传统零售商在开网店方面表现的迟疑不决，主要原因之一就是担心线上与线下的内部渠道冲突，即网店的运营对实体店销售服务形成一定的冲击。

要避免实体零售和网络零售发生内部冲突，差异化经营是基本途径，即两种业务分别针对不同的目标市场，经营不同的商品组合，实施不同的营销组合策略，包括沟通策略、价格策略、服务策略等。现实中，零售市场需求的差异性是客观存在的，这也是零售企业开展多业态经营的基本条件。例如，从顾客群的细分角度看，实体百货店的忠实顾客主要看重的是服务和实体店铺的环境品位，对价格的敏感度相对较低；而网购者看重的主要是低价或便利性。

在实体零售和网络零售分别独立完成所有的零售功能（相当于两个事业部）的情况下，两种业务之间还能否实现资源共享呢？从价值链的角度看，这是完全可能的。比如两种业务可以共享稳定的供应商关系，共享物流配送系统和售后服务体系，共享品牌声誉等，但前提是品类组合要具有较高的一致性。如果实体店卖的是服装，而网店卖的是家用电器，资源共享就难以实现了。

目前，银泰百货采用的就是线上线下相互独立的发展模式。银泰网是银泰百货的网上商城，但其经营管理是相对独立的，并成立了专门的银泰电子商务有限公司，由专业的电子商务运营团队来运作。与实体业务不同，银泰网采取了自采、自销的自营模式，所经营的商品以时尚商品为主。银泰网在建立之初，就充分享用了银泰百货线下的近200个战略合作品牌资源（供应商关系），保证了银泰网在一个较高的起点上实现了快速高效发展。

3. 相互融合发展模式。由于实体零售和网络零售各具特色和优势，因此传统零售商还有一种选择，即在流程再造的基础上，将实体业务和网络业务整合为一条统一的渠道。在这种模式下，实体业务和网络业务之间是分工协作的关系，分别承担效率高或成本低的职能。在这种安排下，实体店往往主要完成商品展示、售后服务等功能，而商品交易的功能主要通过网络平台实现。

2012年7月20日，国内最大的家居连锁零售商——金海马家居网上商城正式上线，率先在国内推出了"线上挑选交易、线下展示体验"的O2O模式，它通过网上商城、实体店与珠三角区域内五大物流仓储中心的结合，实现了仓储直发，为珠三角区域内的客户提供贴心配送、安装服务。

基于效率的考虑，这种线上线下相互融合的模式备受一些学者或经营者的推崇（李飞，2012）。但对于这种模式，人们仍有质疑：一是实体店不卖商品的话，实体店的运营成本是不是太高了；二是有些消费者为满足自己的差异化需求，更愿意选择到实体店购物，因此实体店不卖商品的话，有些消费者的需求可能得不到较好地满足。本文认为，实体零售和网络零售融合并非是协同发展的唯一选择或唯一趋势，到底传统零售商应选择哪种协同发展的模式，应考虑多方面的因素。

三、协同发展模式的选择

如前所述，实体零售和网络零售协同发展的三种模式各具特点，传统零售商在选择协同发展模式时至少应考虑原有零售业态、企业自身资源条件、市场需求变化趋势等因素。

1. 零售业态与协同发展模式选择。传统零售商因其从事的实体零售业态不同，其经营的商品组合以及所培育的资源条件也不同。例如，物美主要从事的是超市，经营的商品主要是日用消费品；王府井主要从事的是百货，经营的商品种类主要是服装、鞋靴、化妆品、首饰等；苏宁主要经营的是专业店，卖的主要是家电和电子产品。

（1）超市业态。一方面其经营的商品主要是即时性强、价格低的日用消费品和生鲜食品，这些商品不仅市场需求差异小，而且购买频率高、每次购买量小，加上零售商往往开发了许多实体店铺，方便了顾客购买，因此，仍有较多的家庭倾向于到实体店购买这些商品，但也有一些家庭因距离问题或闲暇时间少的问题而选择网络购物。另一方面，从事超市业态的传统零售商主要采用的"自营"模式，其拥有的优势资源主要是实体店铺（取货点）、供应商关系、库存管理能力等。由于这两方面的原因，主要从事超市业态的传统零售商较为适合采用线上线下相互补充的协同发展模式，线下实体店的交易功能不能弱化。

（2）百货业态。传统百货商经营的商品主要是服装、鞋靴、化妆品、珠宝配饰、居家生活用品等市场需求差异大且需要较多切身体验的商品，但因其缺乏实体店铺资源，且实体店普遍采取"联营"模式，因而较为适合采用相互独立的协同发展模式，即网络零售渠道和实体零售渠道分别针对不同的目标市场，经营差异化的商品，并采用不同的价格、沟通、服务等策略。其中，实体店主要针对那些注重购物体验且具有高品位需求的消费者开展经营活动，网上商城则可以主要针对年轻人经销时尚百货并突出价格优势和便利。

（3）专业店业态。苏宁、国美等专业连锁零售商经营的是标准化程度高且品牌意识强的家电、电子产品，企业实体店铺的数量也较多，因此企业既可以采用线上线下相互补充的协同发展模式，也可以选择线上线下相互融合的发展模式。若企业选择后一种模式，则实体店承担的功能将主要是商品展示体验、退换货、物流驿站等，同时对实体店营业面积的要求将会下降。

2. 企业自身资源条件与协同发展模式选择。一般而言，大型传统零售商具有以下的优势资源：相对稳定的供应商关系、扎实的商品管理能力、周到的售后服务能力和强大的品牌影响力等。但不同的企业，其拥有的战略资源条件还是不同的，必须经过深入分析，明确自身拥有哪些优势资源条件，在此基础上，作出有关网络零售业务的发展定位。战略资源分析应主要考虑实体店铺资源、供应商关系、商品管理能力等。

（1）实体店铺数量及分布。传统零售商拥有的实体店铺数量对于其选择线上线下协同发展模式会有较大的影响，如果企业拥有的实体店铺数量多，可以在相互补充或相互融合两种模式中选择其一；如果实体店铺数量少，则往往适合选择相互独立的模式。

（2）供应商关系。传统零售商不管实施哪一种模式，都需要取得供应商的支持。而且，供应商从自身利益出发，也要对产品分销渠道体系作出系统的考虑。在相互补充或相互融合的发展模式下，零售商与供应商的关系相对简单，而当企业实施相互独立的发展模式时，两者关系会变得相对复杂，因为供应商要为零售商不同的渠道提供不同的产品，而且还要协调"自营"与"联营"的关系。在处理供应商关系时，零售商还需考虑采购权的配置问题。

3. 市场需求变化趋势与协同发展模式选择。现阶段，网购者更关注低价格和便利性，往往会产生冲动性购买行为，在这种情况下，传统零售商更适合采用相互独立的协同发展策略，即网络零售渠道和实体零售渠道分别针对不同的购买群体，经营差异化的商品，并采用不同的价格、沟通、服务等策略。然而，随着经济社会的发展，网购者会越来越关注品质和服务，因此零售商应向相互补充或相互融合的方向发展，如同苏宁云商的实践一样。

四、实体零售与网络零售业务协同发展的组织保障

对于已"触网"或将要"触网"的大型传统零售商来说，要实现实体零售业务与网络零售业务的协同发展，应从战略资源分析入手，在明确网络零售业务定位基础上，做好网络零售业态定位和市场定位，并适时地对企业价值链及运行机制进行改进甚至革新，如图2所示。

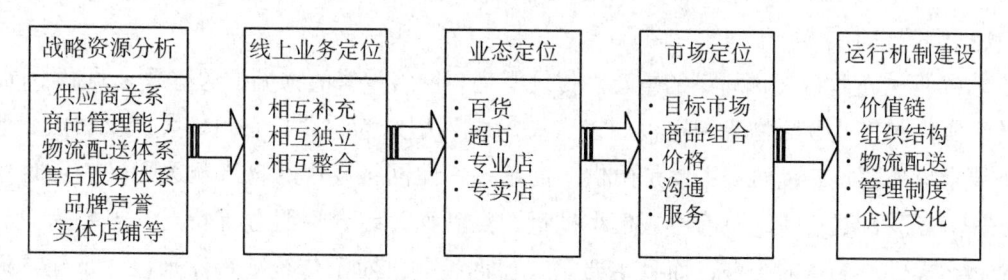

战略资源分析	线上业务定位	业态定位	市场定位	运行机制建设
供应商关系 商品管理能力 物流配送体系 售后服务体系 品牌声誉 实体店铺等	·相互补充 ·相互独立 ·相互整合	·百货 ·超市 ·专业店 ·专卖店	·目标市场 ·商品组合 ·价格 ·沟通 ·服务	·价值链 ·组织结构 ·物流配送 ·管理制度 ·企业文化

图2　实体零售与网络零售业务协同发展决策管理体系

在不同的协同发展模式下，传统零售商组织结构或业务流程将具有不同的特征，组织制度要协调的关系或要规范的组织行为也会有不同的侧重点。但不管传统零售商选择哪一种协同发展模式，均需要对原有的价值链或业务流程进行调整，并对组织制

度甚至组织文化进行改进。

1. 价值链（业务流程）重构。价值链重构是实现实体零售与网络零售协同发展的必然过程。价值链重建的长期趋势是实现线上交易、线下服务，实体店的功能将发生重大的调整，连锁物流驿站的建设将成为企业基础设施建设的重要任务（李飞，2012）。

价值链的重构将涉及采购、商品展示、物流配送、收款、售后服务（如退换货）等基本价值活动，以及后台 IT 系统的结构和功能、员工管理、顾客关系管理等辅助价值活动，如图 3 所示。

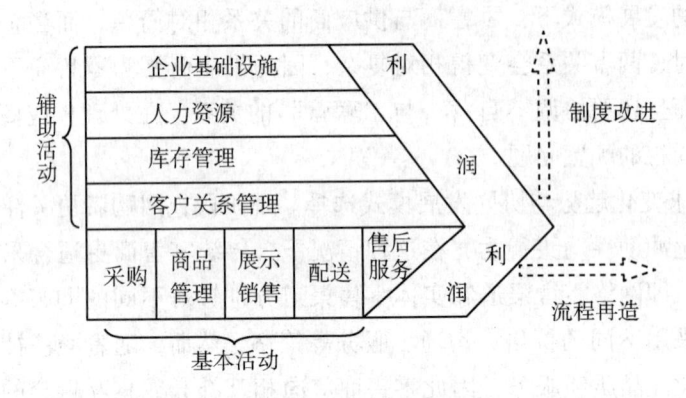

图 3　零售企业价值链构成

（1）关于商品采购。对于物美、联华等连锁超市而言，线上线下往往采用相互补充的协同发展模式，因而采购职能适合由统一的部门负责，避免供应商关系的复杂化。而对于传统百货商而言，线上线下往往相互独立发展，实体业务可延续联营模式（采购职能弱化），而网络业务可采取自采—自销模式（如银泰网上商城），进而实现对所有货品的统一管理。随着网络业务的发展，实体业务可逐步增加自营商品的比例。对于专业连锁零售商来说，如果实体店采用自营模式，则采购职能适合由统一的部门负责；若实体店采用联营模式，网络业务既可采取自采—自销模式，也可以建立"自营+联营"的模式。

（2）关于物流配送体系的重建。传统零售与网络零售的物流配送体系有明显不同。传统实体零售业务的物流配送以"卖者—门店"配送为主，具有规模大、点对点、业务要求单一等特点，而且主要是由供应商承担；而网络零售的物流配送则以"配送中心—买者"配送为主，具有小规模小批量、点到面、综合性服务等特点，需要为每一个顾客提供一对一的服务，而且主要是零售商控制。对于传统零售商来说，重建物流配送体系必须考虑实体零售和网络零售的协同发展模式，并从自营、委托第三方物流服务商、供应商直供等模式中进行选择。不管选择哪种物流模式，企业都要考虑交易量、交易集中度、配送商品类别、第三方物流服务商的可获得性等因素。

2. 组织制度变革。对于寻求线上线下协同发展的传统零售商来说，组织制度变革同样十分重要，它为两种业务的协同发展提供制度保障。在组织制度革新方面，传统零售商必须考虑的问题有：如何保证供应商关系的持续稳定发展，如何协调线上线下促销活动，如何协调两种渠道的退换货制度，如何处理实体零售和网络零售业务的员工队伍管理中遇到的矛盾，如工资制度是否统一、绩效考评标准是否一致等。例如，如果传统零售商开展 B2C 业务，必须在人才引进、人才待遇、留住人才等方面有系统的制度设计。

企业文化对企业发展具有深远的影响，但从目前看，传统零售企业文化与纯网络零售企业文化有很大的不同，纯网络零售商的企业文化强调"技术"和"低价"、"便利"，而传统零售企业文化则越来越强调"服务"、"体验"和"社交"。应该说，目前纯网络零售商的企业文化在一定程度上偏离了零售的本质，强调零售本质是传统零售商商业模式变革过程中不应被忽视的问题。

五、结论和展望

1. 实体零售和网络零售协同发展的核心是资源共享；实现资源共享，并不排斥两种业务的差异化经营。传统零售商为实现两种业务的协同发展，应在考虑原有零售业态、自身资源条件、零售市场需求变化趋势等因素的基础上，从相互补充、相互独立、相互融合等模式中作出选择。

2. 在市场需求日益多样化、个性化的情况下，实体零售仍有一定的发展空间。因此，传统零售商在"触网"时，必须明确网络零售业务和实体零售业务的关系。网络零售业务和实体零售业务融合发展，只是协同发展的模式之一，但不是唯一模式。经营标准化程度高的商品（如家用电器）且拥有较多实体店铺的专业连锁零售商（如苏宁、国美等），适合选择相互融合的发展模式，而且要不断增强"自营"能力。

3. 资源共享和多业务的协调配合必须有组织保障，特别是价值链中采购和物流的组织必须作出相应的调整。业务流程及运行机制的重建是实现实体零售与网络零售协同发展的必然过程。随着业务流程的重构，实体店的功能将以商品展示、物流驿站和售后服务为主。与此同时，零售商应进一步控制实体店的运营成本。

4. 值得重视的是，零售行业市场是在不断演化着的。目前，网购者注重的是价格或便利性。随着经济社会的发展，网购者将会越来越重视服务和体验。目前，网络零售商的客户群不太稳定，往往是一次性购买。当网络零售有了稳定的客户群时，网络零售业务经营的商品种类可以更为宽泛。网络零售市场环境的不断变化，必然会影响到实体零售与网络零售的关系并推动协同发展路径的变迁。

参考文献

[1] 中国连锁经营协会. 传统零售企业开展网络零售业务研究报告 2012 [EB/OL]. [2013-04-15]. http://www.docin.com/p-454015849.html.

[2] 李桂华, 刘铁. 传统零售商"优势触网"的条件与权变策略 [J]. 北京工商大学学报（社

会科学版),2011 (5):6-12.

[3] 李飞. 迎接中国多渠道零售革命的风暴 [J]. 北京工商大学学报(社会科学版),2012 (3):1-9.

[4] 王国顺,邱子豪. 零售企业网上与实体零售的比较及协同路径选择 [J]. 财经理论与实践,2012 (7):110-113.

[5] 欧阳丹丹,张琪. 中国网络购物的产业组织分析 [J]. 经济与管理,2011 (4):81-84.

Research on Collaborative Development Model of Traditional Retailers' Physical Retail and Online Retail

▲Liu Wen-gang[1] & Guo Li-hai[2] *(1. Business School, Beijing Technology and Business University, Beijing 100048, China; 2. Shijiazhuang Jingang Group, Shijiazhuang, Hebei 052165, China)*

Abstract: Along with the development of social economy, it is a trend that traditional retailers start their online retailing. However, how to realize a collaborative development of both physical retail and online retail has become a key puzzle for enterprise decision-makers. For a collaborative development of these two business formats, the essence is the resource-sharing. There are several model options available: complementary, mutually exclusive or mutually integrated. In selecting the model of collaborative development, traditional retailers must take original retail format, their own resource condition and market demand change into consideration. Mutually integrated model is mainly suitable for self-run traditional retailers that expect to promote professional chain operation.

Key Words: physical retail; online retail; collaborative development model; retail formats

实体零售与网络零售的协同形态及演进*

▲王国顺　何芳菲（北京工商大学商学院，北京　100048）

> **摘　要**：顾客需求、企业发展需求及成本要素共同作用于实体零售与网络零售。受各要素影响，实体零售与网络零售协同的形态从市场探索发展至双渠道共生，再至双渠道协同，并向更高层次的协同形态演进。在实体零售与网络零售的协同演进过程中，各要素可能是推动力也可能是阻力，导致二者在协同演进过程中出现冲突。通过解决冲突可加强实体零售与网络零售的协同程度，提高优势资源的共享率，并形成新的协同形态。
>
> **关键词**：实体零售；网络零售；渠道协同；零售企业

根据《中国网上购物消费者调查报告2012》，我国网上购物的整体市场规模在不断扩大，从2011年的8 090亿元增长到2012年的13 000亿元，预计2013年网络零售市场有望接近20 000亿元，可见市场增长的空间很大。人们熟悉的大型互联网购物平台如当当、京东、天猫等网上商城迅速发展，特别是在节假日打折促销的风潮中，各类网络商家争相抢夺顾客源，以期占领更多的市场份额。与此同时，网络零售与实体零售的共同发展也出现了不少问题，价格混乱、争抢顾客等现象早已充斥购物市场。企业在开展网络零售时也存在不少疑虑，如为什么开展网络零售，是跟风还是自身发展需要？怎样开展网络零售，是进驻第三方交易平台还是自建网购平台？怎样处理实体零售与网络零售的业务关系，是否会成为企业自身"左右手"互博？因此，本文通过解读实体零售与网络零售在协同过程中的要素、形态及演进的过程，希望能为零售企业协同开展实体零售与网络零售提供思路。

一、文献综述

在网络零售研究方面，国外学者们从顾客的消费角度探讨了实体零售与网络零售之间的区别及联系。Chocarro等（2013）提出到店距离和时间压力影响在线购物的可能性。他将零售分为实体零售、网络零售及手机终端零售，并通过实验验证了在购物过程中的潜在可变因素：环境因素（商店距离、购物环境整洁度）、时间因素（每日购

---

* 本文原刊载于《北京工商大学学报（社会科学版）》2013年第6期。基金项目：国家自然科学基金项目（71172183）；北京市哲学社会科学规划重点项目（10AbJG376）；北京市教育委员会社会科学计划重点项目（SZ201310011004）。

物时间、时间压力)、社会维度。这些潜在因素会影响消费者对于实体或者网络的渠道选择。Aghekyan-Simonian 等(2012)认为实体商店可以通过购物氛围和店面环境提升商店形象,以此吸引消费者。Lee 和 Tan(2003)则认为新成立的网络零售商会由于缺少已形成的声誉而处于不利地位。Verhagen 和 Dolen(2009)的研究发现,实体和网络商店印象直接影响在线购买意愿,实体商店印象可作为网络商店参考。Aghekyan-Simonian 等(2012)则指出产品品牌形象直接或间接地影响顾客的在线购买意愿。Yang 等(2013)在研究为何消费者放弃网络渠道时认为,在实体环境中,服务质量会正面影响对网络环境的期望,并进一步影响使用网络渠道的意愿。因此,怎样平衡这两条渠道值得着重研究。对于实体零售与网络零售的协同,Adelaar 等(2004)认为更高层次的"鼠标+水泥"的整合会为企业在线上线下的协同提供更多的机会,而这种整合所需的无形的组织费用可能会与消费者的便利及利益产生冲突,这正是企业需要平衡解决的。从国外学者的研究中可以看出,实体零售与网络零售相互影响,共同发展,如果能够减少或规避购物风险,就可以提高顾客在购物中的满意度,从而找到合适的网络零售与实体零售结合的方式。但是,目前的研究尚少涉及实体零售与网络零售在协同发展中的具体路径及相互作用的机理。

国内有关实体零售与网络零售研究中,李飞(2012)认为我国已有诸多新的零售渠道类型,且多渠道协同并存,零售革命已爆发。制造商和零售商面对着全渠道时代的来临,必须进行渠道功能的整合,即发挥各种零售渠道的优势,避开其劣势,形成新的多渠道零售的组合或整合模式。并给出了具体对策的选择逻辑。李桂华等(2011)提出传统零售商应"优势触网",并给出触网的权变策略。冯智杰(2005)认为网络零售作为传统零售的一种补充手段,对零售业的发展具有一定的积极作用,但经济的时机状况制约了网络零售的发展。在实体零售与网络零售的物理特性方面,一般认为网络零售能够为顾客提供方便快捷的服务,传统实体零售则更注重顾客面对面的交流。在商品展示及营销方面,实体零售中的商品实物展示比起网络零售中的图片与其他顾客的评价,更容易让消费者作出购买决策;在供应链与管理及人才结构上,二者在配送库存及人员技能的要求上存在着不小的差异,这正是造成彼此产生冲突问题的原因之一。在网络零售的影响力方面,潘煜等(2010)指出网络零售商的品牌形象、销售管理、服务品质等因素对消费者最终购买意愿产生影响,并提出构建政府—行业—企业—第三方—消费者五位一体的网络安全交易体系,建立网络零售企业的品牌和创新战略。赵卫宏(2010)认为在网络零售中,顾客对于店铺的忠诚是以顾客价值、顾客满意和顾客信任为前提。在网络零售的定价方面,周佩(2011)认为应从建立健全法律法规、网络零售商加强服务竞争及相关配套基础设施建设等方面来引导网络合理定价,以促进市场经济健康良性发展。另外,对于实体零售与网络零售在结合中遇到的冲突及冲突的解决,也是不少学者探讨的重点,如价格不同及利益的冲突,运营模式的冲突及内部管理的冲突。王国才和赵彦辉(2009)认为对于多重渠道的冲突管理可以采取区隔与整合的策略,从产品类型、价格、品牌名称等方面对外部渠道进行区隔;

同时在高级目标、内部协调沟通等方面对内部渠道进行整合，以改善渠道间的质量关系。但对于区分冲突的临界点并未进行更详尽的研究。另外，协同的理念也可应用于实体零售与网络零售的研究，学者们（白列湖，2007；周劲波和黄胜，2013）认为在管理研究中，有可能也有必要引入协同论来探讨解决问题。在针对实体零售和网络零售的研究中，协同论中的协同效应可以用来解释二者协同演进过程中的内驱力。王国顺和邱子豪（2012）根据企业规模及企业资源整合能力两个维度，将实体零售与网络零售协同发展的路径选择分为：传统零售模式、商业模式战略、渠道战略及协同发展战略，并给出了协同发展转型的策略。总体来说，国内学者关注实体零售与网络零售在各方面的差异，给出了二者冲突解决的相关权变策略，并预测了未来的零售渠道发展趋势，但是没有充分说明实体零售与网络零售协同的不同形态及演进过程等问题。

二、影响实体零售与网络零售协同的要素

尽管现有研究并没有充分阐述实体零售与网络零售的交互作用机制，但既有研究中已经蕴含了二者相互影响的思想。实体零售与网络零售协同的过程受到内部、外部要素的共同影响，相互作用，最终实现零售企业的市场价值。作为一个完整的协同过程，实体零售与网络零售会逐步经历以下过程（如图1所示）：交互作用→要素影响→冲突出现→冲突解决→层次升级→协同发展。这个过程是连续的、循环的，并存在多种活动交叉进行的现象，因此出现实体零售与网络零售协同层次的升级及形态的不同表现。实体零售与网络零售是一个互动的过程，在整个商业活动中，零售企业是主体，这其中也少不了上游供应商及下游顾客的参与。影响实体零售与网络零售的因素有很多，本文将从三个方面阐述相关要素对实体零售与网络零售协同演进的影响。

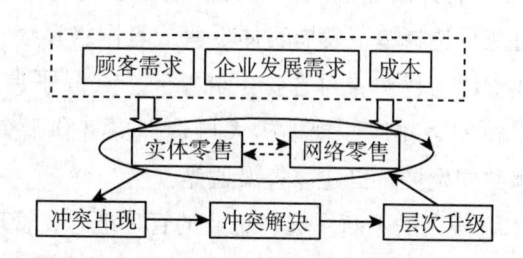

图1　实体零售与网络零售协同要素作用示意图

（一）顾客需求

顾客需求构成市场需求，找准顾客的需求并从顾客需求出发才能吸引顾客从而带来效益。在实体零售与网络零售过程中，顾客在购物中的体验反馈等会直接影响二者的发展。

顾客需求的不同导致实体零售与网络零售的目标顾客也不同。比如，有些顾客愿意在实体购物中享受实际的购物体验及面对面的销售服务，有些顾客则追求网络购物的价格低廉、配送便利、不受空间时间的限制。这种需求差异影响实体零售与网络零

售对顾客群的划分及实际销售效果。除了商品的品质与种类外，顾客的需求也涉及购物环境、售后服务，这必然影响顾客对实体或者网络销售渠道的选择。开展提高顾客满意度的相关业务有利于实体零售与网络零售的协同发展，若不能从顾客需求出发，则会给二者的协同发展造成不良影响。在"电商大战"中，尽管商家赔本赚吆喝，多数消费者在实际网购过程中发现并没有多少价廉物美的商品可选择，且不少商品处于无货状态。这不仅没有让顾客从中受益，也使商家的信誉大打折扣。这样的做法没有真正地从顾客需求出发，反而造成了电商乱象，很可能给本品牌的零售业务造成不良影响。

零售企业需要争取更多的顾客以获取更大的利润。顾客需求不断变化，带动实体零售与网络零售的共同配合满足不断变化的顾客需求。因此，顾客需求影响着实体零售与网络零售协同的方式。

（二）企业发展需求

零售企业的发展决定了传统零售企业开展网络零售的时机，贯穿整个实体与网络协同的过程，企业的发展在时间维度上影响着二者的协同演进。本文将企业发展需求要素分为技术发展需求、规模发展需求、管理发展需求。

1. 网络零售对于技术的要求较高。在我国，实体零售转型发展网络零售大致有三种方式：进驻淘宝、天猫等第三方交易平台；企业自己建立 IT 系统通过 PC 端或者用户手机销售产品；企业不仅拥有自己的销售系统平台，甚至开放平台吸引更多商家入驻。如果零售企业在后台技术方面发展迅速，能吸引技术人才，则有利于网络零售的发展，同时利用这种优势为企业做宣传，带动实体零售的发展。

2. 零售企业的规模影响其商业模式的选择。刚起步的企业由于规模小、顾客少、知名度不高等原因，可能只选择单一发展实体零售或者网络零售，为未来的市场试水。当其积累了一定的企业资源与优势，可选择进驻第三方交易平台开展网络零售业务或是拓展实体零售业务。待实力雄厚、规模扩大再选择更有利于企业发展的商业模式，如采取网络与实体零售共同发展，自建零售渠道等。

3. 随着企业的技术、规模的不断发展，企业的管理理念、管理方式应该与时俱进。通过培育和营造组织文化，可以加强客服人员的管理，提高服务意识，从而提升顾客满意度。另外，企业在开展实体零售与网络零售业务时，应运用新理念，特别是在处理与顾客和供应商之间的利益分配等问题上，应采用新眼光看待市场机遇及挑战。

作为内生因素，规模、技术、管理的发展是零售企业不断的追求，通过这些因素的作用与发展，实体零售与网络零售的协同不断提升，使得零售企业能够增强市场竞争能力，提高盈利能力。

（三）成本

成本是零售企业在整个发展过程中必须考虑的一个重要因素。实体零售由于拥有实体店铺，在店铺租金、仓储库存、人员管理等方面的成本较大；相对于这些实体成本来说，网络零售则花费较少，但在网络技术的运营维护上需要较大的成本支出。

对于同时开展实体零售与网络零售业务的企业，可以通过进驻已经成熟的第三方平台，借助该平台的知名度、影响力以及用户数量经营网店。这种模式对于刚起步的企业来说成本相对较低。也有不少企业选择建立独立的官方网站，打造一个属于自己的虚拟购物渠道，在此平台上尽可能为其目标客户提供丰富的商品。相对于使用第三方平台，自建网购平台的投入和风险都较大。比如美特斯邦威服饰曾发布公告称，由于电子商务在物流配送、营销资源和信息系统等方面所需投资巨大，前期财务风险不可控，其电子商务业务未能有效发展，故停止进行电子商务业务运营。除了自建网购平台，不少企业自建物流中心，未考虑到不断提高的运营成本，结果是"水泥"拖累甚至拖垮"鼠标"。另外，实体零售与网络零售的交易环节存在差异，使得二者的交易成本不同，这会影响零售企业在实体或网络业务之间的选择。

可见，成本要素在影响并制约着实体零售和网络零售的发展，实体零售与网络零售的协同往往需要时间，逐步进阶转化，最终才能形成收益。因此，成本要素是协同过程中不得不考虑的因素。

三、实体零售与网络零售协同的形态

对零售企业而言，在起初的市场探索形态，企业发展较缓慢。在双渠道共生形态，实体零售与网络零售协同形式出现，企业快速稳定发展。在双渠道协同形态，企业发展速度逐渐减缓，协同形态更新。其形态层次如图2所示。

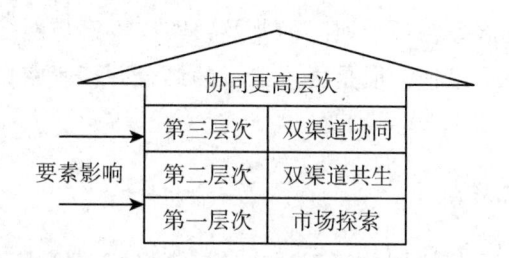

图2 实体零售与网络零售协同形态示意图

（一）市场探索形态

零售企业的实体零售与网络零售的协同多是从单一发展实体零售或者网络零售业务开始，逐步拓展另一业务。处在第一层次的零售企业起初一般表现为纯实体零售或纯网络零售，逐步发展为一种市场探索的形态，一方面积累企业资源优势，另一方面探索开展新的零售业务。

在市场探索的形态下，常见的问题主要是零售企业受企业自身发展或成本因素的制约无法满足顾客需求。顾客需求促使企业提升服务质量及品牌形象，推动实体零售与网络零售业务的开展，但是初步开展零售业务时，企业规模小、投入成本高等因素使得零售企业不能较好满足顾客需求。因此在市场探索的形态下，实体零售与网络零售协同较缓慢，还会遇到试水无果撤出市场的曲折。

在协同的第一层次，实体零售和网络零售虽然在形式上融合度并不高，一般的表现形式只以实体零售或者网络零售为主，但已经在为未来的协同积累资源。

（二）双渠道共生形态

双渠道共生形态是目前最常见的零售形态，既有现实存在的实体零售，又有虚拟市场的网络零售。双渠道共生常见的表现形式有 B2C、C2C 等。一种是传统实体零售企业，通过开展网络零售配合实体零售。在这个阶段，实体零售仍起主导作用，网络零售作为一种辅助实体销售的方式。传统零售企业已经有了实体零售建立的口碑及固定的顾客源，有利于开展网络零售业务。前几年的电商业务井喷式的增长就是较好的例证。另一种是零售企业在原本已经开展的网络零售基础上发展实体零售，由网络零售带动实体零售的发展。在淘宝网上，网店拓展实体零售业务的也不在少数。

由于双渠道共生的重要性及复杂性，处在此形态下的实体零售与网络零售在协同过程中出现问题，二者在顾客源、价格、成本等各方面有着不可避免的冲突，如商家为争夺顾客源大打价格战。另外，简单的 B2C、C2C 零售模式只是单纯的在线支付，送货到家，大多 B2C 业务在物流配送环节选择外包，因此在货品质量、退换货、配送等方面出现的问题也越来越凸显。顾客需求在网络零售中没有得到满足，可能会降低其购物满意度，进而对实体零售的业务造成不良影响，也可能给零售企业的口碑信誉带来负面影响。

随着互联网及配送服务在各个地区的普及，实体零售与网络零售共生发展的速度相对于市场探索来说更为迅速，但是由于二者的结合并不紧密，不断产生的冲突降低了协同的效率。

（三）双渠道协同形态

在实体零售与网络零售协同的第三层次，二者既相互区别，又共享资源，通过解决冲突完善零售业务的发展。比如在产品价格上，可能出现实体零售与网络零售的价格趋同；在市场营销前台与物流、仓储、产品信息、顾客信息等资源方面，通过共享资源，相互借鉴融合，获取更大的收益。

目前，成为实体零售与网络零售协同共进的主流方式可能为 O2O 模式（Online to Offline，离线商务模式）：网络购物、实体提货的方式。顾客通过这种选择达到了"两个世界选其优"的结果。这一过程避免议价，通过在到达实体店之前货物已经备好这种方式，使顾客享受到购物的便利。同时在这种 O2O 模式下，通过网上预购与网上支付，能够实现精准营销，降低缺货或积压的风险。

实体零售与网络零售通过资源共享、相互配合，将线上与线下的机会结合起来，将能促进企业发展。比如苏宁易购，借助苏宁本身的品牌效应，喊出"同一个苏宁同一个价"的口号，使得实体店铺与网络店铺通过平衡价格，吸引更多的顾客，在协同中发展。又如苹果手机，其体验店能够让顾客在现实中感受到产品的使用乐趣。通过改善顾客体验，提升服务水平，更利于产品的销售。而零售企业推出的在线预约、在线支付、在线咨询、在线订制、在线投诉等各种体验服务也会成为网络零售中的新亮点。

四、实体零售与网络零售协同的演进

一个完整的实体零售与网络零售协调同步过程并不是在短时期内能够完成的，起初缓慢发展积累资源，在内外部要素作用的同时，实体零售与网络零售也相互影响并发生碰撞，产生冲突。通过对冲突的解决，协同的形态发生演变，实体零售与网络零售实现逐步协同。整个实体零售与网络零售协同演进的过程并不是简单的此消彼长，而是在内外部要素作用之下，经历不同形态转换的过程。同时各要素环环相扣，连同发展中产生的冲突，推动实体零售与网络零售的协调与同步。根据以上实体零售与网络零售协同要素及形态的分析，实体零售与网络零售协同演进过程如图 3 所示。

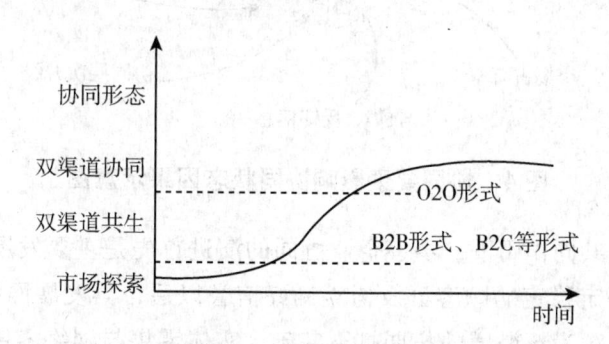

图 3　实体零售与网络零售协同演进示意图

（一）从市场探索形态到双渠道共生形态

在实体零售与网络零售协同的市场探索形态下，实体零售和网络零售整合的程度并不高。与此同时，内、外部的要素不断刺激零售业务向多渠道发展。在外部激烈竞争市场环境中，由于自身发展的需要及资本的积累，在顾客信誉不断提升后，零售企业综合企业内外部信息，开始涉足网络零售，扩大业务范围。

我国互联网处在蓬勃发展阶段，多数零售企业对于实体零售与网络零售的结合还在探索中，二者结合并不紧密，资源不能有效共享。同时网络零售处于成长阶段，可能因退换货服务等不完善，造成一部分顾客的满意度降低，甚至导致实体零售的顾客流失。

实体零售与网络零售协同层次升级的大致过程为：顾客需求推动实体零售与网络

零售的协同演进，同时影响零售企业的服务与口碑，由实体零售与网络零售协同带来的收益带动企业发展，企业加大零售业务的投入成本，实体零售与网络零售协同形态更新，协同层次升级。在此过程中，顾客需求、企业发展需求及成本要素影响并推动二者的协同，同时也会产生阻力。图4简单勾画出市场探索形态演进至双渠道共生协同形态过程中受相关要素影响的因果关系。主要回路包括：(a) 顾客需求→实体零售与网络零售协同→收益增加→企业发展→投入更多成本→（新的）实体零售与网络零售协同；(b) 顾客需求→服务、口碑提升→企业发展→协同层次升级→（新的）实体零售与网络零售协同。同时，零售企业的市场占有率及其对于信息的收集与反馈，都与实体零售与网络零售的协同程度形成正反馈。以上过程体现了各要素对零售企业在商业活动中的影响及作用，实体零售与网络零售正是在这种反馈系统中不断更新发展。

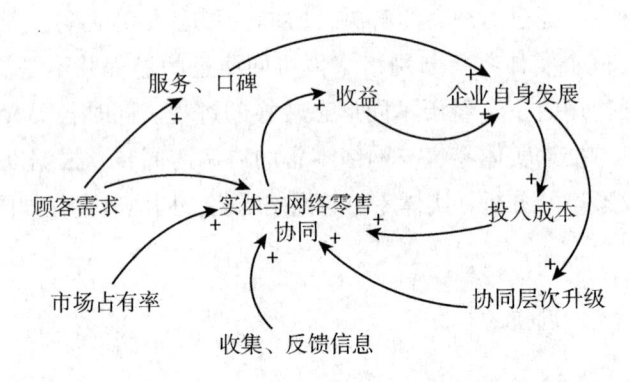

图4　协同要素影响协同状态因果示意图

在内外部因素共同作用下，零售企业协同的演进首先是主要发展实体零售或者网络零售，在建立一定稳定的顾客群及树立良好信誉以后，再发展网络或者实体零售，同时利用已有的资源为新渠道的拓展打下基础。实体零售与网络零售双渠道共生，相互配合协同，既有冲突又有发展。

（二）从双渠道共生形态到双渠道协同形态

就我国而言，在实体零售与网络零售协同的第二层次，传统实体零售商争相进入网络零售。京东商城、淘宝天猫、凡客诚品在国内的发展风生水起，引得不少传统零售商纷纷触网。苏宁打造了自身的网上零售平台苏宁易购；而国美此前已经斥资数千万元直接收购了库巴购物网，沃尔玛宣布正式入股中国电子商务企业1号店。而这只是一个开始，因为逐渐扩张的企业需要在实体零售与网络零售协同的基础上找到适合自身发展的模式，以占有更多市场份额。

双渠道共生形态承上启下，在发展至双渠道协同形态的过程中，零售企业面临不少问题。进驻第三方平台的企业在平衡实体与网络定价、货物配送方面都存在问题。短时间内建立属于自己的网络销售平台并非易事，大量技术与资金的投入都会与成本控制造成冲突,在建立此平台之后,能否实现盈利存在很大风险。网络零售需要更大空间的发展,这与成本的上升产生了冲突。

零售企业结合自身发展的特点,发挥优势,共享资源,可促进实体零售与网络零售更紧密地结合。面对冲突,传统大零售商宜家并未选择直接进驻第三方交易平台或自建网售平台,而是灵活地运用O2O模式,在加拿大等地区,通过手机终端的应用APP,通过在终端让顾客观摩产品的3D模型,让顾客在店内购物时更轻松。零售企业通过解决冲突,走出一条有特色的道路,将能推动实体零售与网络零售演进。

实体零售与网络零售从共生演进至协同的阶段,二者产生的冲突既是阻力又是动力。零售企业利用新对策解决冲突并加强实体零售与网络零售的协同程度,提高优势资源的共享率。同时,新对策带来的新问题可能再次造成冲突,影响实体零售与网络零售的发展。如图5所示,企业在不断整合优势资源,不断加强实体零售与网络零售的业务协同。主要回路包括:(a)企业优势资源→实体零售、网络零售发展;(b)冲突→对策解决→新问题→新的冲突→影响实体零售、网络零售发展。在这个过程中,冲突会对两种零售方式产生负反馈,但是可以通过对策响应,解决冲突。同时,不良的解决方法可能会留下新问题,导致新的冲突。

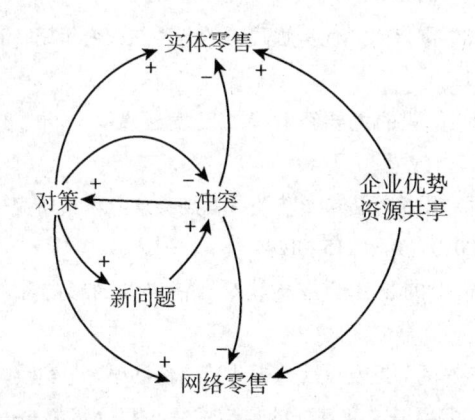

图5　实体零售与网络零售协同冲突因果示意图

协同演进中的冲突,同时也是机遇,协调实体零售与网络零售的途径,可以选择O2O模式,或者利用不断发展的手机用户的资源,在开发手机客户端等先进技术方面探索商机。在企业资源积累以后,结合顾客需求及自身发展,再通过对信息的综合、资源的整合,建立符合本企业特色的网购平台,或开发移动客户端,通过移动终联网端销售,凸显企业的特色和优势。

参考文献

[1] 正望咨询. 中国网上购物消费者调查报告2012 [R/OL]. [2013-01-08]. http://www.199iT.com/archives/37963.html.

[2] Chocarro R, Cortinas M, Villanueva M L. Situational variables in online versus offline channel choice [J]. Electronic Commerce Research and Applications, 2013, 12 (5): 347 – 361.

[3] Aghekyan-Simonian M, Forsythe S, Kwon S W, et al. The role of product brand image and online store image on perceived risks and online purchase intentions for apparel [J]. Journal of Retailing and Consumer Services, 2012, 19 (3): 325 – 331.

[4] Lee K S, Tan S J. E-retailing versus physical retailing: a theoretical model and empirical test of consumer choice [J]. Journal of Business Research, 2003, 56 (11): 877 – 885.

[5] Verhagen T, Dolen W V. Online purchase intentions: a multi-channel store image perspective [J]. Information & Management, 2009, 46 (2): 77 – 82.

[6] Yang S Q, Lu Y B, Chau P Y K. Why do consumers adopt online channel? An empirical investigation of two channel extention mechanisms [J]. Decision Support Systems, 2013, 54 (2): 858 – 869.

[7] Adelaar T, Bouwman H, Steinfield C. Enhancing customer value through click-and-mortar e-commerce: implications for geographical market reach and customer type [J]. Telematics and Informatics, 2004, 21 (2): 167 – 182.

[8] 李飞. 迎接中国多渠道零售革命的风暴 [J]. 北京工商大学学报（社会科学版），2012 (5): 1 – 9.

[9] 李飞. 全渠道零售的含义、成因及对策——再论迎接中国多渠道零售革命风暴 [J]. 北京工商大学学报（社会科学版），2013 (3): 1 – 11.

[10] 李桂华，刘铁. 传统零售商"优势触网"的条件与权变策略 [J]. 北京工商大学学报（社会科学版），2011 (9): 6 – 12.

[11] 冯智杰. 中国 B2C 行业的主要经营模式及发展趋势分析 [J]. 经济管理，2005 (5): 71 – 75.

[12] 潘煜，张星，高丽. 网络零售中影响消费者购买意愿因素研究——基于信任与感知风险的分析 [J]. 中国工业经济，2010 (7): 115 – 124.

[13] 赵卫宏. 网络零售中的顾客价值及其对店铺忠诚的影响 [J]. 经济管理，2010 (5): 74 – 87.

[14] 周佩. 网络定价存在的问题及原因分析 [J]. 价格理论与实践，2011 (11): 82 – 83.

[15] 王国才，赵彦辉. 多渠道冲突管理的渠道区隔与整合策略——基于电子商务的研究框架 [J]. 经济管理，2009 (8): 106 – 112.

[16] 白列湖. 协同论与管理协同理论 [J]. 甘肃社会科学，2007 (5): 228 – 230.

[17] 周劲波，黄胜. 关系网络视角下的国际创业研究述评 [J]. 外国经济与管理，2013 (2): 22 – 33.

[18] 王国顺，邱子豪. 零售企业网上与实体零售的比较及协同路径选择 [J]. 财经理论与实践，2012 (7): 110 – 113.

Brick-and-Mortar Retail and Online Retail:
Coordinate Form its Evolution

▲Wang Guo-shun & He Fang-fei (*School of Business, Beijing Technology and Business University, Beijing 100048, China*)

Abstract: The needs of customers and business development, together with cost factors all have interactions with brick-and-motor retail and online retail. Due to these various interactions, brick-and-motor retail and online retail have been through a change in form from market exploration to coexistence, then moving to coordination and continually evolving to a higher level of coordinate form. Conflicts might be caused during the evolution process of coordinate form for the interactions of these factors might be positive or the other way. Therefore, by solving the conflicts between the two kinds of retails, an intensified coordination and increased sharing rates of competitive resources can be achieved, as well as a new coordinate form.

Key Words: brick-and-motor retail; online retail physical retail; channel coordination; retailers

迎接中国多渠道零售革命的风暴*

▲李 飞（清华大学经济管理学院，北京 100084）

> **摘　要**：近几年，随着信息技术的快速发展，我国涌出诸多新的零售渠道类型，导致多渠道零售革命的爆发。这场革命的原因是信息技术发展，内容是多渠道协同并存，主体是制造商、销售商、物流商、信息商和银行等共同参与。多渠道革命包括零售组合和整合的两种基本类型。其应对策略是根据零售业购物、娱乐和社交的三个本质特征，以及顾客关注和竞争优势，选择零售的定位，并通过营销组合以及多渠道协同实现确定的定位优势。
>
> **关键词**：零售革命；多渠道；渠道整合；零售本质

　　近几年，随着以互联网为核心的信息技术的发展，零售信息传递方式发生了巨大变化，不仅改变了原有的零售业务过程，也出现了一系列新的零售渠道方式，诸如网上零售、手机零售、E-mail 零售、QQ 零售、社交网站零售、视频网站零售等等。这些新的零售渠道方式与传统的零售渠道方式并存，互相影响，互相竞争，互相渗透，互相推动，催生了诸多的发展机会和严峻挑战。一个突出的现象是，越来越多的公司开始进入微利的零售领域，争抢竞争激烈而又潜力不大的份额。例如，网上商城、团购网站竞相开设，社交网站渗透零售业务，通讯公司筹划着手机商店的运营，物流公司开设了便利店，邮购公司开设自己的实体店铺，而实体店铺开设了网店。呈现出前所未有的错综复杂的竞争发展格局，传统的零售理论部分失效，零售企业决策者也显得力不从心，变得焦虑和不安。大家纷纷感慨：这是怎么了？本文的回答是，中国多渠道零售革命时代来临，应做好充分准备迎接中国多渠道零售革命的风暴。

一、多渠道零售革命的基本特征

　　多渠道零售革命，是本文提出的一个新词汇，还没有一个准确的定义。我们需要在界定"多渠道零售"和"零售革命"两个词汇的基础上，讨论多渠道零售革命的基本特征。

---

* 本文原刊载于《北京工商大学学报（社会科学版）》2012 年第 3 期。基金项目：国家社会科学基金项目"中国百货商店演化轨迹及未来走向研究"（10BJY086）。

（一）多渠道零售的含义

学界对于分销渠道（简称渠道）的定义，还存在着一定的分歧。主要有两种流行的观点：一是组织机构说，二是路径过程说。前者认为，渠道是产品从生产者手中向消费者手中转移所经过的组织机构，没有经过组织机构（如批发商、零售商等）的直销就不被视为渠道。后者认为，渠道是产品从生产者手中向消费者手中转移所经过的路径或过程，没有经过组织机构的直销也被视为渠道。由于渠道变化的复杂性，以及企业管理渠道的便利性，"路径或过程说"的定义，显得更加符合逻辑。因此，本文采纳后一种定义。

按照环节划分，渠道可以分为批发渠道和零售渠道。零售是向个人或社会集团销售他们用于最终消费的非生产性产品和服务的行为。因此，零售渠道，是指产品从生产者或流通商手中向个人或社会集团转移他们用于最终消费的非生产性产品和服务所经过的路径。

多渠道零售有两个含义：一是指企业采取多条完整的零售渠道进行销售活动，例如对于团购采取直销渠道的方式，对于零散顾客采取店铺渠道的方式，每条渠道都完成零售的所有功能；二是指企业采取多条非完整的零售渠道进行销售活动，例如利用电话与顾客沟通，通过人员直销方式完成交易等，每条渠道仅完成零售的部分功能。本文称前者为多渠道零售组合，称后者为多渠道零售整合。

（二）零售革命的含义

零售革命是指零售业态或类型发生的新旧形式主辅换位变化，它既具有革新性、冲击性和广延性的"革命性"特点，也具有频发性和并存性的"零售性"特征。

零售革命的革命性特征。一是革新性，零售革命是新的零售形式冲击旧的零售形式，并取得支配地位。二是冲击性，它不仅影响着顾客购物方式的变化，也引起零售商、批发商和制造商的变革行动。三是广延性，它会扩展到一定的空间、延续到一定的时间，形成综合的影响力。

零售革命的零售性特征。一是频发性，通常认为工业革命仅为一次，信息革命也为一次，但零售革命有多次，其认定标准是多重的，商品组织、价格、售货方式某一方面发生大的变革，都可视为一次革命的爆发。二是并存性，纵观世界零售革命的历史进程，并未出现一种新的零售形态取代另一种旧的零售形态，而是表现为新形态对旧形态的冲击，而后共处于一个统一的市场之中，但新形态在市场上占据支配地位。

（三）多渠道零售革命的特征

由前面的分析，可以得出多渠道零售革命的含义：它是指企业对于零售渠道的选择，由单一选择策略为主过渡为多种选择策略为主的革命性变化。中国目前爆发的多渠道零售革命具有一些重要特征。

1. 从爆发的原因看,是信息技术革命导致的结果。纵观人类历史上爆发的 8 次零售革命,尽管都是技术、消费、生产和竞争等因素综合作用的结果,但是每次都有一个主要的推动力量(见表 1)。而此次多渠道零售革命的一个最大特征,主要是由互联网技术的发展带动的,互联网技术迅速地发展,不仅使信息传递的空间消失,也使传递时间变得即时。这种每一次信息传递方式的变化,都会催生出一种零售渠道,都会带来一次零售渠道的变革。例如,网上商店、手机商店、E-mail 零售、QQ 零售、社交网站零售、视频网站零售等,都与信息技术的进步有关。今天,我们甚至可以说零售渠道就是信息渠道,因为零售过程除了物流之外,商(所有权)流、资金(付款)流、服务流等基本功能几乎都可以通过信息通道完成。因此信息通道的变化,常常就会引发零售渠道新类型的产生。

表 1　　　　　　　　　8 次零售革命的主要推动力量

次序	名称	业态开始时间	革命高潮期	特征	推动力量
1	百货商店	1852 年	1860—1940 年	扩大品种	工业革命
2	一价商店	1878 年	1880—1930 年	同一价格	低档消费
3	连锁商店	1859 年	1920—1930 年	组织创新	竞争规模
4	超级市场	1930 年	1935—1965 年	自选购物	消费主导
5	购物中心	1930 年	1950—1965 年	商店聚集	消费外移
6	自动售货机	1945 年	1950—1985 年	自动售货	电子技术
7	步行商业街	1967 年	1967 年—?	漫步购物	城市复兴
8	多媒体销售	1980 年	1980 年—?	媒介购物	信息技术

2. 从爆发的内容看,是多种零售渠道的并存与协同。在以往的零售革命中,大多是一种新的零售业态部分取代旧的零售业态,发生业态主辅地位的变化,例如百货商店的革命,就使诸多的小店铺数量减少,成为补充地位;连锁商店的革命,就使独立店铺面临威胁,降为从属的地位;购物中心的革命,就使城市中心商业区萧条。同时,以往零售革命常常是从全社会角度来看的,虽然也是多渠道并存,但是每家企业往往选择一种渠道方式,由于各家企业选择的渠道方式存在不同,便构成了全社会角度的多渠道零售。就如同我国改革开放初期,提出的"三多一少"(多种经济成分、多条流通渠道、多种经营方式和减少流通环节)中的多条流通渠道,是基于全社会角度提出的。即使有个别企业采取多渠道策略,也是各条渠道承担着信息流、货币流、商品流和物流等渠道的全部功能。

此次的多渠道零售革命,与以往不同。一是渠道类型变得非常丰富。这是以往任何一次渠道变革所不能比拟的,这为多渠道零售组合提供了诸多前所未有的选择。二是以信息流变革为主要内容。以往的变革内容,或是商品的丰富化(百货商店),或是零售企业组织调整(连锁商店),或是技术应用(自动售货机等),而此次多渠道零售革命是以信息传递变化为核心的，它带动零售过程物流、资金流等其他要素的变化。三是多种渠道的并存和协同。或是多渠道在一个企业销售策略中各自完成全部流程，或是各自完成部分流程而实现整体协同的目的，而过去往往是单一业态的变革。这种综合性，涉及零售过程中信息流、货币流、商品流和物流都发生了综合性的巨大变化，而不是过去单一流程的变化。

3. 从爆发的主体看，是多种行业共同参与。以往的零售革命，尽管与制造商、物流商等相关，但大多不是直接参与者，仅是利益相关者，且不是起着主导作用，而起主导作用的永远是零售商，因此过去零售革命是零售行业自己革自己的命，此家零售企业革彼家零售企业的命。但是，此次多渠道零售革命发起者是网络公司，追随者是制造商、物流公司、银行，而传统零售商大多处于被革命的被动地位，因此面临着更大的挑战和风险。近几年，越来越多的新型企业和传统企业渗透进零售业。例如，诸多网络公司开设了网上商城（淘宝、当当、京东等），传统物流公司开设了连锁店（顺丰快递正在积极发展便利店），制造商开设自己零售店的更是比比皆是。有一个形象的比喻，零售领域像一块蛋糕，引得很多行业投资者进入和争抢。随着互联网的发展，与顾客一对一联系和沟通成为可能，这就使几乎所有行业都带有了零售业的特征，所有分销渠道都成为了零售渠道，除了批量购买的差异之外。

二、多渠道零售革命的组合类型

多渠道零售革命的现象形态，就是多渠道零售的并存和协同。或者说，这场革命的核心内容，是由过去大量单一零售渠道方式转变为大量采用多渠道零售方式。选择哪些零售渠道方式进行组合，就必须清楚有哪些渠道方式可以备选，各自要完成什么样的基本功能，其范围既涉及传统的零售渠道，也涉及不断涌现的新零售渠道（仍然在持续）。

（一）零售渠道的类型

零售渠道类型，可以理解为零售类型。一般分为店铺零售和无店铺零售，学者们对其已有相对准确的定义，本文进行一些新形态的补充，形成表2。这是多渠道零售策略的备选范围。

1. 店铺零售。它是指通过店铺的形式向购买者销售商品或服务的零售类型，店铺是指由店面、商品展示销售区和储存区构成的临街或在购物中心中设立的商业建筑体。店铺零售主要分为食品零售、一般商品零售和服务零售等类型。

2. 无店铺零售。它是指通过非有形店铺形式向消费者销售商品的零售类型，主要包括三种形式：直效营销（direct marketing）、直接销售（direct selling）和自动售货机（vending machine）。直效营销，是通过商品目录、信函、电话、电视、报刊、互联网等媒体发出商品信息，使顾客对这些产品产生购买欲望，以邮信、电话、传真、网络等方式表达购买意愿，销售者以邮寄、送货上门或顾客到指定地点自取的方式完成商品运送，采取货到付款和银行划拨的方式付款，最终完成交易。主要包括目录营销、直接邮寄（直达广告）营销、电话营销、电视营销、电台报刊营销、网上商店以及互联网催生的新的店铺形态等类型。直接销售是指不通过固定零售场所且采取人与人面对面方式销售的零售类型，包括一对一直销、聚会式直销和多层直销等形式。

表 2　　　　　　　　　　　零售渠道类型一览表

大类		中类		小类	
标准	分类	标准	分类	标准	分类
场所形态	店铺零售	商品种类	食品零售	商品组合	食杂店、便利商店、超市、仓储商店；等等
			一般商品	商品组合	百货商店、折扣商店、专业商店、专卖店、家居商店；等等
			服务零售	服务组合	邮政、旅行、清洁、健身、餐饮、房地产；等等
	无店铺零售	信息媒体	人员	人员数量	一对一直销、一对多直销、多层直销；等等
			非人员	媒体类型	目录营销、信函营销、报刊营销、电话营销、电视营销、电台营销、自动售货机、网上商店、手机营销、E-mail 营销、短信营销、QQ 营销；等等

（二）零售渠道的功能

零售渠道的主体，包括销售商（制造商或零售商）、物流商、银行、消费者和媒体商等。零售渠道的基本活动，是采购、储存、配送和销售四项内容。零售渠道需要承担的基本功能是信息流、商品流（所有权流）、资金流和物流等。因此，多渠道零售，在本质上是这些主体的选择，以及各自承担活动内容和完成功能的一种分配或协同。

（三）多渠道零售的基本类型

由前述分析可知，多渠道零售有两种基本类型：多渠道组合和多渠道整合。每一种基本类型可以衍生出大量的多渠道零售模式，同时两种基本类型也可以发生交叉协同。

1. 多渠道组合。它是指一家公司采取多渠道的策略，且多渠道中的每一条渠道各自完成零售的所有功能（传递信息、销售服务、收款和送货），以增加产品和服务的销售量。各条渠道向不同或相同的顾客提供不同的产品或服务，彼此不受影响。表 2 中各种类型的排列组合，就会形成无数的组合形态。例如，美国 Sharper Image 公司拥有 186 家实体店铺、一家网络商店和一家邮购商店，三种渠道对公司的销售贡献分别是

59%、16%和17%，都为公司的整体业绩做出了贡献。又如必胜客店铺在中国成功运营之后，在2001年又推出必胜宅急送渠道，分属两个公司管理，但是目标顾客差异化，前者属于社交型顾客，后者属于宅家型顾客，都收到理想的绩效。

2. 多渠道整合。它是指每条渠道完成产品从"卖者—消费者"过程中的一个或部分功能。有人将零售活动分解为包括5个环节的过程：唤起潜在顾客、确认潜在顾客、售前准备、销售过程、售后支持。这5个环节所要求的服务各不相同，费用也大相径庭，前两个环节相对简单容易，而达成交易是最复杂的环节。在传统的实体店铺中，商品由顾客自提，一个店铺完成前述几乎所有的功能。零售渠道的多种类型和各自具有的特色优势，可以使多渠道通过整合实现与各个环节相匹配，成本减少而效率提高。仅用渠道组合策略而不用整合概念，就等于每条渠道长短处一起应用，自然会使渠道成本增加。渠道整合是将零售任务一一分解，然后分配给效率高、费用低的不同渠道。实际上，是由不同渠道类型构造了一条而不是多条渠道。例如，爱尚鲜花网，在网上卖鲜花，收取订单，然后将单子转给离顾客较近的实体花店（爱尚鲜花网的合作伙伴）进行配送和收款。开始爱尚鲜花网把顾客支付的价格款全部给合作的实体花店，当市场打开后，就与实体花店进行分成。2011年鲜花速递业务收入已经超过了2000万元。这就是"由网店了解顾客、收取订单，实体店送货、收款完成交易"的多渠道整合的例子。

由于零售渠道类型已经达数十种，零售的完整过程包括5-6项基本功能，表2中的各种渠道可以根据功能差异进行排列组合，就会构成无数的多渠道组合和整合类型。可见，多渠道零售革命，为社会提供了足够多的备选类型，关键在于企业如何进行有效的组合和整合。回答这个问题，就需要研究多渠道零售革命的应对策略。

三、多渠道零售革命的应对策略

多渠道零售革命的应对策略，必须以实现零售业的本质为基础，否则就会陷入到莫衷一是和盲目跟风的境地。零售业的本质，是指零售业必须遵守的规则，遵守者可以生存和发展，违背者就有遭遇破产的风险。然而，对于这个问题，理论界缺乏应有的讨论。本文不得不花费一点笔墨。

（一）零售业的本质

零售业是一个古老的行当，具有数千年历史。其演变和发展过程，是与生产力的演变和发展密切相关的。回顾这个过程可以使我们发现零售业的本质。[①]

1. 手工生产力时代。零售主体是个体商人，交易的场所是集市贸易。初期人们把自己生产多余的东西拿到市场上交换需要的其他商品，后来出现专门的零售商人。那

[①] 根据作者相关研究成果整理，这些成果包括：李飞：《比较商业概论》，中国商业出版社1992年版，第62页；李飞：《零售王——现代商场策划与设计》，北京经济学院出版社1995年版，第1-10页；李飞：《零售革命》经济管理出版社，2003年版，第11-70页。

时开市才能交易，开市时间为一个月的某一天或某几天。至今，人们还保留着赶集的习惯，穿上新衣服，约上朋友或家人，在集市上看看潮人、杂耍、就餐，再买点东西，肩背人扛或用牲畜拖（现在是用车了）回家。后来集市在空间和时间上都固定了，零售商由露天经营进化为室内经营，出现了店铺，店铺聚集在一起形成了街道，街道多了起来，就形成了城市，城市一词的"城"，是城墙围起来的区域；城市一词中的"市"，是店铺聚集的区域。北宋画圣张择端的《清明上河图》就是通过店铺街道，展示汴梁城市的繁荣。图中展示了12世纪中国都市商业街的情景，有人在聊天，有人在购物，有人在喝酒，有人在逛街等。

2. 机器生产力时代。零售主体是零售公司，交易的场所是大型店铺。被称为人类历史上的第一次零售革命——百货商店的诞生，就在这一时期，这标志着零售商从小店铺时代进入了大商场阶段。左拉有一本小说，名为《太太们的乐园》（又译《妇女乐园》），就是描绘巴黎百货商店开始出现时的情景，它是人们交往、娱乐和购物的好去处。19世纪后期，美国庞大的铁路网和邮政系统日趋完善，以西尔斯为代表的邮购公司产生并发展起来，让农民可以买到城里消费的东西，乡亲们互相交流和讨论。这种零售形态的变化，基于工业革命带来的运输（蒸汽机车）和信息（电话、电报、邮递）系统的发展。另外，一价商店革命、连锁商店革命也爆发在这一时期。在电气机器生产力时期（20世纪初到40年代左右），零售商主要以公司的形式存在，股份化公司成为大型零售商的主要形态。超级市场、购物中心都产生于这一时期，连锁商店革命在这一时期达到高潮。购物中心的最大特征是建设在郊区，吃喝玩乐功能一应俱全，有人曾经形容说，人在购物中心里待一个月也不会寂寞。

3. 信息生产力时代。人类开始使用电子信息进行生产、交换，甚至消费活动。电子信息技术很快进入互联网时代。在这个时代，零售的典型特征是无形零售商店的革命性发展与进化——不仅催生了诸多新的无店铺零售形态，也使原有的传统无店铺零售形态发生了巨大的变化。21世纪初期，互联网推动了零售业发生了翻天覆地的变化。在单一计算机时代，出现了电子技术控制的自动售货机。在互联网时代，出现了网上商店、手机商店、E-mail商店等等新的零售形式。人们常说，网上购物不仅节省了时间，而且还便宜。英国《每日邮报》2011年11月19日报道，网购曾被赞为是快速无压力的购物方式，但一项最新调查显示，在网上购买衣服所费时间是在商业街购买服装的6倍多！尽管如此，调查发现，网购已成为市场销售增长幅度最快的部分，占总额的近15%。重要的原因是顾客网购享受了独特的体验，还可以交际朋友、享受讨价还价的乐趣等等。

由此可见，每一次生产力的巨大变革，都会带来零售业的巨大变革。同时，每次变革的成功者都是因为更好地实现了零售业的本质——购物、娱乐和社交。集市贸易、百货商店、购物中心、步行商业街和网上商店都是如此。零售渠道的策略选择，必须突出零售业的这个本质。零售的基本功能是满足购物的需求，但是，对于买者而言，娱乐有时比购买商品还重要，人们常常购买过许多从来没有用过的东西，但是不后悔，这主要是因为人们有时购买的是购买过程，是娱乐。一位女士在一家实体店铺挑选服装，挑选后通过手机下了订单，这家实体商店收到订单后送货到她家里，可是这位顾客就在这家实体店中，现场交款拿上服装轻而易举，但是她觉得手机购买比较好玩和有趣，这已经不是个别现象。同时，约上朋友和家人一起去购物，也夹杂着社交的功能，这就是社交网站容易兼有零售功能的重要原因之一。

（二）依据零售业本质组合或整合多渠道

多渠道零售革命已经爆发了，参与其中并非天然的就会赚钱盈利，如果没有盈利模式，一些网店尽管今天"红红火火"，仍然会重蹈 PPG 失败的覆辙。然而逃避这场革命，也会轻而易举地被革了命，借用一句老话，"革命不是请客吃饭，不是绘画绣花，不能那样温良恭俭让"，而是一种零售业态"推翻"（主要是指地位更迭）另一种零售业态的革命。

如何迎接中国多渠道零售革命的风暴？用一句话来概括，就是实现零售业的本质，组合"购物、娱乐和社交"三种功能。具体包括六个步骤：一是确定零售本质的实现程度（即定位点）；二是细化顾客购买过程；三是匹配零售过程；四是通过营销组合实现确定的定位点；五是根据营销组合确定零售渠道组合；六是根据零售渠道组合选择承担主体，完成渠道主体的组合（见图1）。

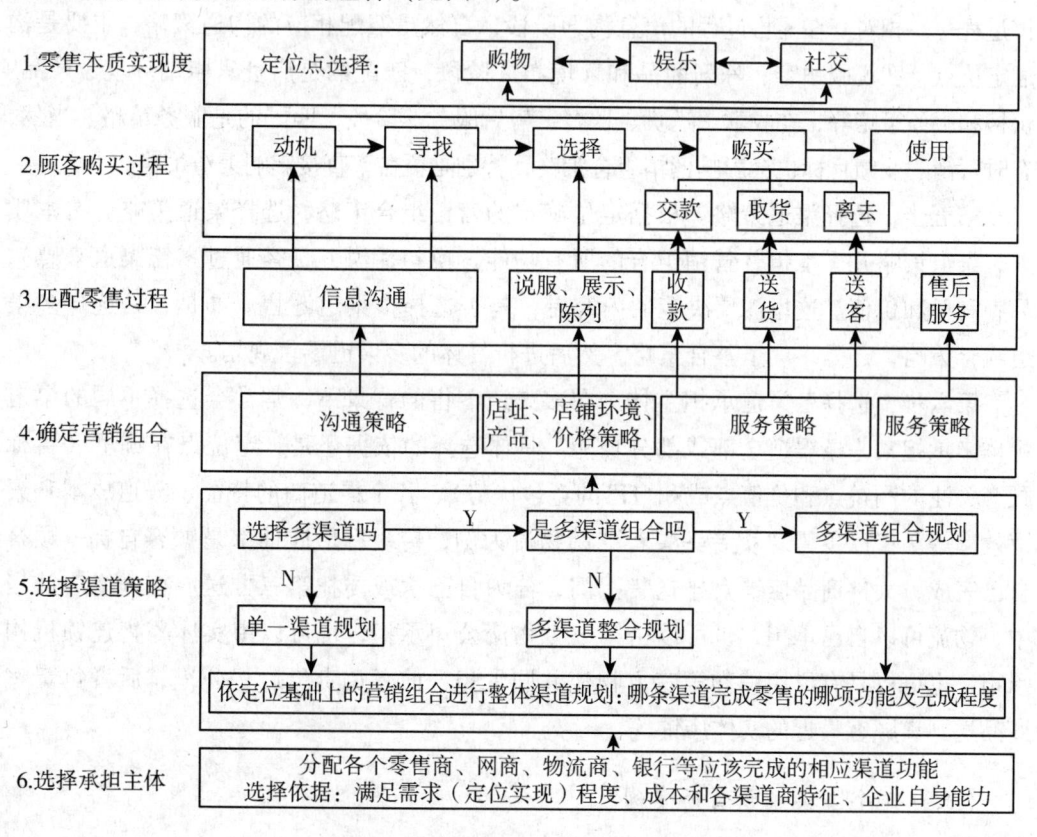

图 1　多渠道零售策略决策步骤

第一步，确定零售本质的实现程度。在零售渠道决策中，并非是购物、娱乐和社交3个方面平分秋色，而是在某一个方面更加突出、优于竞争对手就可以了。其实，也不需要在某一个方面整体都出色，仅是在这个方面的某一个维度上出色就可以了。出色的这一点被称为定位点，它必须是优于竞争对手且是目标顾客关注的利益点或价值点。当然，其他方面最好也不低于行业平均水平。

第二步，描述顾客的购买过程。零售定位的实现是通过顾客的实际感知达成，这个感知来源于顾客的实际购买过程。顾客购买的一般过程，包括产生动机、寻找产品或品牌、进行比较和选择、完成购买（交款—取货—离店）和使用等5个阶段。确定了定位于出色的某一点之后，就需要让顾客在购买过程的每一个环节上感受到相应的特征。如果定位点在低价，就需要在每一个环节上让顾客感受到低价。反之，如果定位点在产品奢华体验，就需要在每一个环节让顾客感受到奢华。

第三步，匹配相应的零售过程。零售过程是企业视角，购买过程是顾客视角，前者必须与后者一一匹配。在顾客动机产生和寻找阶段，企业需要提供信息；在顾客选择阶段，企业需要说服顾客、陈列商品和环境布局，以及店址的选择；针对顾客购买阶段的交款、取货和离店环节，要设计收款、送货和送客等步骤；在使用阶段，企业需要提供售后服务。

第四步，确定营销组合策略。其基本原则是，依定位进行营销策略的组合，并与零售过程一一相对。在零售过程的信息沟通阶段，自然是匹配相应的沟通策略，主要是沟通定位点；在说服顾客、陈列商品和环境布局阶段，匹配的是店址、店铺环境、产品、价格和服务策略等；在收款、送货、送客、售后服务等阶段，匹配的是服务策略。当然，有时营销的业绩目标也会影响营销组合策略，特别是覆盖率直接影响渠道策略。

第五步，选择渠道策略。根据定位确定的营销组合策略，选择渠道策略。在本质上，渠道策略几乎承担着营销组合的所有功能。换句话说，顾客通过零售渠道来感知品牌利益和价值。这里需要决策的内容是，是否选择多渠道零售。如是，是选择多渠道组合策略，还是多渠道整合策略。然后进行具体的多渠道零售规划。

第六步，选择各渠道承担主体。在多渠道零售的背景下，常常会选择不同的渠道主体来承担某一条渠道全部或部分功能。具体选择的依据还是，定位点在哪里（目标顾客关注的利益点和价值点或和自己的竞争优势）、各个渠道商的特征、渠道成本和渠道效率等。仅以零售"卖者—买者"的物流为例，传统有形店铺都是顾客自提—顾客自己完成，大件商品店铺安排送货上门，分为自己送或委托第三方送。在网络店铺当中，物流可以自己承担，也可以由第三方物流公司承担，也可以由实体零售连锁机构承担，也可以是有形店铺和第三方物流共同承担，前者负责最后一公里，后者负责将商品送到离顾客最近的实体店铺等。

（三）几个多渠道零售的案例

由于零售渠道类型日益丰富，因此多渠道零售整合或组合策略的选择模式，可以说是五彩缤纷，让人眼花缭乱。本文仅仅列举几个创新的案例，供大家参考。

1. 小米手机的多渠道零售。小米手机是小米公司（北京小米科技有限责任公司）研发的，于 2011 年 8 月发布，售价 1 999 元，是世界上首款双核 1.5GHz 的智能手机，其搭载的 Scorpion 双核引擎比其他单核 1GHz 处理器手机的性能提升了 200%，和双核智能手机相比也提升了 25%。经过系统优化后还能提高 30% 的性能。

小米手机只采取网上订购的方式。先满足 2011 年 9 月份 30 万订单客户，然后再广泛出售，至 12 月 17 日出售 302 601 部。12 月 18 日限量 10 万台发售，2012 年 1 月 4 日中午 13 : 00 开始，第二轮开放购买正式开始，10 万台小米手机经三小时售完。2012 年 1 月 11 日又放出 50 万台，与前两次不同的是开放购买，每人预付 100 元，成功购买后，赠送小米会员后盖一个。经约 35 小时抢购之后，50 万台再次售罄！

仔细分析，小米手机也属于多渠道零售策略，为基于网络的多渠道策略。通过小米网站、小米微博（新浪、腾讯）、小米论坛、米聊、MIUI 发烧友社区等媒体发布产品、价格和口碑信息等，顾客产生动机后可以在公司的小米网上进行寻找和选择，并进行购买和付款（也可货到付款），公司使用如风达的配送体系进行配送，并收取货款，也可以到小米之家服务站自提货物（目前仅有 8 个城市设有，每个城市仅为 1 家）。小米网提供支付宝、财付通等第三方平台支付方式，同时支持国内二十多家主流银行机构的储蓄卡、信用卡的网上付款。售后维修通过线下完成，一是小米之家，二是合作的指定授权维修网点。同时，专门设有团体客户采购通道。

可见，小米手机由于目标顾客为时尚、上网频率高的年轻人，因此率先采用线上渠道进行信息沟通（多种渠道）、设立自己的网店、产品陈列展示，交款可以通过第三方支付平台或是网银线上交纳，也可以通过快递公司货到收取，也可以到实体店网点自行支付，售后服务可以线上完成，维修可以通过自己的或是合作的维修实体店完成。用小米公司总裁的说法，这样可以节省 30% 的实体代理商的渠道成本，以及 10% 左右的营销成本，让顾客以较低的价格享受高质量的产品。

2. 麦考林的多渠道零售。麦考林采取的是"目录 + 网店 + 专卖店"的多渠道零售组合方式。麦考林 1996 年进入中国，在 20 世纪 90 年代末期，目录销售受阻时，开始走向多渠道组合之路，1999 年网上商店——麦网正式上线。2001 年重新界定了顾客，将目标顾客由中小城市居民和农村居民，调整为都市白领。2002 年目录营销银饰摆脱困境。2004 年网上销售百货锦上添花。2005 年重开服装目录营销业务。2006 年第一家实体零售店开业，进军有形店铺精耕服装服饰市场。在麦考林的三个渠道收入中，邮购仍然占据了半数以上，电子商务比实体店的百分比略微高些。2008 年，麦考林每月发送目录 300 万 – 500 万册，2009 年门店数超过 100 家，2010 年达 400 家，估计 2011 年超过 2 000 家。麦考林 CEO 顾备春认为数据库营销是他们的核心竞争力。他说，"在拥有直销、零售和电子商务经验的基础上，数据库营销的方式能简便快速地帮助公司管理大量客户，取得 1 + 1 + 1 > 3 的效果，也形成了和同业竞争的门槛。因为你可以学着做一本目录，一个网站，但却学不来后台的整个支持系统，如何让这些部门高效率地运转，这是我们的竞争优势"。

3. 爱尚鲜花网的多渠道零售。1-800-flowers 是美国一家销售鲜花礼品等的上市公司，该公司在纳斯达克上市，市值 7 亿多美元。该网站的特征是，全国顶尖插花艺术家创作的精致个性插花，当天创作、当天送达；大型花卉连夜从花圃发运。客户可以全天 24 小时、每周 7 天，随时通过电话、网络或者上门等形式从网站获得服务。

鲜花速递是中国互联网上竞争最为激烈的行业，淘宝商城就有 3 000 多家，但是难以形成规模，成功者少。邹小峰创建了爱尚鲜花网，接受电话和网上委托，然后通过签约的数千家实体花店送花，3 小时送花上门，货到付款，不满意不收钱。同时，建立博客和微博进行信息沟通。2008 年开通了鲜花博客，同年底开通了送花评论。2010 年爱尚鲜花博客曾荣获阿里巴巴十大优越博客第一名。2010 年 4 月爱尚新浪微博开通。2010 年赞助清华大学新生舞会。与各大时尚网站、购物网站进行战略合作，在节日推出各种鲜花促销活动。2010 年 5 月入驻淘宝商城，后入驻拍拍网，分别设有旗舰店。

可见，爱尚鲜花网采取的基本渠道方式是"网店+实体花店"的方式，网店和实体花店是合作关系，分属不同的公司。网店也是多种渠道类型，一是自己的独立网店，二是开设在淘宝商店、拍拍商城的爱尚鲜花店等。信息沟通采取了博客、论坛等多种方式，以及线下的公关活动，顾客在网店下订单，可以网上支付，也可以货到付款，合作的实体花店负责送货和收款，爱尚会指导签约的实体店铺提供美丽的花艺产品，并为送花人进行标准化培训。因为对于购花顾客来说，送花人给顾客带来的体验非常重要，他行使的是有形店铺中鲜花使者的功能。

4. 顺丰的多渠道零售。顺丰初始是一家物流快递公司，但是随着物流规模的扩大，以及送达时间与顾客接收时间产生矛盾，不得不考虑设立物流驿站，先把商品送到物流驿站，顾客可以在自己便利的时间到驿站去取货。

最初，顺丰是通过"挂靠"的模式，在 7-11、百里汇等便利店内挂上了顺丰的标志，以使附近居民可以就近寄件取件，"挂靠式"的合作网点数量已经达到 300 家。2011 年 7 月，顺丰开始尝试开设自己的社区便利店。这些便利店，提供包括快件自寄自取、文印处理、扫描传真等便民业务，如果购买价值 10 元以上的产品，还可免费送货上门。顺丰开设的便利商店布局分为两大部分：一是零售区域，主要销售零食和居民日用品；二是快递区，公司快递员会将该店所辐射的区域范围内的包裹一一送到这个商店内。

中国连锁经营协会发布的《2010—2011 年度中国连锁零售企业经营状况分析报告》显示，2010 年，便利店样本店铺的房租成本占总成本的 32.8%，人员工资占 47.9%，水电占 9.2%，设备折旧占 0.8%，其他占 9.4%；样本店铺的平均营业面积为 131 平方米；样本店铺的商品毛利率平均为 19.5%。顺丰物流驿站和便利店结合的范式，或许是降低成本的一种方式。

一个有趣的发展趋势需要引起注意，互联网带来的多渠道零售革命，或许会有一天使有形的店铺、有形的银行网点等消失，因为商品的搜寻、比较、付款、陈列、展示，甚至试穿都可以在网上完成，唯独物流不能通过网上完成，因此未来物流连锁驿站或遍布社区的物流连锁店，一定会成为永不消失的、新的零售渠道形式，当然也有可能是售货和物流功能集合的店铺类型。因此，在这场变革之中，大型配送中心建设尽管重要（这是大家熟知的），但是更为重要、更值得投资的还是物流连锁驿站。因为信息技术的高度发展，有可能会出现零售库存为零的状态，生产与需求直接对接，大型仓库和大型配送中心功能会逐渐弱化。另外，随着送货或取货终端成为顾客体验的重要环节之一，未来会出现不同档次、不同服务内容、不同服务特征的物流驿站或相应的送货服务员。物流服务会从过去长期的后台角色，转化为顾客感知的前台角色，其传统的不修边幅的蓝领工人形象，必须转化为笑脸相迎、气质颇佳的使者形象，鲜花速递、礼品销售、奢侈品零售等更是如此。

当然，多渠道零售给当今社会的影响，远不止前述几个例子展示的，诸如传统实体店铺开设了网店（沃尔玛、苏宁和国美等），带有金融性质的典当行卖起了奢侈品（华夏典当行等），华谊兄弟也办起了电影院，诸多消费品制造商很多开设自己的网店（这个对传统零售业的影响会是最为致命的）等。世界仿佛进入了零售时代——多渠道零售的时代。这个时代将长期存在下去，无论是零售商，还是批发商，无论是物流商，还是制造商，无论是银行，还是网络公司，必须做好长期作战的创新准备，而零售业的创新是复杂多样的，零售多渠道创新更是如此（因为涉及的主体非常之多），因此企业需要抓住机会，不断学习和思考，大胆而又谨慎地进行尝试，迎接中国多渠道零售革命风暴的来临。

参考文献

[1] 李飞. 分销渠道设计与管理 [M]. 北京：清华大学出版社，2003.

[2] 李飞. 中国零售革命的特征 [J]. 财贸经济，2000 (7)：68 - 70.

[3] 李飞. 零售革命 [M]. 北京：经济管理出版社，2004.

[4] 李飞，王高. 中国零售类型研究：划分标准和定义 [J]. 北京工商大学学报（社会科学版），2006 (4)：1 - 7.

[5] 苏威. 清末民初上海零售业态变迁原因简析 [J]. 北京工商大学学报（社会科学版），2010 (1)：111 - 114.

[6] 李飞. 定位地图 [M]. 北京：经济科学出版社，2008.

[7] 曹鸿星. 零售业创新研究述评 [J]. 北京工商大学学报（社会科学版），2010 (1)：18 - 21.

Well Prepared for Multi-Channel Retail Revolution in China

▲Li Fei (*School of Economics and Management*, *Tsinghua University*, *Beijing 100084*, *China*)

Abstract：With the rapid development of information technology, many types of retail channel have popped up in China which leads to the multi-channel retail revolution. The reason for the revolution lies in the development of information technology, and the content is the collaborative coexistence of multiple channels, with manufacturers, distributors, logistics operators, information vendors and banks as the main participants. The multi-channel retail revolution can be classified as combination type and integration type. In face of this revolution, enterprises should make the right positioning strategy according to the essence of retailing (i. e. shopping, entertainment and sociality), customer focus and competitive advantage to achieve the positioning target by managing marketing mix factors and multiple channel cooperation.

Key Words: retail revolution; multiple channels; channel integration; essence of retailing

移动零售下的全渠道商业模式选择*

▲刘向东（中国人民大学商学院，北京　100872）

> **摘　要：** 由技术和顾客需求推动的移动互联网零售时代已经到来，店商和电商在这股浪潮中如何选择对自身有利的全渠道商业模式显得尤为重要。商品的标准化程度越高、服务越简单的商品是标类商品，反之是非标类商品。零售的产出是"商品+服务"，零售商应该根据自身经营的商品类型以及与之相关的不同服务要素的组合方式，来确定转型方向。总体来说，通过全渠道进行营销是必需的，是否参与O2O零售则需要具体分析，店商和大型电商的合作与竞争也将是移动零售下全渠道商业模式选择的重要看点。
>
> **关键词：** 全渠道；商业模式；零售；标类商品；非标类商品；服务

一、引言

2013年，在中国零售业，特别是在实体零售商的互联网实践领域，有两个关键词，其一是omni-channel（全渠道）。自2013年5月份起，omni-channel的概念开始在国内零售业广泛传播开来。在国外，由于达雷尔·里格比（Darrell Rigby）刊发了文章 *The Future of Shopping*，omni-channel 作为互联网时代零售业转型的标志备受关注。而在此之前的一篇文章"Have you met the omnichannel shoppers?"似乎对理解全渠道的含义提供了更为初始的视角：消费者的视角。当消费者在其购买的整个过程中，与商家的"接触点"（touch point）不再局限于传统的、受时空约束的媒介，而是在各种"接触点"大量使用PC，IM等互联网工具，从而可以利用"全渠道"获得交易信息，最终完成购物。在此，零售商就必须与omni-channel shoppers（全渠道消费者）对应，成为omni-channel retailers（全渠道零售商），必须"触电"，必须成为互联网时代的零售商。其二是O2O。这个概念最初起源于团购，online（线上）交易、offline（线下）完成，形成一个完整的交易"闭环"。当纯电商发现自己在online销售某些商品不能有效促成购买时，就利用线下实体店来弥补自己的劣势，使实体店沦为电商的"show room"（展览室），电商以此形成了交易闭环，但这对实体店的经营造成了很大影响。从2013

---

* 本文原刊载于《北京工商大学学报（社会科学版）》2014年第3期。

年10月份起，中国实体零售商几乎同时展开了行动——从offline向online渗透，与电商或直面竞争，或尝试合作，实体零售商的O2O实践已被更多地赋予了"O+O"的含义。

在这场以omni-channel和O2O为核心的全渠道商业模式实践中，中国零售商已经初步达成了这样的共识：（1）由技术和顾客需求推动的移动互联网零售时代已经到来。零售业必须利用网络，特别是利用移动网络平台开展全渠道零售。（2）实体零售商必须进行商业模式的转型。基于此，本文将探讨移动零售下全渠道商业模式选择的若干问题。

二、全渠道商业模式选择时的几个问题

对于传统实体零售商而言，电子商务本身还只是一种"发展中"的商业模式，其转型过程充满着风险和不确定性。从2013年5月至今，中国实体零售商风起云涌的全渠道实践，一方面让我们感佩中国零售企业家的"企业家精神"犹在，另一方面也应看到大多数企业属被迫应战、仓促应战、模仿应战，目前全渠道实践的理想效果尚未呈现。因此，在已有实践的基础上，可以对以下几个重要的问题进行思考与研究，争取对全渠道商业模式有进一步的认知。

1. 店商的全渠道实践，是否会在不同的品类间、不同的业态间存在差异？如果存在差异，那么不同的店商就不应该彼此盲目模仿、一哄而上；经营不同商品，进而不同业态的店商的全渠道之路就可能大相径庭。这是分类的研究方法，关键在于能否将分类的差异之处找出来，成为实践的战略选择依据，这很重要。

2. 店商的全渠道实践，与电商的互联网零售有多大差异？对店商和电商而言，"商"的含义和内容从"供应链"的视角来看已有很大的不同，关键是店商的特点与优势何在。作为企业决策者，在企业核心竞争力偏于"传统"和资源有限的前提下，要做到"扬长避短"就必须有战略判断。

3. 店商与电商之间是否有边界？如果存在边界，企业的战略选择相对简单——要么占领，要么退出。如果边界模糊，则意味着或是竞争，或是合作，那么，如何竞争？如何合作？

虽然技术引领的变革还在快速迭代，许多的不确定因素使我们无法看清终局，但我们是否可以通过分析争取看懂"中"局，并从中发现一些趋势，从而使实体零售商在"如何做"之前，先知道"做什么"，而不是盲目地去"如何做"。当然这实践起来很困难，本文只是一个尝试。

三、商业模式的基础——"商品+服务"

全渠道零售的实质还是零售，因而必须从零售的源头去寻找商业模式的解决之道。

本人撰写的《实体零售企业的转型》一文中曾经谈到，零售的产出（output）不仅仅是商品（P），而且还有依托商品向消费者提供的、该行业所独有的服务（S），包括品类服务、区位服务、交付服务、环境服务和信息服务等。因此，零售商最终出售给顾客的是一种"组合商品"，即商品与服务（P+S）的组合。

由此可知，不同的商品（P）将最终导致零售服务（S）的多少和复杂程度不同，也就决定了不同零售商的运营复杂程度。

为了便于分析，根据服务（S）的复杂程度，可以将商品（P）分为"标类商品"和"非标类商品"两类（见图1）。

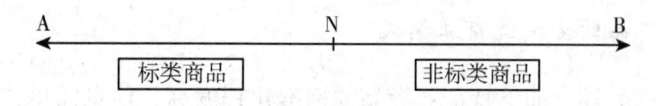

```
A ←————————————— N —————————————→ B
       标类商品              非标类商品
```

图1　标类商品和非标类商品

从N点越向左，商品的标准化程度越高、服务越简单。A点商品表现为纯数字化商品，在此点电商的销售最有效率。从N点越向右，商品的标准化程度越低、服务越复杂。B点商品表现为本地生活服务类商品，受到严格的时空约束。实际上，更多品类的商品是介于A和B之间。将趋于A的商品称为标类商品，而趋于B的商品称为非标类商品。N点左右的边界并不十分清晰。

现实中，最常见的标类商品，如图书、快速消费品、3C产品等，在传统零售中大多在书店、超市、电器商店中销售。顾客购买这类商品时所需要的服务差异不大，不太在意这类商品的渠道差异，而更关注其便利性与价格。

而非标类商品，如服装、鞋帽、家具、家居商品等，在传统零售中大多在百货、购物中心中销售，商品的销售在相当程度上还必须基于消费者对商品的接触性评价（如味觉、嗅觉、触觉等）、店员的信息介绍以及购物氛围，能够给予消费者"愉快"的体验，从而对零售服务依赖度高。有时还必须与具体的商品、空间结合在一起，才能达成最后的交易。

在PC互联网时代，零售商提供的服务（如品类、区位、交付、信息）中的很大部分可以突破传统零售的时空约束，在虚拟空间完成，从而使商品，特别是标类商品的交易成本大幅下降，交易效率明显提升（如亚马逊不断成长的案例），这是所谓的互联网零售的1.0时代。而在目前已经到来的移动互联网时代，已可以进一步突破PC的累赘"移动+LBS+大数据"的应用反而使实体零售的"区位"约束成为"精准营销"与"即时营销"的载体（如商圈网的案例），进而使大量非标类的"本地生活类"商品进入互联网零售的领域，这是所谓的互联网零售2.0时代。

正是在这个2.0时代，实体零售商反而日益看清了自己还拥有一个电商所不具有的优势：环境或氛围服务，以及这种服务给顾客所提供的基于感官的购物"体验"。零售空间自从开始的那一天起，就不是一个简单的交易场所，而是消费者交易、宗教、社交、休闲等物质与精神需求的载体，这也正是一百多年前百货公司兴起之时，人们将其称为"palace"而不是"place"的原因。而现在,以销售非标类商品为主的实体百货零售商,正以 offline 的"体验"为核心,作为其互联网零售的应对之策(如 Macy's、Nordstrom 和武汉中百百货的案例)。

四、"商品+服务"对全渠道商业模式选择的意义

根据上述"标类"与"非标类"商品的区分,结合商品与零售服务,可以对不同业态零售商的全渠道商业模式做一个基本梳理。

(一)标类商品的全渠道商业模式

通常,标类商品具有如下特征:商品的标准化程度高;信息简单,或信息不简单,但顾客拥有独特经验和知识(如长尾商品),这些知识无须商家提供,或已由品牌商、厂家提供;所需零售服务少,顾客不太看重店面空间和售卖环境。

对于标类商品,消费者对要购买的商品比较了解,零售商需提供的服务差异不大,所以,消费者不会很在意线上线下的渠道差异,而是更关注购物的便利性与商品价格的差异。因此"成本结构"最终体现的"消费者全价"就成为店商与电商竞争的焦点。

在店商的成本结构中,占比最大的部分来自于店面租金和人工费用,其顾客的"消费者全价"由店面零售价格与顾客自己支出的"最后一公里"费用构成。在电商的成本结构中,由于不开设实体店,已将空间成本替换为物流成本,因而占比最大的部分是物流和推广费用。由于配送免费,顾客的"消费者全价"几乎等于电商的零售价。在此,电商的零售价因其成本结构的不同可以消化"最后一公里"的费用,但对店商来讲,消费者支付的价格中不包含"最后一公里"的费用,这是店商试图模仿电商"免费"为顾客提供"最后一公里"的配送服务而面临亏本的原因。

目前,对于以标类商品为主要经营品类的店商(如超市、家电商等)来说,原来"野蛮生长"的经营成本正在面临电商三个方面的"倒逼"压力。第一,成本空间的"倒逼"压力。电商的供应链优化对店商毛利率形成了限制(如 1 号店的供应链管理案例、京东的物流建设案例)。第二,传统商业模式转型的"倒逼"压力。多年来,通道费一直是传统超市重要的收入来源,但现在迫于电商的压力,超市必须开始从"通道"角色到"运营"主体的转型(如 1 号店的供应链管理案例、武汉中百超市的案例)。第三,商业地产价格的"倒逼"压力。近年来,商业地产的价格一路高涨,给实体零售商带来了越来越大的压力。当店面租金价格上涨到一定程度时,必然导致店商的成本结构相对失衡,从而倒逼商业地产价格的回落。

以上三个"倒逼"正是互联网零售推动中国零售业发展的正能量,将会越来越显示出它的历史贡献。

对于主要经营标类商品的电商(如京东、1 号店)来讲,虽然可以获得干线、支

线物流的规模经济效益，但毛细物流的运营成本是刚性的，它只与商品单价相关，而与整体规模无关。所以，互联网可以提高效率，但一个实际的交易同时还包括了复杂的商流、物流和资金流过程，因而电商的整个供应链效率提升也是有边界的。当电商拥有某些品类商品（如视听内容商品）持续的效率优势时，店商必然会退出竞争；当店商与电商因不同的成本结构而彼此不具备持续的效率优势时，店商与电商就可以共存。另外，目前电商仍处于战略性亏损阶段，当此阶段结束，就会带动商品售价上升。在此，苏宁是一个特殊的案例，因为苏宁既是店商又是电商，应该有两个成本结构，但苏宁的"云商"实践正是要把两者在供应链层面融合，形成所谓的"综合成本"，这是否比独立的电商或店商更有优势，值得关注。

由上可以得出两个结论。（1）对标类商品而言，因成本结构的差异和消费者购物习惯的选择，理论上店商与电商各有机会，彼此竞争，但最终的市场格局不会自然形成均势；不管线上线下，竞争的焦点其实又回到了零售管理的核心：顾客与供应链。只有真正能为顾客创造更多价值的渠道才能拥有更大的市场份额。（2）在中国目前的电商环境与零售商区域分布的条件下，经营标类商品的店商似乎不能简单地模仿网上商店模式。由有限的网络流量形成的销售额所带来的利润，能否弥补免费的"最后一公里"配送费用？如果不能，那么这类店商应首先将互联网和移动互联网视为与顾客进行信息沟通的平台，而不是销售或交易的平台。

（二）非标类商品的全渠道商业模式

通常，非标类商品有如下特征：商品的标准化程度低；信息复杂；商品需要通过味觉、嗅觉、触觉等感官接触来评价，或通过第六感来评价；店面空间及环境、氛围对顾客影响大；店员推销对顾客影响大；服务非标准化，不能完全通过网络提供，需在具体的时空中完成。

显然，对于非标类商品而言，线上渠道并不能有效促成交易，必须在物理空间中达成，即需要O2O。目前，互联网的发展已到移动互联时代，"移动+LBS+大数据"可以给消费者提供一个比原来更有效率、更体验化的购物过程。这是与标类商品在商业模式上的重要区别。

对于经营非标类商品的电商（如天猫平台上的服饰、生活用品店以及其他的独立网店）来讲，已越来越重视O2O。其借助offline有三种方式：第一，如果商品是同质化的，就利用线下店商作为自己的"试衣间"。这时，线上和线下的竞争将主要体现在价格上。第二，如果商品是差异化的，就需要与线下店商合作。第三，电商到线下开设自己的实体店。

对于经营非标类商品的店商（如百货店、购物中心）来讲，线下实体店是互联网时代区别于电商的优势（与顾客的消费体验正相关的环境服务，也可能是唯一的优势），但也必须根据消费者的全渠道选择构建线上渠道，形成自己的O2O闭环，然后在此闭环中，真正以差异化和就地化的产品以及独特的顾客感官与心理体验，乃至优惠的价格赢得顾客，做到与电商抗衡（如日本永旺的案例和日本 Precce Store 的案例）。

O2O 最核心的要求是要形成一个自我的"闭环"，才有可能实现全渠道零售。对电商来讲，其 O2O 闭环已经以上述的三种方式冲到线下来实现；对店商来讲，如果不能形成自我的闭环，不能"上听"，就一定会被电商"截和"。

从目前局势看，中国经营非标类商品的电商与店商各有短板，竞争激烈。美国的大电商主要是从店商转型过来的，他们拥有零售业的基因和经验。相比之下，中国的主流电商企业更多的是互联网"技术"企业，还需要对商业运营进行"补课"，这需要一段时间。传统零售商（以百货店为代表），目前在盈利模式、创新能力、单品管理、成本结构、价格比较上都没有优势，处于最艰难的转型期。但中国的零售商又有自身的特点，多为区域型、多业态、综合型零售商，这又使中国实体零售商的全渠道之路有了更多的可能。

五、移动零售下全渠道商业模式转型的建议

从以上分析可以看出，传统实体零售商全渠道商业模式的转型方向和模式类型，最终取决于经营的商品类型以及与之相关的不同服务要素的组合方式。因此，实体零售商的全渠道转型之路没有标准答案，需要因企业自身环境、定位来做出不同决策。对此，本文提出如下建议。

1. "必需的"全渠道营销。不论是目前拥有最多移动用户的微信、新浪微博、富基微店，还是基于某个商圈的商圈网或企业自己的 APP，随着技术的发展，建设全渠道的营销平台已是每一个零售企业都必须做的基础性工作。当然，营销平台的搭建模式还需要不断探索（如众多零售企业与微信合作、与富基微店合作的案例，以及商圈网的案例等）。

2. "选择的"全渠道零售。与全渠道营销概念相区别，本文将零售商建立一个闭环的 O2O 交易平台称为全渠道零售。而一个零售商是否投入大量资源，从供应链和消费者两端将自己改造成为一个"O+O"的全渠道零售商，最终取决于商品类型、企业规模和区域市场地位（如步步高的案例）。如果一家企业在区域市场具有绝对优势和影响力，而且以经营非标类商品为主，那么通过建立 O2O 交易平台，形成自己的线上线下闭环，不仅必要，而且还很有可能成功。否则，搭建 O2O 的交易平台就需要非常慎重。对于区域性企业，在全国性的网络平台做 O2O 的意义不大。

3. 与大电商竞争与合作。除了少数零售企业具有区域性品牌影响力外，在目前的中国电商环境中，企业自建 O2O 平台会受到流量的制约（早期零售商，如王府井百货、银泰、银座等建设网站的案例）。可选的路径是通过与 BAT（即百度、阿里、腾讯）或京东合作形成 O2O 闭环。

目前，百度的主要作用是"引入流量"。腾讯的主要作用主要是通过微信进行信息传递，王府井百货与微信的合作已经到了支付层面，但腾讯商业运营的合作伙伴目前

还主要是品牌商,且没有看到成熟的盈利模式。阿里可以在其平台形成实体店的O2O闭环,例如银泰与阿里的合作——银泰向阿里支付广告费,通过阿里平台引流到银泰的线上、线下店,实现的销售额再与阿里分成。到目前为止,BAT对店商的作用主要是信息通路,还没有深入到供应链整合的层面上来。

京东的O2O发展值得关注。作为电商,京东的短板是"最后一公里"的物流环节。为了解决这个问题,从2013年下半年开始,京东尝试与实体零售商进行合作,选择的合作伙伴是一家区域性的连锁便利店企业——山西唐久。但是,这种合作模式能否提升"最后一公里"的物流效率还有待观察。如果便利店成为"最后一公里"物流的起点,则需要两家企业进行供应链的整合,但这种整合的难度很高。此外,对于以经营标类商品为主的超市,似乎也不适合这种合作模式,因为两家企业的商品缺乏差异化,还需要解决利益冲突的难题。所以,京东与唐久的O2O合作模式值得关注和深入研究。

参考文献

[1] Rigby D. The future of shopping [J]. Harvard Business Review, 2011, 89 (12): 64 – 75.

[2] 李飞. 全渠道零售的含义、成因及对策——再论迎接中国多渠道零售革命风暴 [J]. 北京工商大学学报 (社会科学版), 2013 (5): 1 – 11.

[3] Leggatt H. Have you met the omni-channel shoppers? [J/OL]. BizReport, 2009, 39 (10) [2014 – 01 – 20]. http: //www. bizreport. com/2009/10/have_you_met_the_omni-channel_ shoppers. html.

[4] 刘向东. 中国零售业企业的全渠道实践 [J/OL]. 富基商业评论, 2013 (3) [2014 – 01 – 20]. http: //www. e-future. com. cn/magazine_view. php? nid = 231&zazhiid = 26&bigclass = 56.

[5] Betancourt R R. The economics of retailing and distribution [M]. Cheltenham: Edward Elgar Publishing, 2005.

[6] Nishimura K G, Punzo L F. The distribution structure in three continents: an evolutionary analysis of Italy, Japan and the United States [J]. Economics Systems, 1998, 23 (1): 85.

Business Model Selection of Omni-channel under Mobile Marketing

▲Liu Xiang-dong (*Business School*, *Renmin University of China*, *Beijing 100872*, *China*)

Abstract: An era of mobile Internet marketing has come, which is driven by technology and customer needs. In the wave, it is very important how store shops and on-line shops select their business model of omni-channel good for themselves. The com-modity with higher degree of standardization and more simple services can be categorized as standard commodity. On the other hand, it is non-standard commodity. The output of retailing is "commodity + service", so different retailers should determine the transition direction according to their commodity type and mix of various service elements. Generally, it is necessary to carry out the omni-channel marketing, but it requires specific analysis whether to participate in O2O retail. The cooperation and the competition between store shops and large-scale on-line shops are the highlight in business model selection of omni-channel under mobile marketing.

Key Words: omni-channel; business model; retail; standard commodity; non-standard commodity; service

全渠道零售的含义、成因及对策*
——再论迎接中国多渠道零售革命风暴

▲李 飞（清华大学经济管理学院，北京 100084）

摘　要：从2012年开始，"全渠道零售"一词频繁出现在媒体和研讨会上，但是对其含义、成因及对策的研究还处于初始阶段。文章对这些问题进行了研究，结论为：（1）全渠道零售的含义，是指企业采取尽可能多的零售渠道类型进行组合和整合（跨渠道）销售的行为，以满足顾客购物、娱乐和社交的综合体验需求，这些渠道类型包括有形店铺和无形店铺，以及信息媒体（网站、呼叫中心、社交媒体、E-mail、微博、微信）等。（2）全渠道零售的成因，是由于信息技术进入社交网络和移动网络时代，寄生在全渠道上工作和生活的群体形成，导致全渠道购物者崛起，一种信息传递路径就成为一种零售渠道。（3）全渠道零售的对策，需要考虑不变的零售业本质（售卖、娱乐和社交）和"零售五流"（客流、商店流、信息流、资金流和物流）发生的内容变化，随后根据目标顾客和营销定位，进行多渠道组合和整合策略的决策。

关键词：全渠道零售；多渠道；渠道整合；零售革命；大数据

　　2011年，"全渠道零售"（omni channel retailing，也有人将其译为"泛渠道零售"）一词在美国媒体出现后，2012年出现率大大增加，这是一个表明营销和零售巨大变革的新词汇，美国的梅西百货和中国的银泰网等诸多的零售企业开始了"全渠道零售"战略的变革，预计该词很快会进入营销管理和零售管理教材，甚至成为核心词汇之一。然而，学者和实践者对于"全渠道零售"的理解，还处于探索和讨论阶段，存在着诸多模糊的问题，特别是营销学者和零售学者的反应，与实践者相比，显得迟钝和冷漠。为此，本文拟就全渠道零售"是什么、为什么、怎么办"进行前沿性的探讨。因为这场变革还存在着诸多未知的变数，路径还在摸索过程中，未来状态也不是很清晰，因此本文仅仅是一个带有部分"臆想"的探索性研究，目的是引起大家对这个问题的关注、关注和再关注。另外需要说明的是，本文是刊发在《北京工商大学学报（社会科学版）》2012年第3期《迎接中国多渠道零售革命风暴》一文的后续研究。

---

* 本文原刊载于《北京工商大学学报（社会科学版）》2013年第2期。基金项目：国家社会科学基金项目"中国百货商店演化轨迹及未来走向研究"（10BJY086）。

一、全渠道零售的含义

对于全渠道零售的理解，可以是全社会的视角，也可以是企业决策的视角，本文关注的是后者，包括生产企业的零售渠道决策，也包括零售企业自身的零售渠道决策。当然，定义任何一个概念，都需要从这个概念的来源说起。

（一）"全渠道零售"一词的来源

"omni channel retailing"，起源于何时，还有待进一步考证，大约时间是在2009年，但是引起领先咨询公司和零售公司更多关注和讨论的是在2011年。贝恩全球创新和零售业务负责人达雷尔·里格比（Darrell Rigby），在2011年第12期《哈佛商业评论》发表了 The Future of Shopping（《购物的未来》）一文，指出："随着形势的演变，数字化零售正在迅速地脱胎换骨，我们有必要赋予它一个新名称'omni channel retailing'。这意味着零售商将能通过多种渠道与顾客互动，包括网站、实体店、服务终端、直邮和目录、呼叫中心、社交媒体、移动设备、上门服务，等等。"

对于"omni channel retailing"一词的中文翻译，有不同的来源。台湾出版的2011年第12期《哈佛商业评论》繁体字中文版，刊有《购物的未来》一文，该刊将该文的该词组翻译为"全通路零售"。随后在中国内地出版的2012年第1期《商业评论》简体字中文版中，也刊有该文，并将该词组翻译为"全渠道零售"。而在中国率先进行"全渠道零售"变革的银泰网CEO廖斌先生和《富基商业评论》编辑将其翻译为"泛渠道"，也有网友将其翻译为"全方位多渠道零售"。当然，被较多接受的翻译为"全渠道零售"。本文选用该种译法。

实际上，中文"全渠道"一词，不完全是一个新词。在水利行业就有"全渠道控制"的说法。在分销和零售领域，早在2009年就已出现该词。当时，Convergys公司开始在中国为通信企业提供全渠道统一客户体验的咨询服务，但是当时没有给出全渠道的完整定义。同样是在2009年，山东大学的一位硕士研究生写了有关"全渠道"的论文，并给出了相应的定义："全渠道"是指产品从生产端到客户端之间所有形态的流通环节的总称，从形态上包括实体渠道、电子渠道和直销渠道；从归属上分为自有渠道和合作渠道；从级别上包含卖场、批发商、专营店、便利店等；从职能上包括宣传、发展和服务。显然，这个"全渠道"的含义，与本文讨论的"omni channel"并非相同的含义。

（二）"全渠道零售"一词的分解

为了给出全渠道零售相对准确的定义，需要对该词进行拆解，分别讨论"全"、"渠道"和"零售"三个词的独立含义，然后再进行意义组合。

1. "全"。翻译自英文"omni"，原意指"全"、"总"、"多"的意思。《购物的未来》的译者将"omni"翻译为"全",而没有译为"多",可能是为了与"multi-channel retailing"相区别。实际上这里的"全"应该不是"所有"的意思,而是"较多"的意思。从这个意义上看,将"omni"翻译为"泛"具有一定的合理性。

2. "渠道"。翻译自英文"channel",原意指"渠道",在营销学当中通常是指分销渠道或营销渠道。对于渠道的定义,目前还存在着一定的分歧。主要有两种流行的观点:一是组织机构说,二是路径过程说。前者认为,渠道是产品从生产者手中向消费者手中转移所经过的组织机构,没有经过组织机构(如批发商、零售商等)的直销或直效营销(网络营销、电话销售等)就不被视为渠道(或分销),因此今天权威的营销管理学教材仍然将直销或直效营销放在传播或沟通组合的内容之中。后者认为,渠道是产品从生产者手中向消费者手中转移所经过的路径或过程,没有经过组织机构的直销或直效营销也被视为渠道。显然,我们所说的多渠道或者全渠道,无疑包括自有或他人所有的直销、网上销售、E-mail 营销、手机营销、微博营销、微信营销等渠道方式。因此,随着渠道变化的复杂性,以及企业管理渠道的便利性,"路径或过程说"更加符合逻辑,应该是我们采纳的定义,原有渠道的组织机构说定义过时了。

3. "零售"。翻译自英文"retailing",中英文没有明显的内容差异。在传统上,一直被定义为:零售商向个人或社会集团销售他们用于最终消费的非生产性产品和服务的行为,一般为零散销售(不像工业品那样批量销售)。但是,近些年来传统零售定义受到挑战。从主体看,从事零售行为的不一定是专业零售商,也可以是制造商、批发商,甚至消费者个人,例如网络交易出现了 B2B、B2C、C2C、C2B 等现象;从行为看,零售行为和批发行为不仅常常交织在一起,而且有时也不太容易辨别,例如仓储商店就是批量销售的零售商;从范围看,一次大规模零售活动可能是全社会多个部门协同作用的结果,例如天猫或淘宝网的光棍节促销活动,之所以能取得惊人的销售业绩,是网商、零售商、制造商、金融部门、物流公司协同作用的结果。另外,工业品销售核心也是与人打交道,本质上包含着诸多零售交易的特征。因此今天零售的含义大大扩展了,几乎涵盖了一切交易行为。

(三)"全渠道零售"的定义

法国管理软件公司 Cegid(施易得)产品零售主任 Thierry Burdin 认为,全渠道零售是从单渠道(mono-channel)到多渠道(multi-channel),再到交叉渠道(cross-channel),最后到全渠道的演化结果,四个阶段分别对应"砖头+水泥"(brick and mortar)阶段、"鼠标+水泥"(click and mortar)阶段、"砖头+鼠标+移动"(brick, click and mobile)阶段和"鼠标+砖头+移动"阶段(图1)。根据 Burdin 的观点,实体店为单渠道,实体店和网店并存是多渠道,实体店加网店和移动商店是跨渠道,而全渠道是网店的重要性超过实体店的跨渠道状态。这意味着渠道划分的标志仅为空间维度,这与已有的渠道理论划分方法不同。

可见,全渠道与单渠道、多渠道、跨渠道有着天然的联系,又有着一定的差别,

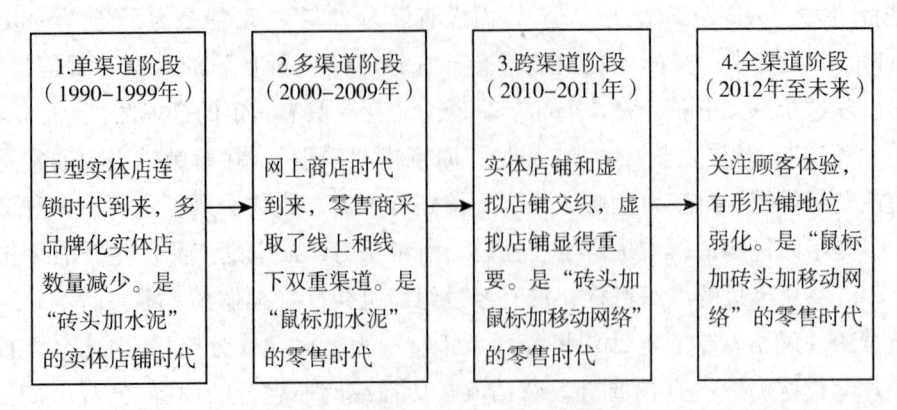

```
┌─────────────┐   ┌─────────────┐   ┌─────────────┐   ┌─────────────┐
│1.单渠道阶段 │   │2.多渠道阶段 │   │3.跨渠道阶段 │   │4.全渠道阶段 │
│(1990-1999年)│   │(2000-2009年)│   │(2010-2011年)│   │(2012年至未来)│
├─────────────┤   ├─────────────┤   ├─────────────┤   ├─────────────┤
│巨型实体店连 │→  │网上商店时代 │→  │实体店铺和虚 │→  │关注顾客体验,│
│锁时代到来, │   │到来,零售商采│   │拟店铺交织,虚│   │有形店铺地位 │
│多品牌化实体店│   │取了线上和线 │   │拟店铺显得重 │   │弱化。是"鼠标│
│数量减少。是 │   │下双重渠道。是│   │要。是"砖头加│   │加砖头加移动网│
│"砖头加水泥" │   │"鼠标加水泥" │   │鼠标加移动网络│   │络"的零售时代│
│的实体店铺时代│   │的零售时代   │   │"的零售时代  │   │             │
└─────────────┘   └─────────────┘   └─────────────┘   └─────────────┘
```

图 1　零售渠道变革的路线图

并与实体店、网店和移动商店息息相关。不过,这些问题在理论上还缺乏清晰的界定和严格的定义。我们回归到渠道的基本分类理论,对这几个相关概念进行梳理,最后归纳出全渠道零售的定义。

1. 零售渠道。它是指产品或服务从某一经营主体手中向另外一个主体(个人或组织)转移所经过的路径,这些产品和服务主要用于最终消费,单次交易批量较小。完成一次交易的完整路径,被视为一条零售渠道,例如蔬菜通过超市卖给顾客,图书通过网站卖给网友,各自都是一条完整的零售渠道。

衡量渠道的数量规模,包括长度、宽度和广度等维度。长度是指产品从生产者手中转向消费者手中纵向经过的环节(中间商)数多少,多意味着渠道长,否则为短;宽度是指在一个地区同一渠道环节选择的中间商数量多少,多意味着渠道宽,否则为窄;广度是指应用或选择渠道条数多少,多意味着渠道广,否则为狭。这些维度组合构成渠道网络或曰分销网络,因此它们既可以作为企业进行渠道决策时考虑的内容,也可以作为全社会渠道发展和评价的维度。

2. 单渠道零售。根据一些咨询公司专家的观点,是把"实体店铺"整体视为单一零售渠道了,因此认为单渠道零售时代就是实体店铺的时代。但是,从学术角度看,单渠道零售,是渠道宽度问题,它是指选择一条渠道,将产品和服务从某一销售者手中转移到顾客或者消费者手中的行为。单渠道策略通常被认为是窄渠道策略,而不管这一条渠道是实体店,还是邮购,还是网店。例如在古代,自给自足的农民常常通过集市贸易单一渠道销售自己剩余的农副产品;在计划经济情境下,日常生活用品也是遵循着"工厂—一级批发商—二级批发商—三级批发商—零售店—顾客"的单一渠道方式;在互联网时代,通过一家网店进行零售,也属于单渠道零售。

3. 多渠道零售。前述诸多的咨询公司专家,是把实体店加网店的分销视为多渠道。但是从渠道分类的学术视角看,它是指企业采用两条及以上完整的零售渠道进行销售活动的行为,但顾客一般要在一条渠道完成全部的购买过程或活动。例如汽车厂商对于团购的出租汽车公司采取直销渠道的方式,对于零散顾客采取4S店铺的渠道的方式,每条渠道都完成销售的所有功能,其间不进行交叉。其实,多渠道零售并非2000

年之后才出现的行为。例如，美国西尔斯公司在 20 世纪初期就开始了店铺和邮购相结合的零售方式，还有一些化妆品供应商，不仅在百货商店零售产品，也在化妆品专卖店或超市零售。

4. 跨渠道零售。依据前述咨询公司专家的观点，有形店铺、虚拟店铺和移动商店的结合，就是跨渠道零售。根据已有的渠道管理理论，这还是多渠道，而跨渠道是指企业采用多条非完整的零售渠道进行销售活动的行为，每条渠道仅完成零售的部分功能。例如，利用电话与顾客进行商品介绍，通过实体店完成交易，通过呼叫中心进行售后服务等。多渠道零售表现为多渠道零售的组合，每条渠道完成渠道的全部而非部分功能；跨渠道则表现为多渠道零售整合，整合意味着每条渠道完成渠道的部分而非全部功能。

5. 全渠道零售。它是指企业采取尽可能多的零售渠道类型进行组合和整合（跨渠道）销售的行为，以满足顾客购物、娱乐和社交的综合体验需求，这些渠道类型包括有形店铺（实体店铺、服务网点）和无形店铺（上门直销、直邮和目录、电话购物、电视商场、网店、手机商店），以及信息媒体（网站、呼叫中心、社交媒体、E-mail、微博、微信）等。在今天，几乎一种媒体就是一种零售渠道。随着新媒体类型像雨后春笋一样地不断涌现，跨渠道进入了全渠道的时代。当然，这里的"全渠道"，不是指企业选择所有渠道进行销售的意思，而是指面临着更多渠道类型的选择和组合、整合。如果从更准确的另外一个交易方看，全渠道零售实际上是顾客的全渠道购物。图 2 显示了全渠道零售与其他零售渠道类型之间的关系。

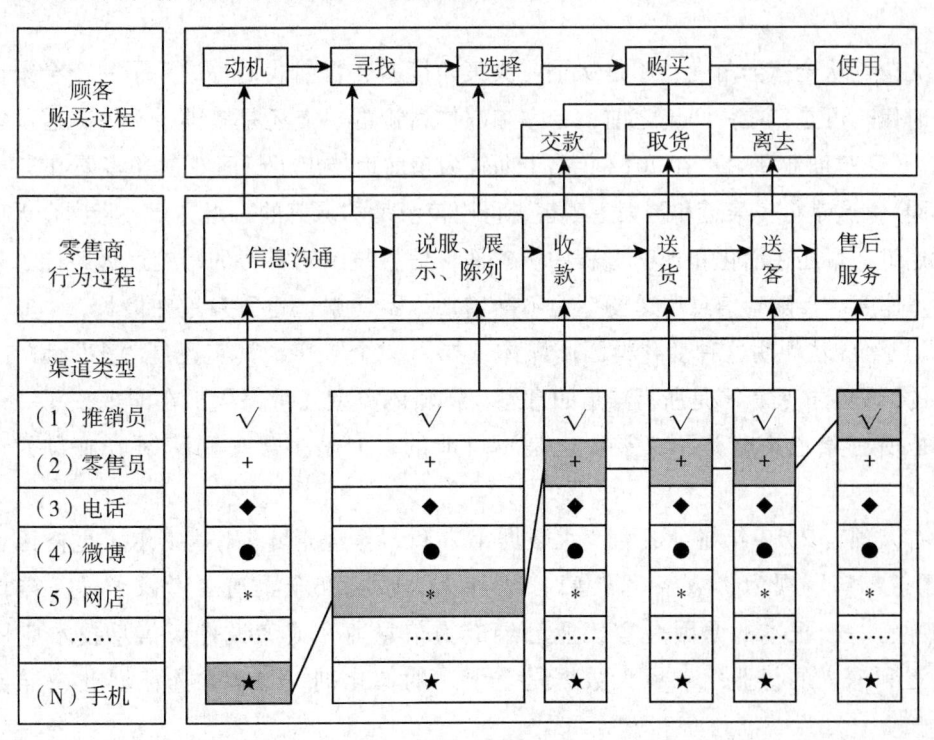

图 2　全渠道模式图解

由图 2 可知，零售商行为过程包括：（1）与顾客信息沟通；（2）向顾客展示、陈列商品并说服顾客购买；（3）顾客决定购买后，零售商收款，包装商品，送顾客离去；（4）进行售后服务等。如果仅仅选择推销员，或是零售店，或是网店，或是手机等一条渠道完成零售过程的所有活动，就是单渠道零售；如果选择其中两条及以上的渠道且每条渠道都各自完成零售过程的所有活动，就是多渠道零售；如果选择其中多条渠道且每条渠道各自完成零售过程的部分功能，就是跨渠道零售。如图 2 中粗实线连接而成的渠道模式就是跨渠道零售，手机渠道完成信息沟通功能，网店完成说服、展示和陈列功能，实体店完成收款、送货和送客等功能，而推销员完成售后服务功能。如果为了满足顾客综合体验的需求和提高渠道运行效率，采取多种跨渠道整合方式，或者跨渠道整合和多渠道组合并存，就属于全渠道零售。

顾客购买过程包括：（1）产生购买动机；（2）搜集相关信息进行比较选择；（3）选择零售商后再进行产品选择；（4）决定购买后交款、收货；（5）接受售后服务。在传统实体店铺情境下，五项内容几乎都在一家有形店铺里完成，而今天这五项内容都面临着多种渠道选择方式，其排列组合将是异常的繁杂。从这个意义上说，企业的全渠道零售，就是顾客的全渠道购买。

从社会角度来看，已经进入全渠道时代，但是企业是否采取全渠道策略，还需要根据行业特征、顾客需求和竞争对手情况进行确定。

二、全渠道零售的成因

无论是从全社会角度，还是从企业决策角度看，目前我们都进入了一个全渠道零售的时代。可是，在一两年之前，专家和媒体讨论的热点还是多渠道和跨渠道零售的问题。《富基商业评论》在 2012 年第 1 期较为超前地推出了封面专题《多渠道零售 重在协同》，这是将多渠道和跨渠道零售讲得比较清楚和深刻的一组文章，直到今天，人们对这组文章还在消化和理解过程中。然而，信息技术对零售的影响远远超过了人们的学习速度。伴随着信息传递类型的不断增加，零售渠道也等量地在增长，"多"和"跨"已经无法说明这种变化，因此媒体选择了"全"字，其实还是"多"和"跨"二字的结合和拓展，不是所有渠道的意思。新媒体类型几乎每年都在涌现，在一个时点采取所有渠道策略是不必要，也是不可能的，但是多渠道和跨渠道成为了一种必然。

有人预言 2013 年将会成为"大数据年"和"全渠道年"。达雷尔·里格比也将"全渠道零售"视为"数字化零售"。为什么大数据和全渠道二者像影子一样相互伴随呢？一个根本的原因是零售业已经成为信息业，或者说是新信息技术应用最为广泛和深入的行业之一，大数据是全渠道的催化剂，二者像连体婴儿一样伴生着成长。

当然，技术对零售变革的推动是一个历史现象，只不过过去的轨迹是"技术变革—生产变革—零售变革—顾客变化",而今天的轨迹变为"技术变革—顾客变化—零售变革—生产变革"。为了说明全渠道零售产生的原因,我们不得不回顾一下技术(包括生产技术、信息技术、物流技术、资金流技术等)与零售渠道发展的历史。

(一) 手工技术进步带来的生产变革催生了独立的零售商

手工生产力的时代,包括石器、铜器和铁器三个发展阶段。人类社会进入铜器时代,发生了农业和畜牧业的第一次社会大分工,交换为产品交换,交换的是剩余产品(不是为了交换而进行生产),产生了一般价值形态,但是货币还没有产生。随着手工生产力的不断发展,铁器出现了,发生了农业和手工业的第二次社会大分工,出现了为交换而进行的产品生产,以及相应的货币价值形态。随着铁器技术的进一步发展,交换活动变得日趋频繁,在铁器时代的后半期发生了第三次社会大分工——商人独立出来。这标志着零售业开始出现。

在手工生产力的时代,生产技术是手工操作的,信息流通过口碑和信函的方式传递,资金流通过一手交钱一手交货的现场方式完成,物流通过人力和畜力的方式进行转移,因此零售渠道一般表现为生产者到集市贸易直销,或是零售商走街串巷叫卖,或是街头小店铺销售。数据统计通过手工记账和算盘的方式完成,商家一般不关注顾客需求的变化,顾客信息对于零售业经营来说可有可无。这是一个无数据的时代,商家数据无非是进货和销货的简单统计,通过加减乘除的手工运算即可完成。

(二) 工业技术进步带来的交通通信变革催生了新型零售渠道

18世纪开始的工业革命,将手工生产力带进机器生产力时代。这一方面带来了机器化生产,使商品极大地丰富起来,最终导致百货商店的产生,这被称为人类历史上的第一次零售革命;另一个更为重要的方面是,工业技术改变了传统的交通(商品运输)和通信(信息传递)方式,形成高效率、专业化的交通运输网络和通信网络,零售商不必亲力亲为地做这些物流和信息流的事情了,进而催生了新型的、无店铺形态的零售渠道。伴随着邮政系统的网络化,催生了直达信函和目录零售;伴随着电话的普及,出现了电话零售;伴随着电视走进家庭,出现了电视购物渠道等。伴随着信息传递方式而产生的零售渠道带来多渠道的萌芽,顾客数据库变得异常重要,因为直达信函和邮购目录寄送需要顾客地址,电话零售需要顾客的电话号码等,顾客数据和信息开始受到关注。

在机器生产力的时代,生产技术是机器操作的,信息流通过电话、电报、海报、书籍等方式传递,资金流催生了信用卡、储蓄卡、现金卡等刷卡方式,物流通过汽车、轮船、火车、飞机等电力和电气工具方式进行转移,因此零售渠道一般表现为大商场与目录销售并存的状态。数据统计可以通过计算器来完成,商家关注顾客需求的变化,顾客信息对于零售业经营来说变得重要。这是一个小数据的时代,除了购销运存数据之外,商家还积累了一些顾客的人口统计特征数据,大多不是购买行为的数据。

从全社会角度看，已经出现了多渠道零售的形态，但是从制造商和零售商角度看，还是单渠道零售主导的时代，顾客购买仍然以单渠道购买为特征。即顾客在购买某一种产品时备选的渠道很少，因为这个时代的企业将一种产品常常仅通过一种渠道零售。直到20世纪80年代，中国主妇们要想买全日常生活用品，还需要跑遍十来家店铺，去菜店买菜，去肉店买肉，去粮店买粮，去副食店买油盐酱醋，去日杂店买锅铲，去五金店买日用五金等。并且从商品信息的获得，到商品选择，再到交款提货，几乎都是在实体店铺里完成的。

（三）信息技术革命带来的顾客变化最终催生了全渠道零售

如果说手工生产力的发展使零售商人产生，机器生产力的发展使大型百货商店零售和目录零售、广播零售、电视零售并存起来，那么信息技术革命的进一步深化就使全渠道零售得以出现。其基本逻辑是信息技术发展—信息传播路径大大增加—顾客全渠道购买—公司全渠道零售—公司适应全渠道零售的生产。

1. 信息传播路径大大增加。在顾客的购买过程中，绝大多数活动是信息的采集、加工、比较和发出指令等行为，因此零售渠道越来越接近于信息渠道，信息传播路径的拓展必然催生大量零售渠道。20世纪50年代开始的信息变革，其标志是电子计算机的普及应用及计算机与现代通信技术的有机结合。随后在20世纪90年代之后，单一的计算机很快发展成计算机联网，实现了计算机之间的数据通信、数据共享。在单一计算机时代，出现了电子技术控制的自动售货机。在第一代互联网Web 1.0时代，是把人和计算机联系在一起了；在第二代互联网Web 2.0时代，是把人和人联系在一起了，形成了一个社交的网络；在第三代互联网Web 3.0时代，有海量的数据，又有云计算工具将其转化为数字化信息，信息规模巨大且传递速度更快，还可以使用多种接收装置收集信息，如计算机、手机、电视、收音机、谷歌眼镜等，实现信息传递移动和随身化、24小时全天候化以及文字和图像的多元化。

因此，从2012年开始人类进入了大数据时代。

迈尔－舍恩伯格（Mayer-Schönberger）和库克耶（Cukier）在《大数据时代》一书中提出了大数据时代的特征，认为大数据的核心就是预测，这个核心代表着分析信息时的三个转变。一是在数据采集规模方面，在大数据时代可以采集和分析更多的数据，甚至可以处理和某个特别现象相关的所有数据，而不再依赖于随机采样。二是在数据分析准确性方面，研究数据如此之多，以至于不再热衷于追求精确度，因为大数据的简单算法比小数据的复杂算法要准确得多。三是在数据分析的目的方面，不再热衷于寻找因果关系，而是相关关系。大数据意味着"大信息的传递"。这表明，伴随着大数据时代的到来，人类也自然地进入了全渠道的信息传递时代。

2. 全渠道购物者崛起。顾客购物过程，大量的是信息的传递过程，或者说是顾客搜集、分析、比较、接受和反馈信息的过程，只有物流不是信息传递，但这项活动对于购买过程来说可有可无，即它是可以游离于购买过程之外的购买后的行为，因此信息渠道就是购物渠道，二者归一了，自然地，全渠道信息传递时代的来临必然导致顾客全渠道购物者群体的崛起。艾司隆欧洲、中东和非洲战略咨询与高级分析总监珊娜·杜巴瑞（Sana Dubarry）认为，全渠道购物者已经崛起，他们同时利用包括商店、产品名录、呼叫中心、网站和移动终端在内的所有渠道，随时随地浏览、购买、接收产品，期待着能够贯穿所有的零售渠道和接触点的一屏式、一店式的购物体验。

还有一点需要强调的是，这不仅意味着全渠道购物者通过尽可能多的渠道完成购买过程，更重要的变化是他们的生活方式与购物过程融合在一起，人们已经把越来越多的工作时间和休闲时间放在互联网和手机微博上。换句话说，现代人在互联网和手机上工作、休闲，信息的搜索、浏览、分析、传递成为人们生活方式越来越重要的、不可缺少的一部分，而购物则简化为信息流转的过程，自然可以轻易地完成。

3. 全渠道零售时代来临。由于人们所有生活几乎都寄生在互联网和手机等信息媒体上，同时决定购买时不必看到实物，付款时不必现场支付现金，付款后也不必立即自提货物，因此谁拥有与顾客交流的信息接触点，谁就可以向顾客卖东西，零售简单化和社会化了，进入了一个新的"全民经商"时代，准确地说是"全民零售"的时代。就像 20 世纪 80 年代"个体户"爆发的时代一样，个体网商开始几年不用上税，不用工商注册，这标志着几十年不遇的平等发财的新机会来临，催生了新的富翁（三十年前是万元户，今天是千万元户或者说是亿元户）。近几年网商优胜劣汰，逐渐规范，催生了一大批"电子商务组群"，寄生于社交网站、网店、手机、电视、谷歌眼镜、户外、报刊等媒体，采用文章、谈话、聊天、直播、微信、E-mail、博客等形式，向寄生在这些媒体的顾客零售产品和服务，自然会取得不错的业绩。

在买方市场的市场环境下，实体零售店必须迎合顾客全渠道购物的挑战，一方面赢得顾客的"芳心"，另一方面应对电子商务公司的蚕食。对策是增加有形店铺的现场体验，以及进入电子商务零售领域。

贝恩公司咨询顾问达雷尔·里格比，在 2011 年曾经为我们描绘了 2016 年（全渠道零售时代）一位顾客的购买过程：2016 年，芝加哥，一个飘雪的星期六，28 岁的艾米打算买夏装去加勒比海沿岸度假。她坐在家里的沙发上，通过视频和达内拉商城的私人购物助理聊了一会儿（上个月她曾经在这家商店买过两套衣服），购物助理向她推荐了几件衣服，并在网上用替身向她进行了展示，艾米对其中几件有了购买意愿，但没有下订单。随后，她点开浏览器，搜寻顾客对这几件衣服的评论，比较各商家的报价，发现有的衣服在另外一个商家更便宜，就在便宜的商家直接下了订单。比较后，她在达内拉商城定了一件衣服，然后开车来到离家较近的一家达内拉实体店铺，想试穿一下自己购买的衣服。一走进商城，一位店员迎上前来，叫出了她的名字，带她到更衣室，里面摆好了她刚刚在网上挑选的衣服，以及私人助理另外搭配的几双鞋和一件晚礼服。艾米很喜欢其中一款鞋，用手机扫描了它的商品条码，搜索到另一家店要便宜 30 美元，店员马上向她表示可以给予她同样的低价并建议她试穿晚礼服。艾米试穿后拿不定主意，就拍了一段视频发给自己的三个闺蜜征求意见，结果遭到所有人的反对。艾米确定了自己要购买的商品,又在互联网上搜索了一张 73 美元的优惠券,用手机结了账。当她离开走到商店出口时,一块真人大小的自动识别屏认出了她,以非常优惠的价格向她推荐了一款夏装上衣,艾米没有拒绝,用手机扫描了屏幕上的二维码,下单并付款,这件衣服第二天送到了她的家。

总之,全渠道零售时代来临了,这是无人能阻挡的历史潮流,也是历史发展的必然。表 1 向我们展示了其中的缘由。

表 1 技术对零售渠道的影响

生产力	技术原因	零售媒介	零售渠道
手工生产力	铜器时代	农业和畜牧业大分工;一般价值形态	没有零售商,有经常的交换
	铁器时代(前半期)	农业和手工业大分工;货币价值形态	没有零售商,有为交换进行的生产
	铁器时代(后半期)	商人从农业和手工业中分离;商人媒介	零售商出现,集市贸易、行商和小店铺渠道
机器生产力	蒸汽时代	零售企业出现	百货商店产生、邮购目录、直达信函、上门推销
	电气时代	零售公司出现	连锁商店、电报销售、电话销售
信息生产力	非互联时代 Web 1.0 时代	大型商业公司 电子商务公司	自动售货机零售 网上商店零售
	Web 2.0 时代	社交网站公司	社交网站零售
	Web 3.0 时代	大数据采集、分析、应用公司;云计算	目录营销、信函营销、报刊营销、电话营销、电视营销、电台营销、自动售货机、网上商店、手机营销、EMAIL 营销、短信营销、QQ 营销、微博营销、微信营销、社交网站等,以及各种各样的实体店铺并存

三、全渠道零售的对策

这一次全渠道零售的革命,不会像前次互联网泡沫那样使诸多电子商务企业崩盘,而使实体零售店稳坐钓鱼船。相反,很可能会使原地踏步的传统零售企业被"革了命"。原因在于:(1) 传统零售企业大多把互联网仅视为信息传递的路径,殊不知,信息传递路径已经成为零售的路径,仅仅把新媒体视为信息传递的路径而非零售路径,将会被顾客边缘化或抛弃。(2) 网商的盈利模式还不十分清晰,他们的知名度远远高于其盈利能力,但是他们对传统零售业的冲击十分明显,甚至是致命的。传统零售业面临发展新媒体零售是"找死",不发展是"等死"的尴尬境地。(3)传统零售商的突破创新缺乏重大成功的经验,自身没有能力或曰不容易找到传统零售业与新媒体零售业融合的路径和方法。在全渠道购物者崛起的时代,不发展新媒体零售,极容易被新型的年轻顾客所抛弃。因此,有专家说,全渠道零售对于传统零售商来说是一场严重的灾难,顾客正在离他们而去,走进网络商家的大门,尽管目前诸多网商远没有盈利。

实际上,全渠道零售,不是对实体零售业的彻底否定,也不是对新型网商的全盘接受。而是实体零售业和新型网商都面临着新的机遇和挑战,都需要进行转型和调整。然而我们必须知道,需要改变的是什么,需要保留的是什么。

1. 不变的零售之本质。在已有的研究中,我们通过回顾零售业的发展历史,发现无论是手工生产力,还是机器生产力,还是信息生产力,每次零售业变革都是为了更好地提供三个基本功能:售卖、娱乐和社交。集市贸易、百货商店、购物中心、步行商业街、网上商店、移动商店,都是如此。这三个基本功能应该是零售业永远不变的本质。

因此,无论是厂商还是零售商零售渠道的策略选择,必须突出零售的这个本质。只不过,由于市场供求情境不同,产品品牌不同,所处行业特征及定位不同,售卖、娱乐和社交这三种功能所占比例不同。例如,旅游、演出等以娱乐和社交功能为主,购物为辅;超市和百货店等以售卖为主,娱乐和社交为辅。对于顾客而言,娱乐有时比购买商品还重要。人们常常购买了许多以后没有用过的东西,但并不后悔,为什么?因为人们有时购买的是购买过程,是娱乐。约上朋友和家人一起去购物,也夹杂着社交的功能,这就是社交网站容易兼有零售功能的重要原因之一。试想,人们通过网络和手机购物带来的体验,胜过看一场电影,人们还会像过去那样在意商品本身吗?可见,根据零售业不变的本质,全渠道零售规划的核心,就是选择品牌和店牌的定位,就是选择售卖、娱乐和社交这三个基本功能的实现比例和程度。

2. 不变的零售流构成。在分析零售业的发展历史过程中,我们不仅发现各种零售渠道的三个本质不变,而且发现这三个本质是通过"零售流"实现的。"零售流"包括顾客流(买者的移动)、信息流、资金流、物流和商店流(商店的移动),这也是永远不变的。离开了任何一个"流",零售活动就会终止,因为这五个流是完成一次最简单交易的必备条件,因此在各种传统和现代零售渠道中,这五个流的数量构成都是不变的。换句话说,这五个流是与顾客直接接触的点,是顾客感知品牌和店牌形象定位的关键要素,因此实现零售业的本质,说到底是这五个流的规划和结构调整,以实现与定位相匹配的流程效率。图3表明了零售流成为顾客购买过程和零售商销售过程的胶合剂,或曰关键接触点。

3. 巨变的零售流内容。实体店铺大多是以商品的采购、运输、储存、陈列展示等为主要活动内容,即商品本身的移动成为零售业的现象形态,顾客也更多地重视得到什么商品。但是,随着互联网和移动技术的发展,现代零售业更多的是以信息的采集、传递、加工、展示等为主要活动内容,即信息的移动成为零售业的现象形态,顾客也更多地重视得到什么信息,因为信息决定着商品质量和价格等他们关注的影响购买的

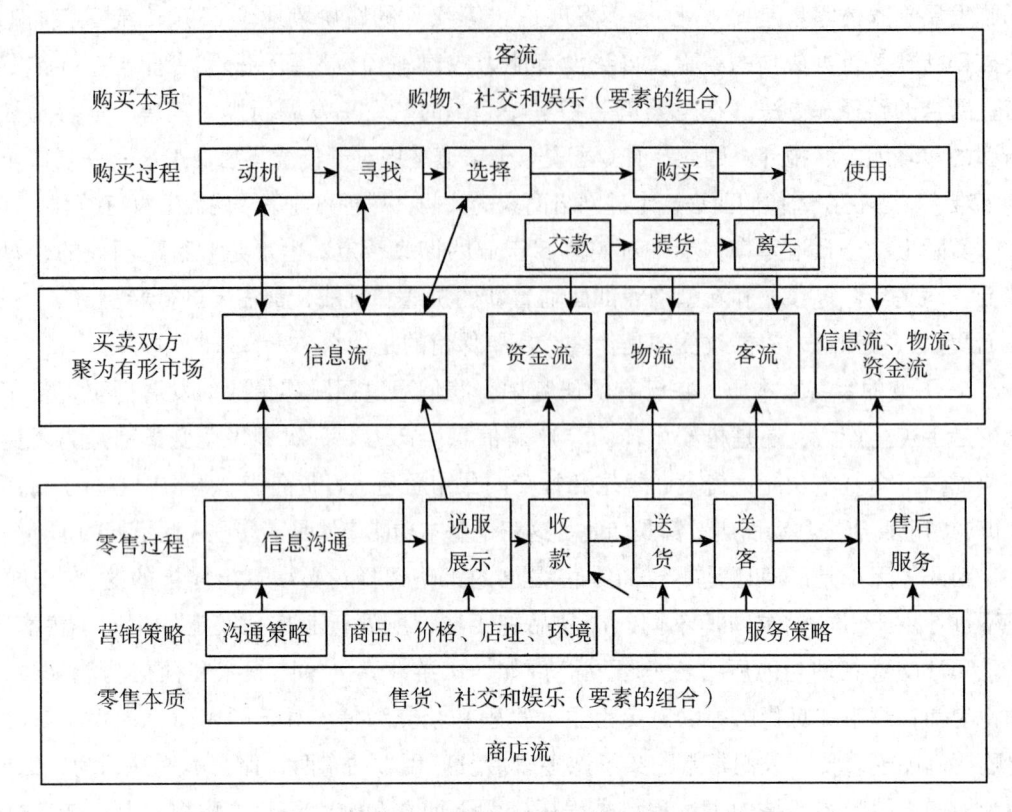

图 3　不变的零售五流构成要素

重要因素，而商品的移动成为零售的隐性行为。这种变化，改变了零售五流的内容和行进路线，使零售业发生了革命性的变化。图 4 说明了传统实体店铺与当今虚拟店铺之间五个零售流的巨大变化。

（1）客流和商店流。在传统零售情境下，商店在建设之前可以通过选址实现移动，但是建成后不能移动，固定在一个有限的空间之内，进入这个有形店铺之内的顾客被称为"客流"，典型特征是"客流"、"店不流"，顾客找店铺。但是，在现代零售情境下，零售店铺已经无形化，以及二维化（类似于广告牌），手机商店还实现了移动化，像人的影子一样与顾客伴随（可以称其为影子商店），随时随地都可以完成购买行为。这说明，人们不进有形店铺也可以成为客流，突破了原有的时空限制；商店也随着顾客移动起来，无处不在。因此其典型特征是"客流""店也流"。

（2）信息流。在传统零售情境下，尽管逛店之前可能了解一些商品信息，但是顾客一般到有形商店后才能获得准确、真实和可信的商品信息，一个证明是大约有 40% - 50% 的购买额为冲动性购买，意味着现场看过、试过才下决心完成购买，有价值的信息主要来源于实体店铺。在现代零售的情境下，由于信息传递路径丰富和多元化，顾客随时随地可以通过移动网络了解商品，比较、即时性的价格信息，也可以通过社交网络了解朋友们对备选商品的评价。信息流由店内拓展至店外，由单向拓展至多向。

（3）资金流。在传统零售情境下，顾客购买商品后，要在商店内完成付款，大多

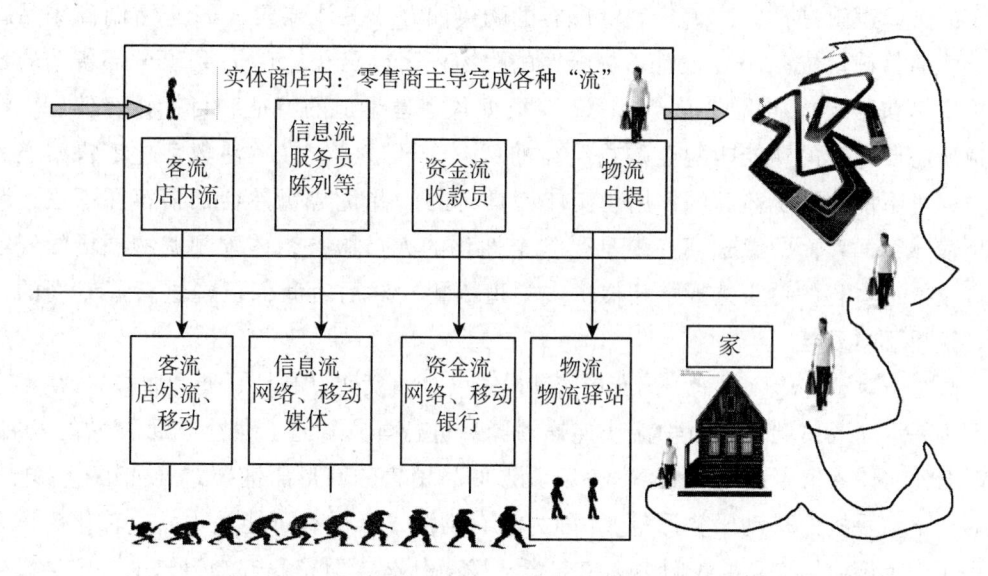

```
┌─────────────────────────────────────────────────┐
│  实体商店内：零售商主导完成各种"流"              │
│  ┌────┐  ┌────┐  ┌────┐  ┌────┐                │
│  │客流│  │信息流│ │资金流│ │物流│                │
│  │店内流││服务员│ │收款员│ │自提│                │
│  │    │  │陈列等│ │    │  │    │                │
│  └────┘  └────┘  └────┘  └────┘                │
└─────────────────────────────────────────────────┘
   │        │        │        │
   ▼        ▼        ▼        ▼
 ┌────┐  ┌────┐  ┌────┐  ┌────┐      ┌──┐
 │客流│  │信息流│ │资金流│ │物流│      │家│
 │店外流││网络、│ │网络、│ │物流驿站│ └──┘
 │移动 │ │移动 │ │移动 │ │    │
 │    │  │媒体 │ │银行 │ │    │
 └────┘  └────┘  └────┘  └────┘
```

无店铺情境：媒体商、通信商、银行、物流商、网商协同完成

图 4　巨变的零售五流内容

为现金付款和信用卡付款，通过付款后的小票提取商品，即通常所说的"一手交钱一手交货"。在现代零售环境下，购买、付款和提货可以是分离的，一方面可以购买后实施货到付款；另一方面可以通过手机或网银付款，然后等待着商家送货上门。付款过程可以通过信息传递来完成，因此随时随地都可以完成付款。

（4）物流。在传统零售情境下，顾客一般采取货物自提的方式，即在有形商店完成购买后，自己在商店里拿取货物并携带回家，可能要走很远的距离。在现代零售情境下，顾客一般不负责货物的长距离运输，随时随地完成购买和付款后，只要告知商家送货地址，商家会将货物在约定的时间送到顾客家中或办公室，或者最便利顾客领取的物流驿站。

制造商和零售商面对着前述零售五流的巨大变化，必须进行适应性调整。第一，商店已由有形店铺向无形店铺转移，由三维立体空间向二维平面空间或虚拟空间发展，加之有形店铺建设和租赁成本飞速上涨，大大抬高了商品零售价格，使本来就缺乏价格优势的有形店铺变得更加困难。因此需要慎重鼓励大型商业设施的建设，特别是大型城市商业综合体的建设，反之应该筹划无形店铺的发展与建设。第二，零售已由商品的传递向信息传递转移，其零售专业化水准的体现不是商品管理而是信息管理；商品管理主要不是由零售商负责，而是由物流商负责，物流商成为与顾客直接接触的最重要的"前沿"。因此，应该鼓励物流连锁驿站的发展和整合，同时根据物流配送的商品类别，形成奢侈品物流驿站或送货员（白领）、生鲜食品物流驿站或送货员（蓝领）等，就像今天有不同的零售业态一样。

制造商和零售商面对着全渠道时代的来临，必须进行渠道功能的整合，即发挥各种零售渠道的优势，避开其劣势，形成新的多渠道零售的组合或整合模式。具体对策的选择逻辑是：(1) 确定目标顾客的购买偏好或关注要素；(2) 重温商家品牌或店牌的营销定位；(3) 设计目标顾客的购物程序或路径；(4) 列出全部备选的零售渠道（包括实体店和虚拟店）；(5) 根据各零售渠道的特征和目标顾客偏好，将渠道所需要完成的功能匹配至购物路径的每一个环节上。在关注数字化零售渠道的同时，决不能忽视实体店的作用。实体店具有的一些优势仍然会长期存在下去，诸如可使顾客面对面的感知商品，享受到个性化的人员服务，体验到购物现场的气氛等。全渠道零售的对策选择，相似于多渠道零售，对后者我们已经进行了专门的讨论，这里不再赘述。

总之，对于有形商品销售的有形店铺模式（如百货店、超市、便利店等），店铺会转型为展示厅或体验厅，由物流快递连锁驿站进行配送。这会催生连锁驿站的发展，同时会使实体零售店铺规模变小。对于无形商品销售的有形店铺模式（如银行、电子书店、不卖手机的移动服务厅等），因为没有物流，店铺有可能消失，或转化为体验店。至于零售业的未来，我们不知道究竟会发生什么，但是我们知道未来一定会发生什么。昨天，我们以为我们知道了零售业的边界；今天，我们却不知道零售业会是什么了；或许零售业会成为一个社会，就像2012年天猫和淘宝商城的光棍节促销，一天的销售额将近200亿元人民币，那是天猫和淘宝商城、银行系统、物流系统、通信公司、零售商协同作用的结果，与传统店铺的单体促销极为不同。遗憾的是，零售业已经社会化了，甚至主宰着一国的经济和生活，然而中国的商学院却没有几家重视零售业的，零售业的学者队伍也小得可怜。但是零售业很快就会成为管理学者和企业决策者躲不开的魔杖。

参考文献

[1] Rigby D. The future of shopping [J]. Harvard Business Review, 2011, 89 (12): 64-75.

[2] 达雷尔·里格比. 购物的未来 [J]. 商业评论, 2012 (1): 73-85.

[3] 廖斌. 打通泛渠道零售 [J]. IT经理世界, 2012 (21): 135-136.

[4] 王小燕. 梅西百货: 多渠道融合的力量 [J]. 富基商业评论, 2012 (1): 56-59.

[5] 沙烨. Convergys助运营商提供全渠道统一客户体验 [J]. 通讯世界, 2009 (6): 68.

[6] 任占闯. 济南联通公司全渠道整合策略研究 [D]. 济南: 山东大学, 2009.

[7] 李飞. 分销渠道设计与管理 [M]. 北京: 清华大学出版社, 2003.

[8] 科特勒, 凯勒. 营销管理 [M]. 上海: 格致出版社, 2012.

[9] 李飞. 迎接中国多渠道零售革命风暴 [J]. 北京工商大学学报（社会科学版），2012 (3): 1-9.

[10] Burdin T. Omni-channel retailing: the brick, click and mobile revolution [EB/OL]. [2013-01-05]. http://www.cegid.com/retail.

[11] 迈尔-舍恩伯格, 库克耶. 大数据时代 生活、工作与思维的大变革 [M]. 周涛, 译. 杭州: 浙江人民出版社, 2013.

[12] 珊娜·杜巴瑞. 全渠道购物者崛起 [N]. 中华合作时报, 2012-08-24.

Connation, Cause and Countermeasures of Omni Channel Retailing
—Further Discussion on How to Meet Multi Channel Retail Revolution Storm in China

▲Li Fei (*School of Economics and Management, Tsinghua University, Beijing 100084, China*)

Abstract: Since 2012, the word "omni channel" retailing has appeared frequently in the media and seminars, but the research on its connation, cause and countermeasure is still in its initial stages. In this paper, those questions have been explored and some conclusions have been drawn. First, the connation of omni channel retailing refers to the cross-channel sales behaviors combined and integrated from an enterprise's retailing channel types, which is to meet the customers' integrated experience needs of shopping, entertainment and social interactions. These channel types include tangible shop, intangible shop, information media (website, call center, social media, Email, micro-blog, and micro-message), etc. Second, the reason for omni channel retailing is that due to information technology entering the era of social network and mobile network, a group has emerged to work and live on omni channel parasitically, which leads to the rise of omni channel shoppers, and every information transfer path becomes a retail channel. Third, the strategies of omni channel retailing need to consider the constant nature of retailing (such as sales, entertainment and social contacts) and also the content changes in 5 retailing flows (such as customer flow, shop flow, information flow, capital flow and logistics flow), and the enterprises should make the decision of multi-channel combination and integration strategy according to target customers and marketing position.

Key Words: omni channel retailing; multi-channel; channel integration; retail revolution; big data

全渠道营销理论*
——三论迎接中国多渠道零售革命风暴

▲李　飞（清华大学经济管理学院，北京　100084）

> **摘　要**："全渠道"一词出现以后，大多还是在分销渠道决策范围进行讨论。其实，它涉及营销战略和策略的全方位决策。为此，文章首次提出并定义了全渠道营销的概念，并对这个概念进行了理论和应用的说明。全渠道营销，是指个人或组织为了实现相关利益者利益，在全渠道范围内实施渠道选择的决策，然后根据细分目标顾客对渠道类型的不同偏好，实行不同或相同的营销定位，以及匹配的产品、价格、渠道和信息等营销要素的组合策略。对这个过程的分析、计划和实施，就是全渠道营销管理。全渠道营销管理并没有改变营销管理的范式。
>
> **关键词**：全渠道；多渠道；营销范式；零售革命；O2O

一、引言

自从电子商务出现以后，就有人质疑，原有的营销管理理论或框架是否仍然适用。随着移动网、大数据时代的到来，这种质疑越来越多，甚至波及了商学院的 MBA 课堂。诸多从事电子商务经营和管理的在职学生认为，现实与教授讲授的传统营销理论并不匹配，网络营销应该有自己的管理理论，它应该不同于基于线下营销活动的管理理论。一些从事 IT 业经营和研究的人员也怀着极大的兴趣建立新的网络营销理论。也有人认为，原有的营销方式发生了变革。

数十年来，对营销管理理论范式的质疑一直就没有停止过。诸如风靡一时的用"4C's 取代 4P's""关系营销取代 4P's 营销"等。但是最终主流营销管理范式仍然没有本质改变，那些"时尚"的主张像流行品一样变得逐渐衰弱。营销学发展的历史告诉我们：营销学发展之"车"是传承和创新这两个"车轮"推动的。通常是围绕着一个行业进入深入研究，然后细化营销学科，催生营销管理学的分支，以适应更多行业的发展需要。尽管曾经发生范式的变化，但大多不是范式更新换代的另起炉灶。例如，

---

* 本文原刊载于《北京工商大学学报（社会科学版）》2014 年第 3 期。基金项目：国家社会科学基金项目"中国百货业演化轨迹及未来走向研究"（10BJY086）；清华大学经济管理学院中国零售研究中心项目"中国零售业态适应和成长问题研究"（100004002）。

学者们对服务营销的深入研究，将传统4P's营销组合要素拓展为服务营销的7P's要素，但7P's仍然建立在4P's的基础之上。又如学者们对工业品营销的深入研究，提出了关系营销的理论框架，但是关系营销在本质上必须通过营销组合各个要素，才能与相关利益者建立和维持良好的关系。换句话说，服务营销和关系营销都不是营销管理范式的革命，而是修补性创新。同样，到目前为止，电子商务或网络营销也没有改变营销管理理论的基本范式。

目前，我国乃至全球爆发了一场以移动网为核心的多渠道革命，移动网（和智能手机）成为像水、电、煤气、柴、米、油、盐一样的生活必需品，信息渠道、分销渠道、资金渠道合三为一，通过单一的信息渠道就可以完成信息、订单、货款的传递。这场革命在销售方式上，从B2C（零售领域）延伸至B2B（批发领域），突破了零售的界限，可以将其概括为销售。在渠道类型上，线上和线下多种渠道逐渐渗透和融合，突破了"实体店+网店"的简单模式，可以将其概括为全渠道。移动网和多屏幕的普及应用是一个标志。一个典型的场景是，人们在坐在家里的沙发上看着电视，手里端着平板计算机，旁边放着手机，转换地看着三四个屏幕。因此，可以说我们已经进入了一个全渠道销售的时代。原有的营销管理理论，无论是着眼于快速消费品，还是着眼于工业品和服务业，都是建立在单一线下销售的基础上，或是建立在单一线上销售的基础上，而并非建立在两者结合或融合的基础上。已有的营销管理理论一般限于在分销渠道策略中进行讨论，这就导致其在指导全渠道背景下的营销活动时，显得捉襟见肘。我们遇到了一个新的问题：是要变革营销管理理论的范式，还是在原有营销管理理论范式的基础上，发展新的营销管理理论？

为此，本文拟在讨论营销管理理论一般范式和全渠道营销管理理论一般模式的基础上，探索性地建立一个改进的全渠道营销管理理论框架，并讨论这个框架的应用途径。这一框架模式不是对已有营销管理理论的否定，而是对原有营销管理框架的继承和创新。

需要说明的是，本文是《迎接中国多渠道零售革命风暴》的系列研究之三，之一和之二的研究分别为《迎接中国多渠道零售革命风暴》和《全渠道零售的含义、成因及对策》。

二、营销管理理论的一般范式

对营销管理的范式，学界既存在着一些模糊认识，也存在着巨大争议。而对其准确理解，是评价已有营销管理范式是否仍然适用于全渠道背景的基础和前提。一些提出营销管理范式发生了变革的观点，大多源于对营销管理范式的误解。因此，需要首先界定相关概念，包括范式、营销、管理等。在对这些概念有了一致性的理解之后，在文献回顾和分析的基础上，提出营销管理理论的一般范式，接着再判断全渠道营销等是否改变了营销管理的基本理论范式。

(一)"范式""营销""管理"概念的界定

营销管理范式,并不是频繁使用的词汇,人们对它也存在着理解的差异。因此需要分解其构成部分,分别对范式、营销、管理的概念进行界定。

1. 范式。它是一个不容易被理解且又存在着争议的抽象词汇。其英文"paradigm"一词源自于古希腊文"paradeiknunai",原意是"共同显示"(show side by side);15世纪转化为拉丁文"para-deigma",由此引申出范式、规范(norm)、模式(pattern)和范例(exemplar)等含义。美国哲学家、科学史学家、麻省理工学院教授托马斯·库恩(Thomas Kuhn),最早把范式一词用于科学研究领域,在构建科学革命的理论时,把"范式"作为其科学观的核心概念。在《科学革命的结构》一书中,库恩对"范式"基本含义的说明是"我选择这个术语,意欲提示出某些实际科学实践的公认范例——它们包括定律、理论、应用以及仪器在一起——为特定的连贯的科学研究的传统提供模型"。后来,范式一词被用于管理学研究。管理学范式包括管理学理论范式(theoretical paradigm)与方法论范式(methodological paradigm),前者是指管理学本身的框架内容,后者是指管理学研究的方法。有营销学研究学者认为,营销学范式,是指"营销学研究人员对该学科所研究的基本问题共同掌握的信念、基本理论、基本观点和基本方法的理论体系,是思考和认识营销活动、营销关系的理论模式或框架,是几代营销学人不断努力的结果"。

2. 营销。它是一个极易与分销、销售相混淆的词汇,至今在诸多企业领导人那里也没有被分清楚。其实这三个概念是完全不同的,之所以易被人混淆是因为它们存在着相似性且在营销学中是逐渐分离开的。在西方营销学的发展历史中,一共经历了四个阶段:经济学范式阶段、职能范式阶段、管理范式阶段、多元范式阶段。在1900 – 1920 年的经济学范式阶段,营销学是经济学的分支,因此主要研究的是经济学关注的产品分销问题,研究对象常常是批发和零售企业行为和活动,此时营销几乎等同于商业分销(批发和零售)。在1920 – 1950 年的职能范式阶段,营销学者从经济学者群体中分离出来,出现了商品学派、机构学派和职能学派,三个学派都聚焦于分销和销售环节。营销被定义为"产品从生产者手中向消费者手中转移的过程和活动",这与后来的分销定义雷同。当时的营销学教材与中国的《商业经济学》和《商业企业管理学》有些相似。在1950 – 1980 年的管理范式阶段,尽管麦卡锡在1960 年提出了产品、价格、渠道和促销的4P's的营销组合要素,但是同年美国营销学会给出的营销定义还是分销和销售的内容。不过在科特勒在1967 年出版的《营销管理》中,已经涉及了产品、价格、渠道和促销等方面的内容,表明营销学已经包括4P's营销组合的内容。在1980 年之后的多元范式阶段,营销学的完整和独立框架才真正形成。科特勒在1980 年出版的第4 版《营销管理》中增加了营销战略和目标顾客选择的内容。1985 年出版的第5 版《营销管理》中,增加了产品定位的内容。同年美国营销学会修改了1960 年的官方定义,新的定义为"通过产品开发、定价、分销和促销,实现个人和组织的目标"。至此，营销学的独立框架形成：营销研究、选择目标顾客、定位、实施产品、价格、渠道和促销的策略组合。营销组合4个要素也可以理解为生产（产品策略）和销售（价格、渠道、促销）过程的统一。

3. 管理。它几乎是学者和实践者天天谈论的词汇，但是太少的人思考它的准确含义，它也是一个不容易说清楚的概念。1911年，工程师出身的泰勒的《科学管理原理》的出版，表明管理作为一门独立学科的诞生。1916年，同样是工程师出身的法约尔出版了《工业管理和一般管理》，提出了管理活动包括五种要素：计划、组织、指挥、协调和控制。这个归纳形成了此后管理学研究的基本范式。后来众多管理学家，孜孜不倦地探讨管理学的理论框架，法约尔框架始终是引导他们的主流。尽管现代管理若干学派发展了管理理论，诸如社会系统学派、决策理论学派、系统管理学派、权变理论学派、经验主义学派、管理科学学派（基于研究方法或视角的细分），但都是五种管理职能中的部分或全部内容的体现，可归之于法约尔管理范式之中。1935年，戴维斯出版了《企业组织和作业的管理》，提出了管理的有机职能包括计划、组织和控制。1951年，孔茨和奥唐奈出版了《管理原理》，将管理职能分为计划、组织、人事、领导和控制五项，而把协调作为管理的本质，作为五项职能有效综合运用的结果。尽管管理理论不断得到创新和发展，但是管理过程学派提出的分析、计划、组织和控制等，已经成为管理理论的一般范式，也是管理学的通用框架。

（二）营销管理理论的一般范式

1950年之后，营销学进入管理范式占主流的阶段，可以将其称为营销管理理论范式。营销管理理论范式，是指营销学者在研究和评价营销问题时所遵循和认可的逻辑框架和分析研究方法。由前面的分析可以推断，营销管理理论范式包括内容范式和方法范式，本文讨论的主要是内容范式。内容范式是由营销理论特殊性和管理理论通用性融合的结果，前者决定了营销学科独立的必要性，也是该学科独有的特征；后者是管理学科的通用性，这种通用性带有一般性，即在战略管理、组织管理、变革管理、人力资源管理、营销管理中的含义都是一样的。

由前面分析得知，营销理论（内容）的范式就是目标顾客或市场选择、营销定位，以及依目标顾客或市场、营销定位而进行的产品、价格、渠道和信息四个要素的有机组合。管理理论（内容）的范式就是分析、计划、组织、实施和控制，可以简称为分析、计划和实施。因此，营销管理理论的一般范式，就是"营销+管理"，可以简单概括为对"目标顾客、营销定位、产品、价格、渠道、信息"（这里用"信息"代替"促销"和"沟通"，因为信息才是营销组合要素，而促销和沟通是营销行为）选择过程的分析、计划和实施的过程。在本质上，它就是营销学或营销管理理论的框架（图1）。其中的阴影部分为管理范式，非阴影部分为营销范式，合二为一就是营销管理理论范式。

在此，对该框架进行一下简单的说明。营销管理的第一步是确定公司的营销目标，

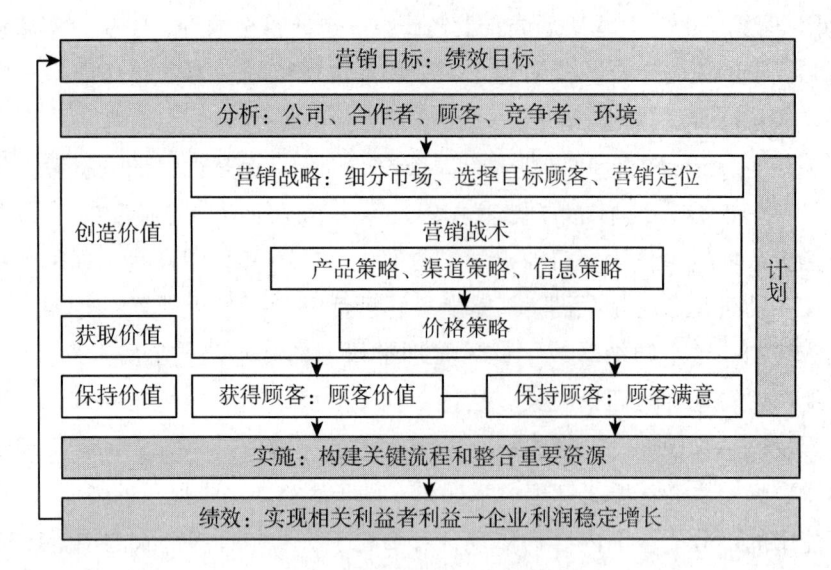

图 1　营销管理理论范式

明确将要达到的绩效；第二步，进行营销分析或研究，分析宏观环境和微观环境（公司自身、合作者、顾客、竞争者、宏观环境）等；第三步，制定营销计划，包括创造价值的选择目标市场、营销定位和产品、渠道和信息的策略组合等，还包括获得价值的价格策略选择，以及保持价值的顾客满意等；第四步，实施营销计划，包括构建关键流程和整合重要资源，保证计划的有效实施，从而实现绩效目标。

三、全渠道营销管理理论的构建

诸多学者提出了营销学已经发生了范式转变的观点，例如认为从古典营销范式转为管理营销范式；从管理营销范式转为关系营销范式或反应营销范式，或是网络营销范式。但是，对上述营销理论范式转变的认识还存在着较大分歧，原因在于一些讨论脱离了营销管理范式本体。依照前面的讨论，如果内容不是"目标顾客选择、营销定位，以及产品、价格、渠道、信息等四个组合要素的有机系统"，就不是营销，何谈新的范式还是营销范式（交易和关系都不是营销范式的本质，这个观点与流行观点不同。由于篇幅所限，另文讨论）。如果内容不是分析、计划和控制，何谈各种管理范式。换句话说，如果根本改变了营销组合的要素，那就不是营销学了；如果没有改变营销组合的要素，就是营销的原有范式，变化仅仅是原有范式之内的调整。因此，我们这里不使用全渠道营销理论"范式"一词，而用"模式"一词。模式是一般范式的表现形式，同一范式有着不同模式，不同模式里面也可能存在着差异化的营销组合要素表现，因此在不同模式中还会存在不同的子模式。

（一）全渠道零售概念的由来和发展

"全渠道"一词早期是与"零售"绑定一起出现的。全渠道零售（omm-channel retailing，也有人将其译为泛渠道零售）一词，起源于何时，有待进一步考证。不过可以确定的是，它是伴随着移动网和大数据而产生的新概念。贝恩全球创新和零售业务负责人达雷尔·里格比（Darrell Rigby），在 2011 年第 12 期《哈佛商业评论》发表了 The Future of Shopping（《购物的未来》）一文，指出："随着形势的演变，数字化零售正在迅速地脱胎换骨，我们有必要赋予它一个新名称'omni-channel retailing'。这意味着零售商将能通过多种渠道与顾客互动，包括网站、实体店、服务终端、直邮和目录、呼叫中心、社交媒体、移动设备、上门服务，等等。"可见，最初这个词汇的提出，是基于零售商的视角，讨论如何利用各种渠道方式在零售过程中与顾客进行互动的策略，主要涉及分销渠道和信息要素的销售环节。

笔者曾在 2013 年初给出全渠道零售的定义："它是指企业采取尽可能多的零售渠道类型进行组合和整合（跨渠道）销售的行为，以满足顾客购物、娱乐和社交的综合体验需求，这些渠道类型包括有形店铺（实体店铺、服务网点）和无形店铺（上门直销、直邮和目录、电话购物、电视商场、网店、手机商店），以及信息媒体（网站、呼叫中心、社交媒体、Email、微博、微信）等。"这个定义仍然限于营销范式中的"销售视角"，而非包括全部营销组合要素。

随着全渠道零售的发展，仅仅将其视为销售问题已经不够了。全渠道零售要求企业进行全渠道零售营销，即根据不同的分销渠道，匹配相同或不同的产品、服务、价格、店址、店铺环境和信息等等，其中一个重要内容是产品也要随着渠道变化而调整。由此可以得出全渠道零售营销的定义，它是指个人或组织为了实现相关利益者利益，满足顾客购物、娱乐和社交的综合体验需求，采取线上和线下尽可能多的零售渠道类型进行组合和整合（跨渠道）的营销行为。涉及依据不同渠道和顾客匹配不同或相同的营销定位，以及各个营销组合要素（产品、服务、价格、店址、店铺环境、信息）的有机组合等内容。

（二）全渠道营销的定义及其理论的提出

全渠道不仅涉及零售商，还涉及制造商；不仅涉及销售，还涉及整体营销，因此我们提出全渠道营销的概念。尽管全渠道营销的概念已经被人使用过，但过去的使用基本上是全渠道销售或是利用全渠道数据的含义，而没有将其作为一个新的营销学概念给予准确定义。

1. 全渠道销售和全渠道营销的概念辨析。这是两个内涵和外延不同的概念，当然二者也有密切的相关性。营销自然包含着销售的内容，换句话说，销售是营销的一部分，因此全渠道营销包含着全渠道销售的内容。

全渠道销售，是指个人或组织为了卖出产品或服务，以及提高分销效率，尽可能多地实施线上和（或）线下的多渠道组合和整合行为，涉及的主要营销组合要素为渠道、价格和信息等，体现的是售卖行为。在全渠道销售策略中，不包括目标客户选择和营销定位、产品策略等。

全渠道营销，是指个人或组织为了实现相关利益者利益，在全部渠道范围内实施渠道选择的决策，然后根据细分目标顾客对渠道类型的不同偏好，实行不同或相同的营销定位，以及匹配的产品、价格、渠道和信息等营销要素的组合策略。与全渠道销售概念的最大不同在于，它增加了选择目标顾客、设定渠道数量和结构，并根据渠道偏好对目标顾客进行细分、进行营销定位，以及匹配相关产品策略等内容。

这里需要强调的是，全渠道营销中的"渠道"一词，已经不仅仅是分销渠道的概念，也不仅仅是信息渠道的概念，而应该被视为"营销渠道"，还包括产品设计（如顾客参与设计）和生产（如3D打印）的渠道，因此是营销组合四个要素组合的渠道。原有营销学中将营销渠道解释为"原材料采购渠道+成品分销渠道"，与本文的营销渠道概念不同。

在上述分析的基础上，可以得出全渠道的类型和功能，对这些渠道功能的选择和有机组合，就是全渠道营销战略。图2反映了顾客全渠道参与设计、生产和购买的过程。

渠道		功能	1.搜集信息	2.设计	3.下订单	4.支付款项	5.取货	6.使用和反馈
线下渠道		实体店铺	现场查看	设计	现场	现场	店内	店内反馈
		直达信函	阅读信函	否	邮寄	邮寄	快递到家或是到物流驿站，顾客去取	信函反馈
		商品目录	阅读目录		邮寄	邮寄		信函反馈
		固定电话	电话询问	设计	电话	其他形式		电话反馈
		电视	收看电视	否	其他形式			无
		其他	广告信息					
线下渠道	台式机	搜索	搜索信息、查看评论、社交讨论、比较，等等	否	否	否	各种类型的货到付款	评论跟帖
		网站		设计、生产	线上随时下单	线上随时下单		网站反馈
		网店						网站反馈
		Email						Email反馈
	移动终端	微博						微博评论
		微信						微信评论
		短信						短信沟通
		其他						其他反馈

图 2 　全渠道营销功能组合

2. 全渠道营销概念提出的原因。一是由于全渠道购物群体已经形成。信息技术和网络技术的高速发展，使具有全渠道购物需求的消费群体得以形成，他们在信息搜集、比较、下订单、付款、取货接货、使用咨询和售后评论等环节，都有诸多的渠道可供选择和使用。他们可能用 PC 机搜索商品，从社交网络上看商品评价或与朋友讨论，到实体店去体验，用手机下订单，用热线电话咨询或投诉，自提货物或是通过快递获得货物，等等。在一次完整的购买过程中，购买者利用了很多的分销渠道或是信息渠道和物流渠道。在多次购买过程中，他们会尝试着使用尽可能多的分销渠道或是信息渠道和物流渠道，我们称其为全渠道购物者。当这样的全渠道购物者出现时，必然迫使经营者去迎合、满足他们的需求。否则，全渠道购物者就无法在其光顾的渠道中发现经营者的产品和服务，就不会与这些经营者的品牌发生交集，就会大大地疏远这些品牌，原有的忠诚性顾客也会消失。这意味着经营者不仅要考虑通过哪条渠道销售，还要考虑在哪条渠道销售什么产品，以及以什么价格、在什么样的店铺环境中销售，与顾客沟通什么样的信息，如何将商品送到顾客手中等问题，甚至还要考虑根据不同目标顾客的偏好，引导其运用不同渠道设计产品、生产产品和购买产品的问题。这是全渠道销售无法解决的问题，而必须通过全渠道营销来解决。前者是营销战术问题，后者是营销战略问题。

二是由于在顾客购买决策中，先选择渠道、后选择品牌成为常态。通常，顾客只是有去买东西的想法，而没有明确买什么，更没有明确购买什么品牌的商品。而一旦决定购买，就会考虑是去线上、还是线下购买，然后考虑线上或线下的哪一家店铺，渠道选择通常先于品牌的选择。一项线上多屏幕购物（先用手机搜索信息，然后到PC机上购买）的调查结果显示，仅有19%的人是有计划的购买，而81%的为不由自主的购买，智能手机的触手可及刺激了冲动购买。而手机上网可以随时随地进行，占据了人们越来越多的碎片时间（见表1，为2011年的调查数据），加重了冲动性购买。在多渠道和全渠道的背景下，顾客会通过各种渠道搜集信息，浏览网页，光顾实体店或网店，再决定购买和参与设计什么品牌。这意味着顾客的渠道偏好有时甚于品牌偏好，从而使渠道成为细分目标顾客的标志。经营者必须依目标顾客的偏好提供产品和销售，即实施全渠道营销战略。2013 年，诸多过去具有竞争优势的实体店铺面临困境，一个重要原因是他们没有有效利用线上渠道，或是实施了 O2O 多渠道策略却没有实施目标顾客、定位、产品、价格、店铺位置和环境、信息的整体营销策略的匹配，而仅仅将线上商店作为一条销售或广告渠道。由此，要求经营者必须将全渠道销售的理念拓展为全渠道营销的思维。

表1　　　　　　　　手机上网场合与碎片时间的使用情况

手机上网场合	占总体比例（%）
公交/地铁/出租车上	67.4
会议时	12.9
上课时	21.0
等人时	59.9
睡醒时	33.3

续表

手机上网场合	占总体比例（%）
感觉无聊时	70.0
睡觉前	62.7
厕所里	43.9

总之，在移动网和大数据的时代，无论多大规模的企业都无法回避全渠道营销战略决策的问题。因为信息渠道不断涌现，而一条信息渠道就是一条聚集设计产品、传递信息和销售等的综合功能渠道，因此，个人或企业的营销活动都是在全渠道的背景之下的管理决策行为，必须应用全渠道营销战略模式。即使过去已经非常成功的企业也是如此。例如，2013年新东方开始思考线下和线上培训课程的协同运作；阿里巴巴和京东商城通过与实体连锁企业合作的方式，开始筹划将线上的商店延伸至线下发展；在淘宝网名声大振的阿芙精油，没有多少人知道它是由线下店拓展至线上、多条渠道协同作用的结果。但是如何进行全渠道营销管理规划及实施，还都在尝试过程中，我们有必要提出一个全渠道营销管理的理论模式，当然它不是取代原有的营销管理范式，仅是该范式之下的一个具体应用模式。

（三）全渠道营销管理理论模式

假设组织或个人已经决策进行全渠道营销，那么就会涉及如何进行全渠道营销管理的问题。在"渠道营销管理"概念中，"管理"范式没有变化，还是分析、计划和实施"营销"范式也没有发生本质的变化，还是目标顾客选择、营销定位，以及依目标顾客和营销定位组合营销各个要素，只不过增加了一个"全渠道"的内容。它绝不仅仅是改变了分销渠道，也改变了信息渠道，也改变了产品设计和生产渠道，以及顾客参与设计生产和购买过程，进而改变了经营者的整体营销管理过程。在这些分析的基础上，可以建立一个全渠道营销管理的理论框架（见图3）。图3中的阴影部分为管理范式，非阴影部分为全渠道营销范式，合二为一形成全渠道营销管理理论模式。这个框架不是对原有营销范式的本质改变，而仅仅是在相关环节加入了全渠道的相关内容，特别是关注各种渠道在营销过程中的协同作用，故不称之为范式，而称之为模式。

由图3，可以得出全渠道营销管理的过程。第一步，确定营销的总目标；第二步，进行营销分析或研究，分析各种渠道类型的宏观环境和微观环境（公司自身、合作者、顾客、竞争者、宏观环境）等内容；第三步，制定营销计划，包括找到各种渠道类型的目标顾客、营销定位及产品、价格、渠道和信息策略组合等内容；第四步，实施营销计划，包括各种渠道类型关键流程构建和重要资源整合，保证计划的有效实施，从而实现已确定的绩效目标。

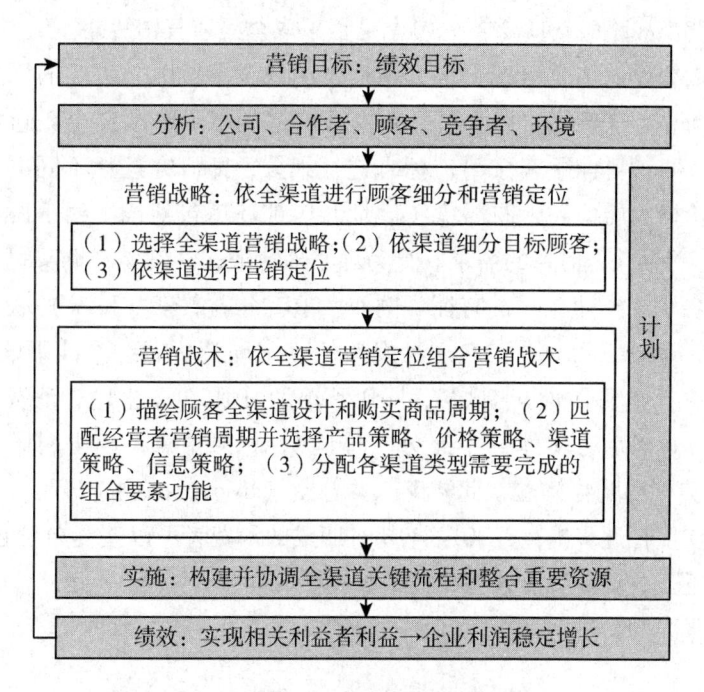

```
┌─────────────────────────────────────────┐
│     营销目标：绩效目标                   │
├─────────────────────────────────────────┤
│  分析：公司、合作者、顾客、竞争者、环境  │
├─────────────────────────────────────────┤
│ 营销战略：依全渠道进行顾客细分和营销定位 │
│  ┌───────────────────────────────────┐  │
│  │（1）选择全渠道营销战略；（2）依渠 │  │
│  │道细分目标顾客；（3）依渠道进行营  │  │
│  │销定位                             │  │  计
│  └───────────────────────────────────┘  │  划
├─────────────────────────────────────────┤
│ 营销战术：依全渠道营销定位组合营销战术   │
│  ┌───────────────────────────────────┐  │
│  │（1）描绘顾客全渠道设计和购买商品  │  │
│  │周期；（2）匹配经营者营销周期并选  │  │
│  │择产品策略、价格策略、渠道策略、信 │  │
│  │息策略；（3）分配各渠道类型需要完  │  │
│  │成的组合要素功能                   │  │
│  └───────────────────────────────────┘  │
├─────────────────────────────────────────┤
│ 实施：构建并协调全渠道关键流程和整合重   │
│ 要资源                                   │
├─────────────────────────────────────────┤
│ 绩效：实现相关利益者利益→企业利润稳定增长│
└─────────────────────────────────────────┘
```

图 3　全渠道营销管理理论模式

四、全渠道营销管理理论的应用

根据图 3 给出的全渠道营销管理理论模式框架，结合一些实例，可以讨论该模式的具体应用，包括各个步骤需要完成的工作。由于篇幅所限和考虑全渠道营销过程的独特性因素，本文重点讨论图 3 中的"计划"，即全渠道营销的部分（选择营销战略和组合营销战术），忽略管理范式的分析和实施部分，尽管这两个部分也很重要。

（一）依全渠道进行顾客细分和营销定位

这部分属于营销战略选择的内容，要解决的核心问题是：是否实施全渠道营销战略，如何依渠道细分目标顾客，以及如何依渠道进行营销定位决策。

第一步：决策是否实施全渠道营销。如前所述，信息技术的发展催生了全渠道购买的客户群体，因而无论是经营快速消费品还是工业品，无论是制造业还是流通业，未来的发展趋势都是采取全渠道营销战略。全渠道营销战略，重点强调的是在营销决策过程的每一个步骤和环节都要考虑尽可能多的备选渠道，但这并不意味着使用所有渠道，选择利用多少渠道取决于营销研究的结果。同时，也不是每一条渠道都要完成营销过程的全部功能，通常会出现仅仅完成营销过程部分功能的情况。

尽管需要强调全渠道营销战略的必要性，但是由于客户本身及需求的复杂性、多样性，一些实施非全渠道营销的经营者也会取得成功。例如，一家社区的小型店铺，仅仅实施店铺营销，给顾客带来家人式的服务和独特的现场体验也会取得成功。因此，经营者在规划营销战略时，应该首先考虑是否采取全渠道营销战略。

第二步：依全渠道细分目标顾客。在通常的情况下，细分市场的标志有人口统计特征、购买行为和心理特征。在全渠道营销战略框架下，要求突出渠道标志。在选择目标顾客之后，要对目标顾客按渠道标志进行细分，即研究选择不同渠道的顾客，对产品、服务、价格、店址和店铺环境（店址和店铺环境包括线上线下两种形态，而非仅指实体店铺。下同）、信息的需求、行为和心理特征，特别是在购买过程的全渠道购买（如何使用各个渠道功能）的特征。例如，2013 年益普索（Ipsos）联合《中欧商业评论》（*CEIBS Business Review*）杂志社发布的《中国消费者线上线下购物体验报告》指出，许多消费者养成了实体店试穿、网店下单的习惯（见图 4）。消费者在网上挑选自己喜欢的产品，然后去实体店中充分"体验"，如果中意，就去网店下订单、收货物，一次"完美"的购物体验就此结束。益普索（Ipsos）的调查显示，消费者对线上商品价格的接受度在逐步提高，2013 年超过四成的消费者可以接受单价在 2000 元以上的线上商品；近五成消费者能够接受的最长物流时间为 5 – 7 天。此外，购物类 APP 也正在成为非常重要的影响力量。

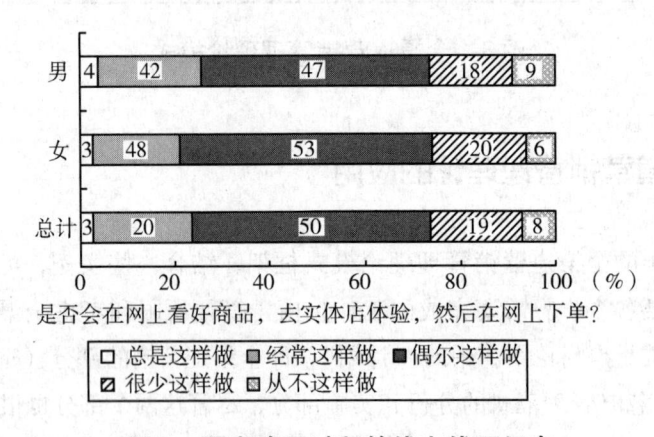

图 4　顾客购买过程的线上线下组合

资料来源：益普索（Ipsos）。

第三步：依全渠道进行营销定位。已有的营销定位方法，是根据目标顾客关注和具有竞争优势的属性、利益和价值进行选择，最终可以确定属性定位点、利益定位点和价值定位点。但是，在全渠道营销战略规划当中，需要研究各种所选择渠道类型中顾客关注及具有优势的方面，从而为各种渠道类型的顾客确定不同或相同的营销定位点。同时，还要研究全渠道购物顾客关注的要素，以及竞争对手的表现，从而选择全渠道营销的定位点。这个定位点，既可以是线上线下采取不同的定位点，例如某零售商线上以低价省钱为定位点，线下以优质服务为定位点；也可以线上线下采取相同的定位点，一些线上线下完全融合的品牌大多如此，如优衣库、路易威登、诺德斯特龙等。互联网的发展，使顾客参与产品创新变得异常便利，因此产品款式、功能、材料、工艺、包装、标志的个性化更容易成为品牌的属性定位点。由于营销渠道的透明化，未来最为重要的竞争优势将向产品、服务和体验方面聚集。例如视频课程的发展，将使人们在全世界范围内选择最好的老师讲授的课程，最终导致大量教师消失，而使提供出色内容的教师成为"赢家通吃"的"巨兽"。未来，产品独特体验性将变得异常重要。

（二）依全渠道定位进行营销组合要素组合

这部分属于营销战术组合部分，要解决的核心问题是：（1）描绘全渠道设计和购买商品的生命周期；（2）按照顾客周期匹配经营者营销周期，按照营销周期选择产品策略、价格策略、渠道策略和信息策略；（3）分配各种渠道类型需要完成的各组合要素功能。这3个核心问题，也是依全渠道定位进行营销要素组合的3个步骤，由此可以建立一个全渠道营销组合的框架图（见图5）。图5中最下部分箭头连接线显示了一个全渠道组合的状态，表明一家公司采取了实体店和网店融合的营销方式，两种方式各自完成营销的全部功能，同时又在营销的相关环节融合和采取了其他的渠道功能。

第一步：描绘顾客全渠道设计和购买商品的周期。这是基于顾客行为视角的归纳。虽然相关文献对于顾客参与产品创新进行了研究，但是在营销理论中，还没有将其融入整体营销过程当中进行有效管理。经营者的销售过程，在顾客一方表现为购买过程，因此诸多文献讨论了顾客购买生命周期，有的认为应该包括产生动机、寻找商品、比较选择、购买和使用等阶段，也有人认为应该包括预购、在途、在店、决策、购买和售后等阶段。其实，在全渠道的背景下，顾客不仅购买商品，有时还会参与产品或服务的设计和生产。与经营者的营销过程相对应的顾客行为过程，不仅是传统消费行为理论认为的购买过程，而且还是设计生产产品过程＋购买产品的过程。这个过程的每一个环节几乎都与营销渠道（不仅是分销渠道）有着密切的关系。因此经营者需要首先描绘出顾客全渠道设计和购买产品的生命周期。在参考已有顾客购买生命周期文献基础上，加上上述的讨论，本文提出了一个顾客设计和购买（包括使用）产品的生命周期框架（图5上部分）：（1）产生动机（包括需要动机和购买动机两个阶段）；（2）搜寻信息（包括在途搜寻和在店搜寻两个阶段）；（3）行为决策（包括购买场所选择、品牌选择和产品设计选择三方面内容）；（4）购买过程（包括下单、付款、收货、离店等环节）；（5）使用和评价。

经营者需要研究目标顾客在设计和购买的产品生命周期各个阶段的偏好。这里需要注意的是，越来越多的顾客希望并喜欢参与到产品设计和生产当中，诸如自己种菜和采摘，自己在陶吧制作陶器并购买，自己在耐克网站设计运动鞋并下订单，与设计师一起进行自己居室设计，等等。因此在周期的各个阶段都会体现顾客参与的产品设计和生产过程。

第二步：依顾客全渠道设计、购买商品的周期匹配经营者营销生命周期，并进行相应的营销组合要素的组合。注意这里是"营销生命周期"，它不仅包括销售周期，还包括产品设计和生产周期。营销周期与顾客周期匹配，这是基于经营者行为视角的归纳，该周期设计时必须与顾客周期的行为一一匹配或对应。图5中第一道粗横线的线

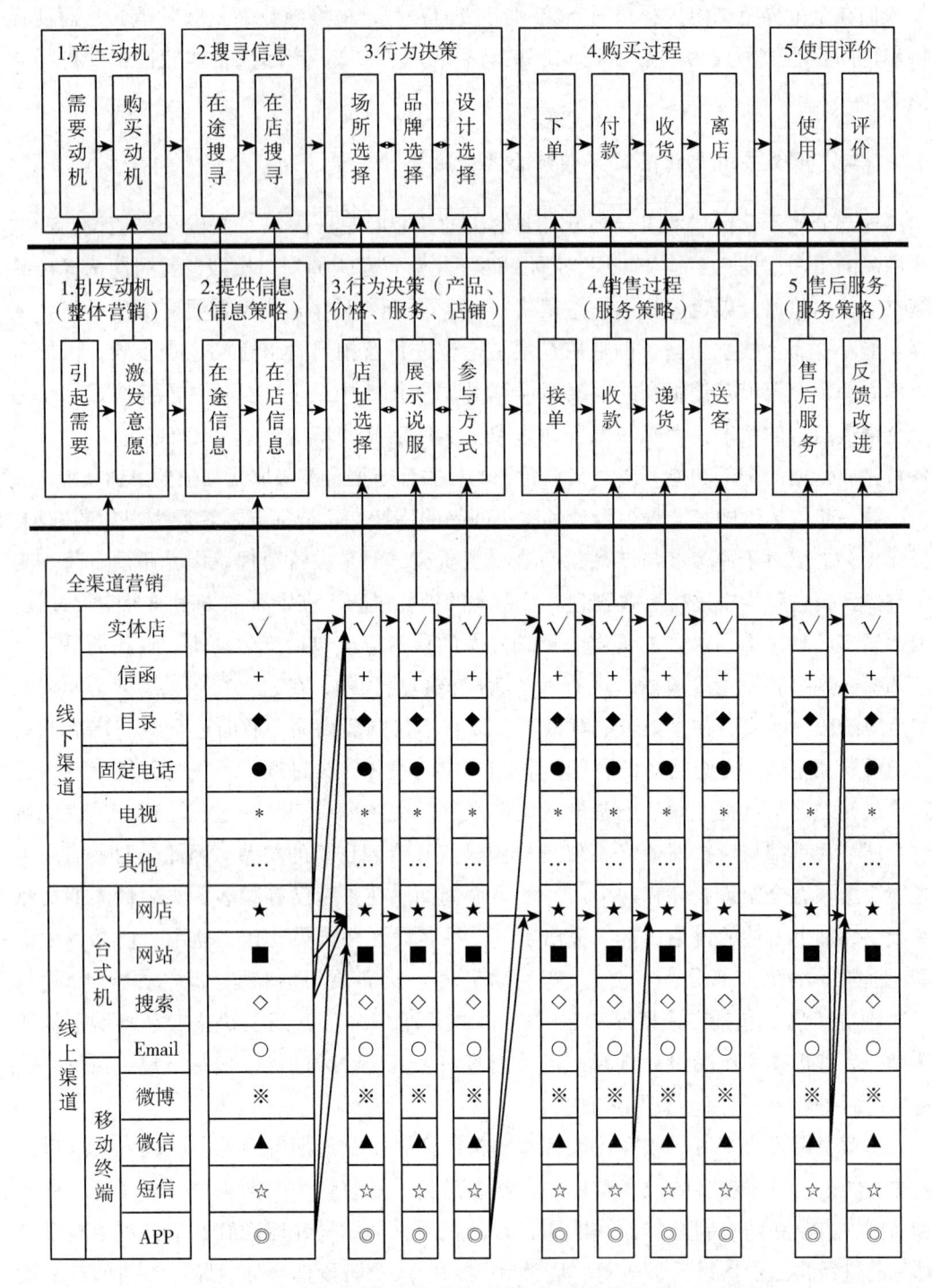

图 5　全渠道营销组合要素组合的框架

上部分为顾客周期，线下为经营者周期。经营者需要根据目标顾客设计和购买产品的生命周期偏好，以及相应的营销定位选择，规划相应的产品设计生产和销售的生命周期，即"经营者营销生命周期"。其具体内容包括：（1）引发动机（通过整体营销引起需要和引发购买意愿）；（2）提供信息（通过信息策略提供在途信息和在店信息）；

(3) 行为决策（通过产品、价格、服务、店铺等策略让顾客进行场所选择、品牌选择和参与产品设计）；(4) 销售过程（包括收单、收款、递货、送客等环节）；(5) 售后服务。

顾客是根据自己在参与产品设计、生产和购买过程周期（对应的是经营者营销过程周期）来体验是否具有定位点的，而定位点是顾客选择购买某一品牌的理由，因此，经营者必须根据已经确定的营销生命周期来组合营销组合的各个要素，制定相应的策略，具体包括产品策略、服务策略、价格策略、店址策略、店铺环境策略和信息策略等。图5中两条粗线中间的部分即体现了第二步的内容。

在此，仅以信息策略为例进行说明。根据淘宝联盟发布的数据，在2012年30亿元的分成中，蘑菇街、美丽说等导购网站带动的比例为21%，从淘宝分走了6亿元。这表明导购网站已经成为为顾客提供信息的重要平台之一。截至2013年6月，豆瓣拥有7200万左右的注册用户，每个月2亿左右的访问用户，他们大多来自中国的一二线城市，86%的用户年龄在18-35岁，这些人不是喜欢iPhone、iPad的人，而是玩胶片相机、拍立得、宝丽来、黑胶唱机、限量明信片的人。2012年10月，豆瓣电影移动端开始支持移动选座购票；2013年1月豆瓣FM上线Pro版本，4月豆瓣阅读iPhone版APP上线支持电子书籍的在线试读和购买，9月豆瓣"冻西"上线。至此，豆瓣围绕读书、电影、音乐，以及电商经营的所有商品，都可以提供导购服务，并获取3%-10%的提成。豆瓣网站成为顾客购物的一个向导。如果制造商品牌的目标顾客与豆瓣一致，就可以选择该信息渠道进行信息的提供。

第三步：将营销组合要素组合状态所需要完成的功能，分配给各种渠道类型。这种匹配组合的结果，就会形成不同的全渠道营销战略。有的只在线下营销，有的只在线上营销，有的是线下和线上融合，具体采取怎样的战略，取决于顾客需求、竞争对手情况和经营者自身资源和能力。例如麦当劳、肯德基等快餐，针对上班族的不同需求（细分目标顾客），推出了店内就餐和外卖送餐的两种渠道方式，外卖送餐可以通过电话、网络等多种形式下订单，网上付款或是货到付款。显然这与店内就餐的营销组合和流程都是不同的。仅以麦当劳和肯德基的薯条选择为例，两家店里的店内就餐都有薯条，而外卖二者不同，肯德基没有薯条，麦当劳有。肯德基认为，薯条的最佳品尝期限是7分钟，7分钟之内才能保证薯条内软外脆的口感，而外送很难在7分钟之内送达。另外其套餐配菜里，几乎都是玉米沙拉、土豆泥之类的较为清淡的食品，薯条不是必需的核心产品，所以在外卖中舍弃了薯条。麦当劳认为，除了天气等不可抗因素外，麦乐送承诺点餐后30分钟内送达，同时麦乐送备有特制的分区外送箱，将食物冷热分割，薯条被放在有风扇的一侧，可以防止受潮。一般情况下，麦乐送送餐范围限定在电动车7分钟、自行车9分钟可到达的范围里。加之麦当劳配菜是清一色的薯条，薯条为核心产品，因而不能舍弃。可见营销组合策略需要根据目标顾客、营销定位和渠道特征进行调整。

对于小米手机的成功有诸多的说法，其实，其成功主要是全渠道营销的结果。小米手机在整个营销周期的每一个环节，都考虑了全渠道营销的战略。将目标顾客选定为手机发烧友，属性定位于低价格的智能手机，利益定位于省钱地享受智能手机的体验。要实现这一定位点，就要根据目标顾客特征，通过全渠道战略与顾客购买过程的匹配进行营销要素的组合。小米开发了小米手机、MIDI 系统（应用商店）和米聊三大业务板块，利用微博、微信、论坛、贴吧、空间等新媒体进行与顾客互动，让顾客参与手机和应用系统的设计，在线上线下（后者指移动运营商、小米之家和授权维修点），销售手机和应用系统，进行售后服务，接受正反两方面的使用评价。对于小米论坛中谩骂小米的帖子，小米不会去删除。小米有 50 万发烧友，通过口碑一个发烧友可以影响 100 人，这样就有了庞大的目标顾客群。小米由于采取了全渠道（特别是线上渠道）开发客户的策略，节省了大量的顾客开发和广告成本；而采取全渠道（特别是线上渠道）分销产品的策略，又节省了大量的分销成本。其线下分销的、价格为 1 500 元的手机零售价格构成为：生产成本 500 元左右，代理商和零售商的加价分别为 300 元和 500 元，以及 200 元左右的广告费用。小米全渠道营销节省的大量成本，可以用于研发新的产品和给顾客提供低价的好产品。小米智能手机仅售 1 999 元，实现了定位于省钱地享受智能手机的体验（顾客购买的理由）。

五、结论与讨论

本文在归纳营销管理一般范式的基础上，提出了全渠道营销管理理论。它是指是指个人或组织为了实现相关利益者利益，在全部渠道范围内实施渠道选择的决策，然后根据细分目标顾客对渠道类型的不同偏好，实行不同或相同的营销定位，以及匹配的产品、价格、渠道和信息等营销要素的组合策略。显然，这个概念不是仅渠道决策的问题，而是全渠道背景下的营销决策问题。在给出全渠道营销概念定义的基础上，提出了全渠道营销管理理论模式，包括分析、计划和实施三个核心内容，并将具有特殊性的计划内容进行了界定：依全渠道进行目标顾客细分和营销定位，依全渠道营销定位来组合营销战术。此外，还为全渠道营销组合提出了相应的框架。

需要说明的是，在规划全渠道营销战略时，需要区别全渠道营销与 O2O 营销的概念。O2O 有了一些有价值的研究成果，对于理解全渠道营销理论有一定的帮助，但是二者也存在一定的差异。全渠道营销中的"全渠道"含义是，组织和个人在进行营销规划时，把所有渠道类型作为备选对象，而最终选择的结果可能线上和线下渠道的融合，也可能都是线上渠道，也可能都是线下渠道，其宗旨是在适合的基础上融合尽可能多的渠道类型（一般不会是所有渠道）。O2O 强调的不是选用尽可能多的渠道类型，而是更加关注线上和线下两种渠道类型的融合。当然，无论是线上，还是线下，一条渠道既可以选择完成营销过程中的一部分功能，也可以选择完成营销过程中的全部功能。

当然，全渠道营销战略需要组织机构和工作流程的匹配和调整。例如，按照现有主流的营销管理理论,人员推销、直效营销都属于整合营销传播策略,与分销渠道策略相区别;传播工作和渠道工作分别由两个部门来管理。这种体制不适合全渠道战略实施,而应该成立企业的全渠道管理部门对其进行统一管理。对于沟通策略来讲,也需要改变过去企业与各个媒体分别打交道的做法,而应该实现各个媒体公司的协同。以耐克在2012年伦敦奥运会期间的传播为例,当时耐克在全球25个国家推出了"活出你的伟大(Find Your Greatness)"的传播项目,在奥运会期间的中国市场,一支由耐克、广告创意公司WK(Wieden Kennedy)、互动营销公司AKQA、睿域(Razorfish)和传立媒体组成的数十人团队聚集在上海一间临时布置的办公室内,17天紧跟赛事和话题,协作发布内容。这个团队没有以往广告主与代理公司间合作的具体分工,也没有严格的创意、媒介、互动之分,而是根据项目性质分成了三组——其中第一组关注赛事及媒体报道;第二组关注消费者的反应,在此二者关注的内容基础上,头脑风暴产生文案创意;第三组负责与文案搭配的图片设计。方案出来后,全程参与的耐克市场部及传播部工作人员会快速审核。来自广告主的反馈也必须是实时的。人员配备和工作流程的建立,从机制上保证了实时创作的可能。

全渠道营销,无论在理论上,还是在实践上,都是一个新的课题。我们还不能了解这场变革的全貌,也不能预测出未来其所有重大的变化。但是,有一点是非常肯定的,就是无论是营销学者,还是实践者,都必须关注这场变革并且尽可能地适应这场变革,否则一定会被淘汰。

参考文献

[1] 李飞. 迎接中国多渠道零售革命风暴 [J]. 北京工商大学学报(社会科学版),2012(3):1-9.

[2] 李飞. 全渠道零售的含义、成因及对策——再论迎接中国多渠道零售革命风暴 [J]. 北京工商大学学报(社会科学版),2013(2):1-11.

[3] 罗珉. 管理学范式理论述评 [J]. 外国经济与管理,2006(6):1-10.

[4] 托马斯·库恩. 科学革命的结构 [M]. 金吾伦,胡新和,译. 北京:北京大学出版社,2003:8.

[5] 刘宇伟. 营销学范式变迁研究 [M]. 北京:中国社会科学出版社,2012:218-223.

[6] 李飞. 中国营销学史 [M]. 北京:经济科学出版社,2013:22.

[7] H·法约尔. 工业管理与一般管理 [M]. 周安华,译. 北京:中国社会科学出版社,1982:2.

[8] 席西民,刘文瑞. 管理理论构建者 [M]. 北京:中国人民大学出版社,2009:115.

[9] 袁安府. 管理学理论范式探讨 [J]. 郑州航空工业管理学院学报,2008(6):1-6.

[10] 李飞. 营销定位 [M]. 北京:经济科学出版社,2013:19.

[11] 姜岩. 营销学理论范式变迁的追溯与展望 [J]. 北京工商大学学报(社会科学版),2005(3):72-76.

[12] Gronroos C. From marketing mix to relationship marketing: toward a paradigm shift in marketing

[J]. Manage-ment Decision, 1994, 32 (2): 4 – 20.

[13] 于建原, 李清政, 李永强. 管理营销悖论与营销范式转变——从管理营销、关系营销到反应营销 [J]. 中国软科学, 2007 (9): 77 – 87.

[14] 汪涛, 周玲, 杨立华. 网络化营销: 基于价值网络化的营销范式初探 [J]. 外国经济与管理, 2010 (1): 34 – 40.

[15] Rigby D. The future of shopping [J]. Harvard Business Review, 2011, 89 (12): 64 – 75.

[16] 郑悦, 厉林. 湖南卫视的"呼啦"故事 [J]. 商学院, 2014 (1): 61 – 69.

[17] 宋杰, 张敏, 刘晓峰, 等. 移动互联网之道 关键要素与商业模式 [M]. 北京: 人民邮电出版社, 2013: 13.

[18] 益索普. 中欧商业评论 消费者心中的线上线下 [J]. 中欧商业评论, 2013 (7): 68 – 71.

[19] 查克·马丁. 决胜移动终端 [M]. 向坤, 译. 杭州: 浙江人民出版社, 2014: 5.

[20] 熊元. 豆瓣玩什么"东西"[J]. 21世纪商业评论, 2013 (25): 60 – 61.

[21] 王晓东. 小米手机"众人粉"和"众人推"的挑战 [J]. 商学院, 2012 (7): 28 – 31.

[22] 王国顺, 何芳菲. 实体零售与网络零售的协同形态及演进 [J]. 北京工商大学学报 (社会科学版), 2013 (6): 27 – 33.

[23] 谢园. 耐克 寻找品牌认同的基石 [J]. 成功营销, 2014 (1): 48 – 51.

The Theory of Omni-channel Marketing: Further Discussion on Preparation for Multi-channel Retail Revolution in China

▲Li Fei (*School of Economics and Management, Tsinghua University, Beijing 100084, China*)

Abstract: Since the emergence of the word "omni-channel", it has been mostly discussed in the area of distribution channel selection. Actually, it involves the comprehensive decision-making of marketing strategy and tactics. Therefore, this paper proposes the idea and the definition of omni-channel marketing for the first time, and explains the relevant theory and application. The omni-channel marketing is the process of decision-making that an individual or an organization makes the channel selection among all channels in order to realize the benefits of participants concerned. Then, based on channel preferences of different target customers, it segments the marketing positioning and matches the market mix tactics of marketing elements such as product, price, place and information. The analysis, planning and implementation of the whole process can be counted as omni-channel marketing management. The omni-channel marketing management does not break the paradigm of traditional marketing management.

Key Words: omni-channel; multi-channel; marketing paradigm; retail revolution; O2O